周敦颐太极图讲记

方旭东 讲

于昊甬 记

上海三联书店

总　序

　　《周敦颐理学研究丛书》的选题范围定位为周敦颐及儒家理学研究。

　　周敦颐的理学思想，主要体现在《太极图说》和《通书》两部著作中，可以视为一个比较核心的系列。其中《通书》初名《易通》，全称当作《易通书》，通论《易经》六十四卦，而合并为四十章，又糅合《中庸》之"诚"，形成一种《易》《庸》之学。而《太极图说》的主体应当是《太极图》，其《说》匹配其《图》，体例上属于上古图文之学，与《河图》《洛书》同一渊源。但《太极图》流传至今，受到雕版的限制，图形多有差异，宋本《太极图》的图形大约有两种类型，各有错讹，均不完备。而对于《太极图》的授受以及"无极"概念是否成立，南宋已有朱子与陆子的激烈辩论。自朱子、张栻以下历元、明、清、民国，对《太极图说》的注解极多，已构成一个专题系列。《太极图说》言"无极而太极""太极本无极"，就其独到价值而言，应当称为"无极图说"，"太极"是《易传》原有概念，"无极"才是周敦颐的独创，"无极"与"太极"的形上思辨应当是中古时期中国哲学的最大问题。

　　周敦颐的相关文献，有《濂溪集》《濂溪志》《濂洛关闽书》《近思录》《性理大全》等，并各自构成一个专题系列。《濂溪集》以及《周子书》分在集部和子部，理学部分则大致相同，宋、明、清时期多有编纂刊刻，近年已有影印集成。《濂溪志》是志书体的周敦颐专志，包括周敦颐的理学著作以及以濂溪祠、濂溪书院为中心的诰命、碑记和纪咏，明、清两代刊刻亦夥。《濂洛关闽书》及《宋四子抄释》是周敦颐、二程、张载、朱子著作选编的合集，而得名则受朱子所编《伊洛渊源录》的影响，这类文献也已构成了一个专题系列。《近思录》出于朱子与吕祖谦之手，卷一收录《太极图说》全文，此书传播极广，学子几于人手一册，而《太极图说》亦借以传播推广。《性理大全》为明儒奉敕官修，清代又有御纂《性理精义》，卷一均首录《太极图说》全文。朱子门人陈淳纂《性理字义》，蔡渊、黄榦弟子熊刚大纂《性理群书》，"性理"之名由是而起，明、清两代由于科举的推动，"性理"类读本层出不穷，推动了理学思想的社会普及，近年性理文献也有影印出版。此外，元儒、清儒都编有《濂洛风雅》，汇集理学家的诗作，可以视为理学诗的合集。周子后裔又汇编纪咏诗文为《濂溪遗芳集》，而在各种《周氏家谱》中也往往收录周敦颐的主要著作，可以视为《濂溪集》的别本。

《宋史·道学传》《宋元学案·濂溪学案》等书阐释了周敦颐在中国儒学史上的地位。周敦颐的思想学说经过朱子等人的阐发，再经史馆官修《宋史》的肯定，确定为理学的开山人物，居于濂洛关闽之首，"周程张朱"遂成为理学的正脉。而两宋理学与晚周时期的"孔曾思孟"同条共贯，与老庄道家之类同时并流，诸子十家均以唐虞三代"姚姒子姬"为总源。"姚姒子姬"是中国学术传统的经学、王官学形态，"孔曾思孟"是中国学术传统的诸子儒家形态，"周程张朱"是中国学术传统的理学、道学形态。"姚姒子姬"是中国学术传统的开端，"孔曾思孟"是中国学术传统的上古中兴，"周程张朱"是中国学术传统的中古中兴。中国学术传统上下绵历四五千年，屡蹶屡起而不绝，其大纲谱系称为"道统",其详见于《伊洛渊源录》《道命录》《道南录》各书。

东亚各国,同文同伦。近数百年以来,理学在古代韩国、日本、琉球、越南的影响极大,古代韩国有《圣学十图》,以周敦颐《太极图》为"第一太极图",又有《太极问辩》、《太极书撰集辩诬录》,古代日本有各种《太极图述》《太极图说钞》《太极图说解》《太极图说谚解》《太极图说十论》以及多种《太极图》《通书》和《近思录》讲义。理学在时间上有纵向的展开,在空间上又有横向的展开。

理学、道学,义蕴弘深。"理学"又称"道学",又称"性理学"。推崇"理"而不推崇"欲",故名"理学"。推崇"道"而不推崇"物",故名"道学"。《书经》《道经》《论语》《荀子》四种文献俱载尧舜禹三圣心传"人心惟危,道心惟微;惟精惟一,允执厥中"十六字,前两句揭示"人心""道心"的难题,后两句指出"精一""执中"的对策,花开两朵,各表一枝,一面开出后世"道学"的源流,一面开出后世"心学"的源流。秦汉以后,汉学、宋学、理学、道学、心学,乃至实学、考据学,无一不在"道心""人心"的总纲上延展表现。

理学、道学自有其历史使命与当下意义。宋儒认为"人欲横流"是社会文明的大敌,"人于天理昏者,是只为嗜欲乱着他"。理学的精神宗旨萃集于《四书》,而其悲悯蒿目全在《乐记》一篇,所谓"夫物之感人无穷,而人之好恶无节,则是物至而人化〔于〕物也。人化〔于〕物也者,灭天理而穷人欲者也",恰似预言今日人欲横流之困局。

周敦颐(1017—1073),字茂叔,号濂溪,谥元,学者尊称濂溪先生、周濂溪、周元公、周子。北宋中期真宗、仁宗、英宗、神宗时期在世,曾任湖南郴县知县、桂阳知县及郴州知军,故有"三仕郴阳"之说。又在郴州授学二程兄弟,传《太极图》。为此,湘南学院于2022年6月成立周敦颐研究院,12月周敦颐纪念馆建成开放，2023 年获批湖南省社科研究基地，今年又有组织出版《周敦颐理学研究丛书》之举。

周敦颐的理学著作言简意赅，《太极图说》249 字，《通书》2832 字，其他如《爱莲说》119 字，《拙赋》65 字。学者阐发其哲学思想，或揭示其存世文献，不甚容易，非在义理上不厌其精、反复研磨，在文献上尽量扩充、不遗一言不可。

以"周敦颐理学"为主题的学术丛书是海内首次编纂出版。本丛书在已出著作的铨衡寔正方面，未出著作的选题推荐方面，均望得到学界同仁的关注和支持。

张京华

2024 年 3 月写于湘南学院

目录

第一讲

近世中国哲学史上，恐怕没有任何一部经典比周敦颐的《太极图说》更为浓缩。《太极图说》是对太极图的解释，以往的研究详于《说》而弱于《图》。其结果是，很多研究者一辈子用的都是错误的图，却浑然不觉。治中国哲学史，汉学的训练不可缺，而现实却是：众多研究者缺乏基本的汉学训练。这导致大量中国哲学史的研究成果始终在一种低水平的层次上重复。要想在学术上做出成绩，汉学功夫、世界视野，这两条缺一不可。

我们这门课叫作"中国哲学原著选读"，当然是要读原著，但从篇幅考虑，适合一学期读的中国哲学原著，其实并不多。周敦颐的《太极图说》（包括《太极图》），则比较适合一个学期的量。其他的，比如说《论语》《大学》，一般研究生阶段都念过。《庄子》的问题是太长了，不要说"内七篇"，就是读一篇，都已经很长了。再加上，我本身是研究宋明理学的，所以很自然地就选了周敦颐的《太极图》和《太极图说》。这两篇文献的重要性不用我多讲了——一讲到理学或道学，它的开山就是周敦颐。还有一个很重要的考虑，就是对晚近几十年中国哲学研究路径的反思。

我们现在做中国哲学研究，传统的做法还是按通行的比如文德尔班《哲学史教程》关于哲学的理解来进行。形而上学（包括本体论）、认识论，再加上伦理学，还有政治哲学——这是以往对哲学划定的一个基本框架。但是现在，尤其晚近几十年，中国哲学越做得深入，专业的分工、分化就越来越细，其实已经突破这种框架。一方面，当然是因为研究的饱和。以前研究新儒家的义理，多会从宇宙论、本体论、伦理学、认识论等方面入手，尤其是华东师大的传统，冯契先生的《中国古代哲学的逻辑发展》，就主要是从广义认识论角度来讲的。因为学术研究总是不断地深入，所以，当某一方面的研究积累很多之后，就要另外开辟新的道路，这是学术研究自身发展的要求。

另一方面，可能大家也注意到，晚近几十年，经学研究兴起。经学研究，本来是从中国古代一直延续到近代的一个历史悠久的传统。中国传统的学问，以前就是所谓四部之学，即：经、史、子、集。我们现在的哲学学科，下面再分为中国哲学、西方哲学、马克思主义哲学、科技哲学、伦理学、逻辑学、美学等八个二级学科，这是现代的学科建制，跟西方的知识体系关系更密切。其中，中国哲学，与传统的四部之学如何对应，就成了一个问题。传统上，要么我们按经学、子学来讲，要么按儒释道三家来讲，有所谓内典、外典。但现在我们做哲学，所谓 philosophy，完全是"另起炉灶"，和中国传统的学问之间存在一个很大的断裂。这是时代造成的。现在已是 2021 年，我们研究中国哲学，如果还是照搬 20 世纪 50、60、70 和 80 年代的路数，肯定是行不通了。尤其是，现在做博士论文，要求是越来越高了，可以说越来越难了。向传统回归是寻找突破的一个方向。而回归传统，有一个很重要的方面，就是重新捡起经学。

相对来讲，以前的经学研究，无论在大陆还是台湾，都是中文系、文献学专业的人比较多。久而久之，似乎形成了一条不成文的规矩：以为做经学就是中文系或文献学的专属。实际上，这是一种误解。以前华东师大有一个古籍所，现在被并到中文系去了。"古籍整理研究所"这种学术机构，其实是现代学术的产物。现在进到任何一所大学的主页，你都可以看到它的院系结构是分为文科、理科、工科这几块，然后，文科里面就包括一些学院，有所谓人文学科、社会科学等，可能还有其他的，但基本上来讲都有 human arts 和 social science。这两者其实差别很大："人文学科"，就是传统上我们讲的文史哲；"社会科学"，主要指社会学、政治学、人类学等。我们现在的学科架构就是这样。可以看到，文史哲分家了。但在古代，文史哲是不分家的。现在呢，哲学系就专门去做哲学的研究，中文系就专门去研究文学的部分。这种分工会遇到问题：因为很多古代著作，比如《庄子》，中文系的要研究，哲学系的也会研究，但哲学系的人可能会说，我们只管《庄子》的哲学思想，我们不管它的文献或者文学方面的东西。可是，事实上，这两者是不能分开的，因为你首先遇到的就是《庄子》文本本身的问题——《庄子》毕竟是个古籍，它本身就有很多和古籍相关的问题，诸如版本、校勘，等等。在文史哲分科的格局下，后来出现了一个专门整理研究古籍的古籍研究所，国家还专门成立了一个高校古籍整理委员会，简称"古委会"。我们现在看到的中华书局的"理学丛书"标点本，就是古籍整理的成果。全国有好几个很重要的古籍所，到现在为止还存在的有北大、北师大，还有四川大学。华东师大的古籍所，非常可惜被撤销了。华师大古籍所的力量很强，有些老先生是从上海师大过来的，比如做《诗经》学的程俊英教授。华师大古籍所的特色是宋代研究：他们整理了几个大型的丛书，最重要的就是《朱子全书》；后面又开始整理朱陆异同的材料。古籍所现在的一些老师还是在继续他们的宋代研究传统，这是他们的长项。多年下来，哲学系的人和古籍所的人似乎达成了某种默契：哲学系的人只用看古籍所整理好的、标点好的东西就可以了。有些哲学系出身的人，甚至连整理本或标点本要看中华书局的本子这样的常识都不知道。

其实国外的情况，比国内也好不到哪里去。比如，这一代英美做中国哲学的人，基本上没有受过"汉学"训练，很多人是从研究西方哲学转过来研究中国哲学的。我举两个例子。一个是大陆出去的黄勇老师，他的经历非常典型：他是恢复高考后第一届大学生，在华东师大政教系读本科，后来去复旦大学读哲学硕士、博士，专业是西方哲学。中间他因为哈佛-燕京学社提供奖学金去美国留学，在哈佛就读于神学院，博士论文与神学理论有关。博士毕业后，他在美国找到教职，这是一个比较小的大学，宾夕法尼亚州的库兹敦大学（Kutztown University）。在这样的学校，刚开始，他继续原来的研究，后来发现，作为中国人，你的强项可能还是你本来所熟悉的语言、文化，所以他慢慢地也开始做一些中西比较研究，乃至于直接做中国哲学的研究，比如《庄子》《论语》，这些中国哲学的经典，他都写过书。他对宋明理学也下了很大功夫，研究的人物包括二程、朱子、阳明。他所受的训练，按中国的分法，是西方哲学、伦理学或者说政治哲学，所以后面他出了一个书，是讲儒家和美德（《当代美德伦理：古代儒家的贡献》）。他对自己的这种进路有一个非常清醒的反思：他认为自己是面向西方哲学家来讲中国哲学。这话是什么意思呢？意思是，在美国的大学，他们可能不需要一个中国人来教他们西方哲学，就算你是哈佛毕业。当然，如果你讲得特别好，那也很厉害——但是，非常遗憾，到现在为止，华人学者在美国的哲学界还没有出现这样一个人。虽然有一个 David Wong（黄百锐），但他只是华裔，他是土生土长的美国人，而黄勇是直到博士毕业都一直生活在中国，是成年之后才去的美国，因此无论是语言，还是受到的哲学训练，和黄百锐这样的人都是不可比的——后者连本科都是在美国的常青藤大学上的，是真正的哲学科班出身。黄勇老师熟悉中美两边的情况，比较下来，他觉得给西方学者讲中国哲学可能更合适。给西方学者讲中国哲学，你不能总是说："你们这个东西我们中国也有。"好比我们国内的一些研究，经常说海德格尔有一个什么思想，我们中国哲学也有。可是，哪怕你讲得再好，人家都会问：就算你也有，为什么我们要看你呢？充其量，你有的，只是和我们有的比较接近而已。所以很自然地，黄勇老师说，你要让别人觉得你们中国哲学里面也有一些东西是他们西方哲学里没有的，同时你又能回应到西方哲学内部的研究——比如西方哲学讨论一个问题，中国哲学的思路对他们还能有点意义。举个例子：美德伦理学内部有很多的讨论，美德伦理学有一些困难，面临一些批评，比如说自私的问题——一个讲美德的人，是不是可以说特别自我中心？还有，美德是不是不可定义？因为美德伦理学显然把美德作为自己最核心、最首要的概念，但美德到底是什么？你得给它一个解释，但这样一来就成了一个悖论：当你说"对人好的才是美德"，那么显然，美德就不再是第一位的概念了。要么，你就拒绝对美德给出具体解释：美德就是美德，没什么好说的。但一旦你要对美德给出解释，就会发现：假设你是用后果来解释美德，那么，美德就不是第一位的，后果才是第一位的。所以，这些就是美德伦理学里面，西方学者讨论较多、比较核心的问题。那么，黄勇老师就觉得，中国哲学家朱子、二程以及王阳明，有很多相关的讨论，对上述美德伦理学的争论有一些启发性，所以他就会着重谈这方面的内容。这样讲了之后，西方学者可能会说：哦，看来中国哲学还是有点意思。但假设我们的思路是说：我们儒家也是讲美德伦理的——那西方人可能就会说：我们为什么要通过孔子去了解美德伦理？我们通过亚里士多德就已经足够了。

平心而论，像黄勇老师这样的人，他们所受到的训练更多是哲学的，而没有汉学的内容。传统上，西方的汉学和哲学也是分家的，特别是，在欧洲非常明显，他们有"汉学系"，其实就相当于我们国内讲的中文系，台湾地区则叫国文系，虽然翻成英文都是 Chinese。当然，有的时候没有分得那么细，比如哈佛大学，就叫"东亚语言与文明系"，把日本、中国、韩国全放在一起，下面还会分几个 Division（研究方向）。巴黎大学也是这样，叫"远东文明系"，下面有中文的 Division（研究方向）。语言与文明系，顾名思义，主要研究语言（language）、文明（civilization），少量还包括历史（history），这就是他们所谓的汉学传统。哲学系的人，像黄勇老师，他出国留学，是去念西方哲学的。其实，我们国内的中国哲学，到现在为止，华东师大也好，复旦也好，都没有专门的汉学或文献学训练。以前，在吉林大学、北京大学还有一门叫做"中国哲学史料学"的课程，但现在北大好像也没有这个课了，据说北师大有。开这个课的目的是什么呢？就是想在哲学系里面稍微弥补一下所谓汉学的训练。这样讲起来，不同的学校可能由于各自的传统，对汉学的部分会有不同的强调。正常情况下，中国的哲学系，无论你是念中国哲学还是西方哲学，在学术训练上，其实是没有区别的——因为都是哲学专业，而且很多老师自己就没有受过汉学的训练，他怎么可能给学生提供这种训练呢？当然，相比之下，比如北大中国哲学的传统，会重视文献学训练。

这是耐人寻味的一件事：汉学的训练，我们是把它划归到文献学专业，划归到古籍所。这本身就是一个非常具有时代性的现象。就我本人的理解来说，我觉得，从事中国文史研究，无论你的兴趣点是在哲学上还是在文学上，首先你都需要有一个基本的汉学或文献学的训练。但是现在，这个训练的传统断掉了，以至于说，就算是现在做古籍整理的人，或者号称是做经学研究的人，其实他也不懂汉学、文献学。现在，国内的中国哲学的训练，基本上依赖于标点本、点校本、整理本，但是这种依赖，严重地限制了研究水平。那么，理想的状况是怎样的？我举个例子。暑假的时候，我在写一篇文章，有关明代理学家湛若水。① 湛若水的材料特别多。理想的情况是，研究湛若水的人自己去标点，

---

① 方旭东：《从同化到自闭——论湛若水对阳明后学的因应》，载《复旦学报》2022 年第 1 期。

去整理，或者整理的人就是研究明代思想的人。但实际情况不是这样。现在的《湛若水全集》有二十二册，非常多，因为湛若水一生写的东西特别多。这么多书，不可能由一个人去整理，所以都是集体整理。集体整理，其中好多人是中文系、古籍所出身的，也有哲学系出身的。哲学系的人参加整理，不是不可以，但是如果他没有受过基本的训练，整理的水平就很差。国内有一套"阳明后学丛书"，现在研究者用得比较多。但实际上，它里面很多断句都是有问题的。一方面是没有受过基本的训练。另一方面，说到底，是没有下足功夫。断句，说难也不难，说不难也难——最主要的，如果你做过就会知道，主要是有一些专有的名词，以及一些基本的知识储备。在古代，有四种学问，是你研究古籍必须要有的：目录、版本、校勘、考证。首先是"目录之学"——所谓目录之学，就是告诉你整个的书籍的系统，比如中国传统的"四库学"、张之洞的《书目答问》。比如你要研究《周易》，你得知道整个《易》学的系统。《易》学就分两大块，义理、象数，象数里又分"象"和"数"，义理里面又有区分，比如王弼、程颐，都不一样。所以，所谓"目录之学"，实际上就相当于——如果你们读过金庸的武侠小说就知道——王语嫣，她会把武学的整个系统全部背下来，各家各派有什么功夫、门道在哪里。王语嫣虽然一点武功都不会，但是她可以指导段誉，说：你要攻他下盘，因为那个地方是他的弱点。所以目录之学就相当于一个大的联络图。但很多古籍的整理者不具备这方面的知识，一上来，抓到什么就是什么。古籍的系统、知识谱系，是有讲究的：四部、经史子集；经有十三经，有《礼》学、《春秋》学，每个类别都有哪些学者、哪些书籍，在各个时代有什么样的发展。比如，我们要讲的《太极图》，清代学者就把它专门称为"图书之学"，"图"、"书"有很多种，《易》图只是其中的一种。

　　像黄勇老师他们，没有受过这种训练。没有受过这种训练，对他们的研究是不利的。不利体现在哪里？比如，一般他们就不知道或者不重视版本问题。今年上半年（2021 年），我评审到外校的一篇中哲硕士论文，是研究王阳明的，其中用的《王阳明全集》，居然是直接从网上下载的，它是把阳明的著作分为"知行录"、"静心录"、"悟真录"、"顺生录"几个部分，完全是现代人重编的版本。这个学生不知道，要看王阳明的著作，最低限度，要用上海古籍出版社1992 年出的《王阳明全集》两卷本，或者浙江古籍出版社新出的新编六卷本。还有，好多人研究比如《论语》《庄子》《老子》，都是随便在网上搜一下就去引用，对版本没有基本的概念。当然，这也可能是因为，很多人的研究还没有到这一步——他们会说，这些版本不都是一样的吗？比如王阳明《传习录》，网上的不也是《传习录》吗？之所以存在版本问题，其实很简单：古书的形成、流传，是一个复杂的过程。比如说，像王阳明的书，大家都知道，《传习录》是他的学生记录下来的。类似的宋明理学家的语录，情况大多如此。中国古代就是这样：比如《论语》就是孔子讲学的语录。但这里面的问题是，学生记的时候，会有错误——听错了或者理解错了，还会有学生自己的添加——作为记录者，有时会忍不住加一点自己的理解。各种情况都有。所以，西方的汉学训练，会专门有一门课，叫"文献批评"（text-criticism）；现在也有一个讲法，叫"史料批判"。这里的"批判"，不是通常意义上的，而是康德意义上的，意思是"检查"——你先要看看文本材料的具体情况、它的来龙去脉。比如说，我们研究周敦颐，你不能拿到一本《周敦颐集》就开始研究，因为《周敦颐集》是现代人整理、标点出来的。你先要了解，它用的是哪个版本作底本，要看它的《校点说明》。实际上，中华书局"理学丛书"的这个《周敦颐集》，用的是一个清代流行的本子——这就涉及周敦颐文集，所谓"周子全书"、"濂溪集"、"元公集"的版本系统问题。版本有最早的，也有最好的。最早的未必是最好的。因为最早的有可能不全，也有可能在刻的时候有很多错误。有一个词，叫

"后出弥精"——后面的人会给较早的版本做很好的校勘，做很多的补充。比如，朱子在世的时候就有一个被福建建阳的书商盗版刻印的文集，朱子自己都不知道，因为当时刻印、贩卖朱子的书能挣钱。后来朱子听朋友讲，才知道有这么回事。那个版本可能就是最早的朱子文集的刻本。但是，这个刻本是不是最好的刻本？当然不是。另外一个情况也很常见，比如朱子有一篇《皇极辨》，现在《朱子全书》里面收录的《皇极辨》，实际上是一个修改本——朱子一生写作，总是不断地修改。比如说《四书章句集注》，是他最核心的代表作，可是他在临去世前的四五天，还在修改。《皇极辨》也是如此，有好几稿。现在看到的《朱子全书》收的《皇极辨》，实际上是一个修改稿。你如果仅仅根据这个文本来讨论他的思想，可能就不知道在这之前其实还有初稿。同样，更严重的问题是王阳明。比如说，《古本大学序》——王阳明推崇《古本大学》，曾经让学生刻《古本大学》，在前面写了一个序——也有两个版本，而且这两个版本差别还挺大的。现在大家常用的《王阳明全集》，其实是从《王文成公全书》来的，后者是隆庆六年（1572）谢廷杰刻的，它的出现有一个非常漫长的历史。湛若水的书也一样，湛若水在世的时候刻过，去世了之后又刻的，在这中间就有很多的问题发生。比如说日本有个学者，叫志贺一郎，是研究湛若水的专家，关于湛若水的书写了四本，下了非常大的功夫，是一位老先生了。他的书大概在 20 世纪 70 和 80 年代就出完了，他一辈子都在研究湛若水①。可是他不知道，北大还藏有一个湛若水文集的嘉靖十五年（1536）刻本。我的老师陈来先生专门写过一篇介绍这个版本的文章。② 志贺一郎来中国开会，看到了这篇文章。陈来先生形容他当时的心情，是"既高兴又悲

---

① 志贺一郎先后出版了《湛甘泉研究》《湛甘泉的学说》《湛甘泉与王阳明的关系》《湛甘泉和王阳明的友谊》《对王阳明和湛甘泉的历史遗迹的调查报告》等著作。

② 陈来：《善本〈甘泉先生文集〉及其史料价值——兼论甘泉与阳明往来书》，载《孔子研究》1991 年第 1 期。

伤"——高兴，是因为一位研究湛若水的人发现了一个湛若水文集的新本子，那当然感到狂喜；悲伤，是因为这个本子他以前没用到，上面的内容他都没看过，他的很多结论可能站不住了。

当然，可能有人会说：我们是搞哲学的，对版本问题没必要那么关注。这样说也没错：如果你的兴趣是做某种哲学研究，这些问题是可以不考虑。但是，假如你的目标是研究某位哲学家，比如，讨论王船山的思想，而不是某一种哲学——对于后者的研究而言，具体的哲学家，船山也好、张载也好，其实都是一回事；因为他感兴趣的更多是文本向他呈现出来的哲学的意涵，尤其是从他自己的某种哲学观点出发所看到的东西——他可能把所有的文本都按这种哲学观点加以解读。比方说，中国受到现象学研究影响的很多学者，认为他看到的中国古代哲学家，都在讨论"存在"或者所谓的"生存论"：王阳明是这样，王船山也是这样。所以，对他们来说，王船山《读四书大全》前后不同版本之间的差异是没有意义的，因为他们本来就不 care 这些事。实际上，他们研究王船山也好，研究张载也好，研究孔、孟也好，其实差不多都是在"自说自话"。这种"自说自话"，也有其意义：它可以用很多材料把一种理论丰富起来。当然，如果你觉得这种研究好像没有什么意思——假如你更关心：王船山的这句话到底是什么意思？或者，王船山为什么会这样说？那你可能就要先从版本开始了。再如，周敦颐的《太极图》和《太极图说》，是朱子编辑过的。我们今天看到的这个通行本，和朱子有莫大的关系，它们都是经过朱子编辑整理的本子。你可以看到，里面附的《太极解义》，是朱子的著作——《太极图解》《太极图说解》，合起来叫《太极解义》。所以，在《朱子全书》里，你也可以看到《太极解义》。现在可以找到的《周子全书》各种版本，在《太极图》《太极图说》之后，也都是"朱子曰"、"晦庵曰"，它们已经是不可分割的了。如果你有兴趣了解：在朱子整理之前，周敦颐的《太极图》《太极图说》是什么样子，说了一个什么意思？你就得去找相应的版本，于是就有一系列问题出来，比如：最早，宋代的朱震的《汉上易传》里面也有一个周敦颐的太极图，和我们现在看到的图不一样。那么，我们究竟应该相信哪一个呢？还有，有人认为《太极图》是从道教来的，也有说是从佛教来的。据说，《太极图》是从陈抟传到周敦颐的。有些清代学者就相信这样的说法，比如黄宗炎，专门写过《易学辨惑·太极图说辨》。黄宗炎是黄宗羲的堂弟。那么，到底是不是这样呢？

我们经常感叹，中国哲学的研究存在大量低水平的重复之作。为什么会低水平地重复呢？因为很多哲学系出身的人，都是"飘"在文本上的。比如，研究周敦颐《太极图》《太极图说》，有大量的书、论文，但讲来讲去，也就是那些东西——在哲学上没有什么发明，在材料上也没有什么新的进展，都是重复来、重复去。

前面提到的黄勇老师，是中国大陆学者的一个例子。台湾学者的例子，我们可以举现在美国的刘纪璐（JeeLoo Liu）教授。和黄勇老师一样，他也是当今国际学术界研究中国哲学的佼佼者。刘教授是在台湾大学哲学研究所念的硕士，然后在美国纽约罗切斯特大学（University of Rochester）拿的哲学博士。但她同样没有受过汉学的训练。

一个人因为各种原因没有受过汉学的训练，这是可以理解的，问题是，你要了解缺乏这种训练是一种不足。你们应该都知道陈荣捷先生（Wing-tsit Chan，1901—1994）。在英文世界，他的《中国哲学文献选编》（*A Source Book in Chinese Philosophy*，Princeton University Press，1st edition，1969），作为中国哲学资料书的地位，到目前为止，都没有被撼动——从先秦一直到现代，它提供了几乎所有重要的中国哲学文本的翻译。陈老先生也写了很多书。今年（2021）5月份的时候，由陈来先生推动，中山大学开了一个纪念陈荣捷先生的会，我也参加了。会上，我提了这样一个问题：陈荣捷先生，从他的经历来讲，没有受过汉学的训练，但他后来从事的学术工作，汉学的味道很浓，这是怎么回事？我们知道，陈荣捷先生是广东开平人（开平离广州只有几十公里，现属县级市江门市）。开平是侨乡，出了很多华侨，陈先生的父亲就是在美国开杂货店的。他因为是男孩，所以从小就被送去读私塾。那时候慢慢有了新式教育，他就又跑到香港，去念新式学校。再后来，他到美国留学，最后在哈佛大学拿到哲学博士。他的博士论文是研究《庄子》的，但那个时候，哈佛大学没几个人懂《庄子》，他那个博士论文，用他自己的话来说，是"少年之作"，"不要去提了"。再后来，他就长期在美国教书，任教于达特茅斯学院（Dartmouth College）——美国的一个顶级文理学院。从他的经历来看，他是在美国受的教育，而且是在哈佛大学哲学系读的博士，最早研究的是《庄子》。他后来研究宋明理学，著有《朱学论集》《朱子新探索》，以及《近思录详注集评》《传习录详注集评》，还有好多翻译，比如刚才讲的 *A Source Book in Chinese Philosophy*，还有《近思录》《北溪字义》，等等。也就是说，他做的工作，是非常正宗的汉学的工作。所以，我就向陈来先生提了这样一个问题：陈荣捷先生所受的训练（Discipline）是哲学，但他的《近思录详注集评》《传习录详注集评》注意到大量清人以及日本学者的研究，文献功夫极好。而且，他最早欣赏陈来先生，陈来先生的《朱子书信编年考证》，他给予了高度评价。按他的学术训练，他怎么会欣赏这一类的作品？陈来先生对我的问题做了回答，我觉得很有道理。他主要讲了两个原因：一方面，陈荣捷先生后来成了台湾"中央研究院"的院士，"中央研究院"是胡适、傅斯年他们办的，1949 年之后迁到台湾，代表"中央研究院"最正宗学风的，是"史语所"——历史语言研究所，是胡适、傅斯年等人强调的实证史学的阵地。说到这里，就不能不提"北大传统"。"北大传统"就是胡适开创的传统。胡适开创的传统是什么？

就是重文献、重汉学。你们都知道，胡适的《中国哲学史大纲》，就写了上部，没有下部。为什么？因为后来他的兴趣转移了——他后面也编了一本书：《中国中古思想史长编》——他转到"思想史研究"了，花了很大力气研究《坛经》《水经注》。胡适后面做的很多工作，就是我们现在讲的考证的工作。他的这种工作，和当时清华大学的冯友兰、金岳霖以及张岱年，都不同。后者当时是叫"逻辑分析派"，属于比较时髦的西洋风格的哲学派。清华大学的哲学系和北大哲学系是两个风格、两个传统。北大传统，除了胡适，还有汤用彤。大家知道，汤用彤有《汉魏两晋南北朝佛教史》，到现在也是难以超越之作，还有《魏晋玄学论稿》，也是学术史上的名著。汤用彤擅长玄学和佛学研究。北大还有另外一个传统：熊十力、梁漱溟的传统——"自我造论"的传统，心学的传统。1952年"院系调整"之后，清华哲学系合并到北大，北大的中国哲学损失最严重——在某种意义上，清华哲学系的人接管了北大：冯友兰也好，张岱年也好，朱伯崑也好，这些清华来的人后来长期执掌北大的中国哲学教席。所以，1949年之后，北大的中国哲学就呈现出这样一种变化：民国时代建立起来的北大传统几乎被"一锅端"了。胡适跑了，汤用彤（1893—1964）还在，但已经不在学术第一线——先是做了分管基建的副校长，后面生病，文革前就去世了。他的主要学术成就在1949年之前就完成了。熊十力，从北大走了。梁漱溟也不在北大教书了。总之，1952年之后，北大哲学系的中国哲学，基本上是和原来的传统断裂了。那么，北大的传统还有没有传承呢？有一种观点认为，北大的传统跟着胡适到台湾了——这就是"中央研究院""史语所"的传统。陈荣捷因为是华裔，和台湾的学术界一直有联系，所以后来被选为"中研院"的院士，而"中研院"的院士，基本上是按胡适、傅斯年的标准来选的。当然，这里也有一定的人脉因素。胡适、傅斯年讲的学问，就是实证、汉学。陈荣捷先生做了"中研院"院士之后，原来的那些人都还在——民国时代的大陆的学术，在台湾的"中研院"保存得很好。陈来先生认为，陈荣捷先生当选为"中研院"院士，对他的学术是一个很重要的影响因素。因为，在"中研院"那样的地方，如果你只讲所谓纯粹的哲学，连版本都不知道，可能就没人搭理你了。我觉得，陈来先生讲的这一点是成立的。我还可以补充一个例子，那就是余英时（1930—2021）。余英时是钱穆的学生，后来他在哈佛取得博士学位。他最早研究东汉的生死观，又写了有关中国知识分子的书：《士与中国文化》。后来他也成为"中研院"的院士，而且是最年轻的一个。而成为"中研院"院士，对余英时的研究应该产生了重要影响。这一点，就我所知——余先生八月份刚过世，有很多人写文章悼念他——还没有人提到。余英时基本上是在美国的顶尖大学教书：最早是在密歇根，然后是哈佛、耶鲁，最后长期在普林斯顿。但他去世前的三十年，基本上都是用中文来写作——可以说非常"任性"：人在美国教书，却用中文写作。而且他最重要的作品，如《论戴震与章学诚》《方以智晚节考》《朱熹的历史世界》，还有《红楼梦的两个世界》《陈寅恪晚年诗文释证》，都是文史考证的工作，说明他回归到所谓考证之学。余英时在哈佛大学受的历史学训练非常好，他对欧洲史非常熟悉，对西方史学理论也很熟，比如兰克史学。那么，他后来为什么会转到文史考证的方向上去呢？我觉得有一个很重要的"外缘"或"助缘"，就是台湾"中研院"的传统对他的影响。胡适是"中研院"的灵魂，然后继任者是傅斯年。到后面，又有王汎森。"中研院"最嫡系的是"史语所"。史语所当然强调考据、实证。而"中研院"的"文哲所"，是最晚成立的，因为胡适觉得搞哲学根本不必要——他对哲学有偏见。现代新儒家牟宗三等人是做哲学的，所以根本没有可能进入到这个系统。牟宗三在台大教书都没教成，因为台大也是胡适、傅斯年这些人的天下。余英时后面写《朱熹的历史世界》，他潜在的论辩对象就是牟宗三。因为牟宗三提出了一个重要观点，认为宋明理学有三系，朱子是所谓"别子为宗"。

余英时的《朱熹的历史世界》2002 年出来之后，掀起了一场学术风暴：台湾也好、大陆也好，有很多的学术评论，因为它是对之前朱子研究的一个翻转。最重要的是，它从史学角度，对牟宗三这一派从形上学思辨角度解读朱子的做法做了一个颠覆。总之，台湾的"中央研究院"继承了民国的学术传统，这种传统更主要地体现在对汉学的强调上。"中国文哲研究所"，是"中央研究院"最后成立的所，一直到 20 世纪 90 年代胡适过世了之后，才慢慢地成立，但形成鲜明对比的是，中国社会科学院最早成立的文科所就是哲学所，因为对哲学特别重视，这和哲学是马克思主义重要组成部分是有关系的。在"中国文哲所"长期做所长的钟彩钧，是研究宋明理学的，他是在伦敦大学拿的博士学位，博士论文写的是朱子。钟彩钧后来做的一些很重要的工作，现在看来，基本上都是文献的工作。前面我说，今年（2021）暑假在写有关湛若水的论文，主要利用的材料就是钟彩钧他们整理的《泉翁大全集》和《甘泉先生续编大全》。现在国内重新整理了一个二十二册的《湛若水全集》，我觉得不是太好，因为它重新做了分类，破坏了原书的体例样貌。钟彩钧他们做的，就是在原有的《泉翁大全集》之后加附录——最好的方式就应该是这样，前面按照古籍原有的样子进行整理，后面如果发现新材料，就作为附录加上去。王阳明文集的整理就是这样做的。《王文成公全书》是明代隆庆六年成书的，它并没有将王阳明的著作一网打尽。后人发现、搜集了很多《全书》未收的材料。现在出版的《王阳明全集》就在《王文成公全书》的基础上加很长的"附录"。这样做比较好。钟彩钧除了整理湛若水的文集，后面还做了《刘子节要附恽日初集》等文献方面的工作。现在研究明代思想的，有香港理工大学的朱鸿林，他是普林斯顿毕业的，也算余英时的学生。还有前面提到的王汎森。这些"余门"弟子，汉学工夫都非常扎实。钟彩钧不是出自余门，但他是在英国上的学，伦敦大学亚非学院，本身就是欧洲老牌的汉学中心。西方的老牌汉学中心，包括巴黎、伦敦以及德国的几个大学。东方，就是日本——京都、东京，然后是台北。研究中国的学问，我们不能光看大陆学者的，更不能说因为我们在华东师大，就只看华东师大的。你得看到全世界的人在做这个事情。前面说的黄勇、刘纪璐两人，比较有代表性。英语世界研究中国哲学的华人学者，基本情况就是这样。我们现在研究的条件比之前要好，按道理，应该可以做出更好的成绩。要做出成绩，汉学的意识、世界的视野，就一定要打开。

我们选《太极图》《太极图说》，当然是和朱子《太极解义》放在一起读。它们的整体篇幅很小，但实际上非常复杂，而且，这是现在的中国哲学研究关注得比较少的。《易》学本来就是最难的，象数《易》学就更是难中之难。周敦颐的《太极图》《太极图说》，都是在象数《易》学的脉络下面，但以往我们只是讲讲它的宇宙论和本体论。我们这门课接下来会带大家去读更广泛的材料，让大家了解它和道教丹学（尤其内丹之学），和汉代《易》学之间的复杂关联。

今天是第一次课，以上所说，相当于一个引子。后面我们会把一些具体的材料共享给大家。包括周敦颐文集的两个重要的版本，一个是中国国家图书馆藏的宋刻本，另一个是日本名古屋市蓬左文库藏的明代弘治年间的周木重编本。后者是一个善本，这个本子特别好的地方在于，它不仅有朱子的解，还有张栻（南轩）的解。因为周敦颐的《太极图》本身只是一张图，《太极图说》也才二百多字，所以实际上我们要看的，是大量的后人对它们的评论研究。要说在中国哲学领域，尤其是在近世，《太极图说》绝对是独一无二的，没有文本还能比它更经典——两百多字的原著，你要写出几百万字的研究来，没有任何问题。到现在为止，关于它的很多争论还没有终止。

第二讲

　　文史研究者应对古籍版本学和古籍、古物收藏及其相关领域有基本的了解。读刻本等古籍，需注意其字体、行款、界线、鱼尾、用纸、装帧，亦当留意刻工、藏书印所蕴含的讯息。常见的周敦颐文集刻本，其中所绘《太极图》有正有误，判断正误的重要依据在于朱子《太极图解》。目前所见《太极图》版本主要有两大系统，主要区别在于"阴静"、"阳动"的位置和第二层图到第三层图有无交叉线。理解《太极图》的难点在于第二、三、四层图的关联：周敦颐是要在《太极图》中把中国宇宙论的三大模式融合。《太极图说》存在"宇宙论"和"人论"的"断裂"。

　　现在电子资源比较丰富，周濂溪的著作，我们也找到几个非常好的电子版。现在我们读古籍，比以前的条件要好很多。以前我读博士的时候，都是每天去北大图书馆看古籍，每次去古籍部，早上让图书管理员把要看的古籍拿出来，然后在他们下班之前再还回去。现在你看多方便，直接就可以看宋刻本。

　　大家可以看一下宋刻本的字体——判断一个刻本的年代，很重要的一点就是看它是什么书体：柳体、欧体、颜体。我们现在说的宋体，其实不是宋代的书体，而是明刻本的通用字体。在电脑打印时代之前，就是当年中国"北大方正"的电脑排字之前，出版书籍都是用铅活字排版。之前我们考试的试卷，都是老师刻钢板蜡纸刻出来的。一般也都刻成宋体。我们可以把这个宋刻本跟蓬左文库的明刻本比较一下。你们能看出什么不一样吗？我们以"太"字为例，可以比较一下两个版本的"太"字的笔画。看到了吧？它的点、横，还有捺，差别非常明显。明刻本的字体就类似于现在的宋体了。宋刻本的笔画比较重；明刻本相对就比较细一点。这里面讲究多了：因为，说到底，这是刻工刻的，所以带有刻工的个性特点。我们现在看的主要还是年代特点。实际上，有专门的"刻工辞典"可以查询。有些刻本里会留下刻工的名字。好的版本往往出自有名的刻工之手，他们在历史上都留了名，现在都可以查得到。我们现在看到的这两个本子都刻得非常漂亮。有的古籍的本子，因为没钱，或者很匆忙，刻得并不好。我们现在有条件来比较这些版本的优劣、异同。可惜我们现在不能看到古籍本身，否则，还应该去看看印刷用纸和装帧的样子。用纸和装帧都讲究的，是高丽本——字又大，纸又厚。这两种版本的纸，就不是那么厚，这个很明显能感觉到。包括版框的画线。按照书志学的行话，这是所谓鱼尾，双鱼尾，宋刻本是半页八行，明刻本是半页九行，不太一样。总体上，看起来是很舒服的。还有藏书家的印（藏书印）——这个可以帮助鉴定版本。有些大的藏书家，比如清代瞿氏的铁琴铜剑楼，当代黄裳的来燕榭，他们的藏书都会有一个藏书的记、跋，交代这个书他得自什么地方，是什么时代的刻本，在他之前有哪些收藏者。我们只有看到古籍的实物，才能了解涉及古代出版文化的物质方面的东西，包括刚才我们讲到的用纸、装帧以及刻工，还有和历代藏书家的藏书印有关的篆刻。现在这方面的书也有很多——像福建福州的方彦寿教授，他就专门研究过福建的刻书家。古代的读书人、学者，不仅自己藏书，有的还会刻书。近代非常有名的例子就是南京支那内学院的欧阳竟无。所谓内学院，就是佛学院。欧阳竟无等人刻了好多书，有一个金陵刻经处。此外，还有像民国时代出的《四部丛刊》，无论是版本的选择，还是刻的精美程度，都非常好。到了现在，我们已经是所谓电子时代。我觉得，在将来，纸本书的意义可能更多在于它的物质性上。不敢奢望自己家里藏了一个宋本，但你复制一个，也挺好。日本的三浦国雄先生，上次来上海开会，他拿了一本古籍，其实是复印的，但做成了线装的样子，跟真的古籍很像，我觉得也挺漂亮的。我们因为研究中国哲学史，常常要跟古籍打交道，很自然地，就会培养起对古物、古书的癖好、爱好。上海图书馆最早的馆长顾廷龙，还有北京图书馆的赵万里，都是当代中国著名的图书版本专家。顾廷龙手下有一个沈津，先在上海图书馆工作，后来去了美国哈佛-燕京图书馆，担任善本室主任。哈-燕藏了好多善本书，现在网上可以查到目录。沈津说，当年他在上图和这些老先生学习，很重要的事就是古籍鉴定：是宋刻本，不是宋刻本，差别太大了。当然，一般人不太可能犯低级错误，把已经确定了的宋刻本认成明刻本；但是最开始你怎么判断一本古籍的年代，有的时候就很难。也许你需要看看书上的藏书印，因为它们都是有来历的。还有的时候，没有多少线索，那就主要看你的眼力了。当然，就算名家，也会有搞错的情况。

现在中国也有不少藏书家，比如，当代藏书家韦力，是私人藏书的第一人。他家里就有宋刻本——这已经不是钱的问题了。学者当中，有现在北大历史系的一位教授，辛德勇，他也有些私人藏书。但不同藏书者收的书都不太一样，各有专攻。我有一个朋友，现在绍兴，年纪也不大，就比我大几岁吧，他专门收集绍兴的乡邦文献，包括写绍兴的书以及绍兴人自己写的书这两类，他收了很多，有一个小的藏书楼。本来，我是想让他把那些宝贝选几件带到我们课上，让大家直接感受一下。读古籍的感觉非常好。我们现在读到古籍原件的机会太少了。到日本可能会好一点，比如京都大学文学部图书馆，它就藏了非常多的明刻本，都放在书架上，可以随便看，这在我们这里是不可能的，清代的书都不会让你碰，更何况明刻的书。但日本也很奇怪，有的书在我们看来好像不怎么重要，但他们却把它当作宝贝——京都大学的学校图书馆，叫"京都大学附属图书馆"，还有刚才提到的京都大学文学部图书馆，他们是各自独立的，但每个图书馆都有所谓"贵重图书"，那不是可以随便看的，也要像中国一样需要事先申请，而且借阅的过程也是很讲究的：有专门的人给你拿出来，在一个小小的指定的阅览室里面，不能带水，怕弄湿了；不能带钢笔、水笔、圆珠笔，就只能带铅笔。工作人员会戴着手套，把那个宝贝拿出来，铺上布，再打开给你看——很有仪式感。而且只允许手抄，也不准拍照。这还算好的，我们现在去上图或者国图，基本上就是让你看缩微胶卷，那种阅读感受，相比之下，要差很多。现在北师大古籍所的一位年轻教师李小龙，写了一本书：《书舶录——日本访书诗纪》（生活·读书·新知三联书店，2019 年），讲他去东京访学淘书的事。东京的神田神保町，被称为旧书的天堂，相当于中国北京原来的琉璃厂。李小龙没事总去那里转悠。日本到现在还是有很多卖古书（他们把旧书、古籍叫"古书"）的小书店，京都也好、东京也好，都有不少。因为现在也有网络，所以他们在网上也会发一个书目。李小龙的这本书就讲他在东京怎么访这些古书。但话说回来，有能力访古书的不是一般人，因为涉及经济的问题。就我所知，做中国文史研究的台湾清华大学的杨儒宾教授，因为开始的时间比较早，再加上各种机缘，他收了不少好东西。现在收藏的人，还有一类东西也很感兴趣，那就是近现代的稿本。这些稿本有时候在孔夫子旧书网上也会流出来。作为研究中国古代文史的学者，对于古书收藏，我们还是要稍微懂一点才好。曲阜师范大学的林桂臻老师，他就花大价钱收了很多东西，我们那次"天学与新儒学工作坊"，他就带了几本原件来展示。不过，他基本上是在网上买的，有的时候就是所谓"捡漏"，这种情况已经越来越少了。前面我说的那位绍兴的朋友，他每年定期会去参加古籍有关的拍卖会。另一方面，我们也要了解，特别在北京、江浙一带——浙江有比如我刚刚讲的绍兴的朋友，还有上次开会遇到的一位收藏家、文史学者，余姚的计文渊，他最早是收集王阳明书法的，后来西泠印社给他出了一本书，叫《王阳明法书集》。他本身是学书画的，他自己也会写、会画，后来就对王阳明的书法感兴趣——因为王阳明的书法很好；然后他就到处去收集。王阳明的书法有两种，一种是书法卷子，还有一种，比如有的地方刻了王阳明的真迹，他就去拓印。所以他有很多收藏。我在绍兴开会碰到他，才知道，他们已经开始收集散落在日本的古籍、古物了，因为日本有好多好东西。现在中国人有钱，能把日本的东西收回来。顺便一提，古籍收藏，和古琴收藏的情况很相似。比如说，一把宋琴，更不用说唐琴，明琴都不得了了——以前是台湾、香港、美国，从大陆把琴收回去；大陆这些年有钱了，有一些玩家，他们就又从台湾、香港、美国把琴收回来。据我所知——因为我认识上海的一些弹琴的朋友——有些人手上是有好琴的，比如有宋琴。明琴就不得了了，明琴现在市价估计上千万。我的那位弹琴的朋友，他因为各种机缘，经常会弹到这种古琴。我问他感觉怎么样？他说也没有什么特别的，主要就是内心的一种满足感。古琴它其实很简单，就是一根木头，因为弦都是后面可以重新上的。

我们研究中国文史，要对这些知识有一定了解。所以要写字，要练书法——要稍微写一点。只有写了，你才会知道具体的书体。包括篆刻，这些东西，其实任何时候学都不晚。比如，大陆的王世襄，他已经过世了，他什么都懂。香港的蔡澜，虽然是以美食家著称，但实际上，他自己也写字，也跟老师学篆刻，他年龄已经很大了。其实年龄无所谓，这些东西作为一种爱好，在古代叫"金石"。书法和篆刻是连在一起的，齐白石是最典型的例子。齐白石其实没有跟过特别好的老师，他相当于自学成才。你看《白石老人自述》（生活·读书·新知三联书店，2010 年）就会知道，其实他爸爸是一个木匠，然后他也就从小跟着做木匠活，但是他有天才。当时父亲就跟他讲，木匠有两种：一种是粗木匠，说白了就是干粗活的；还有一种是细木匠，做比较精巧的活，工钱也比较高。所以他当时就想学细木匠。学细木匠，就要会画。因为原来乡村的木工——我记得，我大哥结婚时用的婚床，就全部是当地的木匠做的，他还得漆，自己在上面画，画很多花草、鸟兽之类的，很有意思，然后还雕花。床都是雕花的。但现在这种东西很多都已经没有了，工艺也失传了——年轻一代也不学，手艺很多就这样废掉了。齐白石一开始学着画画，画到一定程度，他就慢慢开始结交所谓士绅这些人，有一个人就告诉他说：你光画还不够，还要在上面题字、题诗——你要是能在画上题一首诗，整个画的格调就高了。画完、写完之后，你还盖个印，这就全了。否则的话，你的画没头没脑的，啥也没有。所以他就是这么一路学上来的。他自己也治了很多的印，给自己取了很多的号。这就是一种爱好、一种消遣。我们现在的各种娱乐手段，从某种意义上，把人的精力都分散掉了。古代也没有电视、没有计算机、没有微信，那么以前的文人，他们通常都有这几样东西作为消遣：写字、写诗、弹琴，另外就是徜徉山水——这些事都是很费时间的。此外，如果家里有园子，就玩一个园林，弄一个小的盆景。这就是所谓文人雅事，古人的时间都花在这些事上面。写诗，朋友之间互相唱和。在他们那个时代，这些事其实就是一种消遣，打发时间用的。但我们现在看过来，觉得好像都有文化在里面。我们现在当然也可以发朋友圈，但是应该要有点质量吧。太多人发的朋友圈太水了。

周濂溪文集的版本是很多的。我们现在看到的宋刻本是比较早的。但宋刻本虽然比较早，却不是最好的。相对来讲，收文比较全的，是明代弘治年间周木刻的本子。一开始我就讲过，濂溪文集的特点是，他本人撰写的内容并不多，后人诠释、评论的内容反而特别多。在这个意义上，濂溪文集是一部典型的中国哲学文本。后人的诠释，最基本的当然是朱子的《太极解义》。宋刻本《太极图》后附的"晦庵解义"，实际上就是朱子的《太极解义》。明刻本《太极图说》则附有朱子和张栻的《解义》，所以叫"晦庵朱子南轩张子解义附"。这些本子的好处，是把诸如有关太极的论述都放在里面了。你看，卷一，周敦颐自己的东西，就只有《太极图》和《太极图说》，其余大部分都是后人写的。当然，我们现在研究周敦颐的著作，尤其是他的《太极图》，不能不借助后人的评论和解释。

现在，我们可以先看一下宋刻本的《太极图》。这里面有什么问题？前面我把郑吉雄的《易图像与易诠释》（华东师范大学出版社，2008 年）这本书发给大家了。《易》图，具体来讲，就是我们这里说的《太极图》。《太极图》历代刻本很多，但是有一个严重的问题：因为这些图都是手工刻的，而有的刻工文化程度不高，所以常常会刻错。有时是操作的失误，导致某个图形画得不到位；有时则纯粹是对图的含义没有理解，乱画的。因此，我们这次读周濂溪的《太极图》，首先要做的是搞清正确的《太极图》应该是什么样的。按郑吉雄的搜集和统计，今天我们看到的《太极图》版本，十有八九是错的。也就是说，错的图占了主要部分，只有极少数才画对了。

那么，我们怎么知道一个图是对的还是错的？我认为，重要依据就是朱子的《太极图解》。也许你会问：为什么朱子就是对的？对此的回答是：第一，我们现在看到的版本，都是朱子之后的刻本。朱子本身对濂溪的文献就很重视，这里面有很多故事。朱子当时看到了好几个《太极图》的版本，但它们其实都不太全，于是后面就让他的学生度正去搜集相关的遗文，因为度正是四川人，而周敦颐在四川合州、成都都工作和生活过。周敦颐的遗文散落各处，比如说在一个道观或寺庙里的题壁，需要到现场去把它们抄下来。还有一些是当时和周敦颐有过交往的人，可能家里还保存了与周敦颐的通信，也需要去抄录了来。度正就这样做了很多年收集资料的工作，在此基础上，后面重刻了《元公周先生濂溪集》。所以朱子本人看到的《太极图》应当更接近周敦颐《太极图》的原始样子。也有一种说法，说朱子看到的《太极图》《太极图说》，和之后洪迈所进的"《国史》本"不一样，这就构成后来陆氏兄弟和朱子争论"无极"、"太极"问题的一个重要根据。简单来说，我们现在看到的版本，是朱子当年认可的版本，而洪迈的"《国史》本"，则不是这样。两者的区别，郑吉雄《易图像与易诠释》那本书里都讲了。

朱子看到的周敦颐《太极图》《太极图说》有好几个版本，他最后认可的本子，主要还是根据自己的理解。朱子作为一位学识这么深的学者，他的理解当然值得参考，即便不说他就是对的。《太极图》的各个图，之所以要画成这样、画成那样，不是随便画的，每一处都有特定的含义。《太极图》从上到下可以分成五层：第一层，是一个圆圈；第二层，是黑白相间的一个圆圈；第三层，则是五行；第四层，是一个圆圈；第五层，又是一个圆圈。这五层，要画成什么样，以及彼此之间是否连接、是否挨在一起，都是有讲究的。图的背后，蕴含着周敦颐的思想。初看，第一层图和第二层图挨在一起，好像也没什么大不了，但实际上，挨不挨在一起，代表的意思差远了。所以，我们一定要研究朱子的《太极图解》，才能知道各个刻本当中《太极图》的正误。

我们眼前这个宋刻本的图（见下页），实际上就是错误的图。

第一，第三层"五行"部分，被画成了这种带有一点正方形感觉的图，这是不对的。第二，五行圆圈之间的连线，少画了一道。看郑吉雄《易图像与易诠释》，你就知道，《宋元学案》里的《太极图》，第三层"五行"圆圈之间的连线才是对的，底部的小圆圈，上面有四条连线，而宋刻本只有三条，少了一条连到"水"的线。这些线，具体是什么含义，后面我们读朱子的《太极图解》就能明白。现在就是给大家看一下不同版本的图之间的差异。

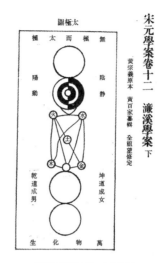

宋刻《元公周先生濂溪集》太极图　　　《宋元学案》太极图

　　总结而言，周敦颐《太极图》的画法，有两个系统，两个系统之间有两点不同。第一点不同，是第二层图"阴静"、"阳动"的摆放位置。以《濂溪集》宋刻本和《宋元学案》为代表的系统，这四个字是左右排列。而另外一个系统则是上下排列。这四个字，排成上下，与排成左右，有什么不一样的含义呢？其实是有讲究的。同样，我们后面看朱子的《太极图解》便可知晓。

　　第二点不同，则是从第二层图到第三层图，中间有没有连线交叉形成交集。以《濂溪集》宋刻本和《宋元学案》为代表的系统，是有交集的。由第二层右半"阴静"，连线向下、向左转，到了"火"；第二层左半"阳动"，连线向下、向右转，到了"水"；两者交叉，使得第二层图与第三层图有了一种关联。

　　图像背后是有一套理论的。第二层图到第三层图的关联，它背后的理论，与道教内丹学有关，涉及阳和水、阴和火，阴阳和水火的关系。具体来讲，实际上是《周易参同契》开创的理论。通常，人们总是泛泛地讲，周敦颐建立了宋明理学的宇宙论，可是，宋明理学的宇宙论，它的来源到底是什么？《易》

当然是其中之一，此外，应该还有五行思想。而将《易》学和五行思想关联起来的最重要的媒介是什么？是《周易参同契》。但《参同契》的性质很复杂，它是"道教易学"或"道家易学"——道教、道家对《易》学做了原创性的改造，由此诞生出的经典便是《参同契》。以往，传统上的宋明理学研究、中国哲学研究，在讨论周敦颐的时候，不太会去管《参同契》的问题。当然，很多人泛泛地说宋明理学家"出入佛老"，但理学家究竟是怎样"出入佛老"的呢，则语焉不详了。比如，大家都说周敦颐和道教关系很深，但具体是怎么一个"深"法？周敦颐的哪些东西是有道教渊源的？这方面，已有很多学者做了工作，包括《太极图》和所谓《无极图》的关系，《太极图》是不是道教先有的图？后面我们还会陆续讲到，比如，唐玄宗作序的《先天太极图》是不是就是周敦颐《太极图》的来源？很多专家学者都已经有所考证，我们后面再具体讲。我们现在就《太极图》画法的两个系统来说，第二个系统是把"阴静"放在上，"阳动"放在下，造成的最大问题是：如此一来，第二层图和第三层图之间便没有关系了。第二层图，刚才我们把它叫"黑白相间"，严格说来，这样讲是不对的，因为此处的黑不是黑，而是阴；此处的白也不是白，而是阳。讲"阴阳相间"也不对——关于这一点，我们后面还要好好讨论。一般会说，第二层图是一个坎卦和一个离卦，但认为第二层图由坎卦和离卦组成，会带来一个问题。我们知道，八卦是由阴爻和阳爻搭配而成的二进制的系统：两种爻，一横，有阴、有阳；两横一组，则有四种组合；三横一组，则可以构成八个卦；把八卦两两重叠，就生成了六十四卦。八卦的名字记起来也很好记，朱子专门为此设计了一个《八卦取象歌》："乾三连，坤六断。震仰盂，艮覆碗。离中虚，坎中满。兑上缺，巽下断。"八卦也分别与天、地、风、雷、水、火、山、泽相对（乾为天，坤为地，巽为风，震为雷，坎为水，离为火，艮为山，兑为泽），《易》以自然为取象。现在来看《太极图》的第二层图：左半球阳一阴—阳，为离；右半球阴—阳—阴，为坎。但是，要知道，坎卦和离卦本来是上下结构的，此处便相当于旋转了九十度。所以，如果你要说《太极图》第二层图左右两边分别是坎卦、离卦，恐怕也不对。

刚才我们讲，《太极图》两种画法的区别之一是"阳动"、"阴静"的排列方式不同，一个是上下排列，一个是左右排列。如果上下、左右的位置排列是有意义的，那么，就必须确定，到底应该是上下排列还是左右排列。同样，第二层图左右半圆跟坎卦、离卦的形式差别，不能轻易放过。实际上，后来也有人把《太极图》第二层图真画成了坎、离，如吴康《周濂溪学说研究》的"太极图"（见《易图像与易诠释》第 213 页）——把整个图都横着画了。但是，《太极图》横着画，肯定是不对的。因为，按照我们上面的分析，《太极图》当中的上下、左右位置排布，都是有特定意义的。如果我们不了解这方面的意义，甚至可能会觉得，图像之所以横或竖，只是为排版方便考虑。

顺便说，《宋元学案》的图和朱震（号汉上）《汉上易传》的图之间还有一个差别：

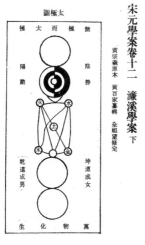

《宋元学案》太极图

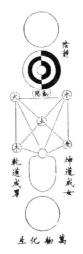

清刻《汉上易传》太极图

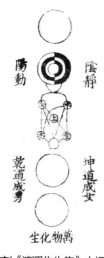

宋刻《濂溪先生集》太极图

第一层图上方有没有"无极而太极"这一行字。前者有，后者没有。而国图藏宋刻本的《濂溪先生集》的图也没有这行字。没有这行字，就失去了一个很重要的标记：该版本的来源，到底是濂溪的《太极图》本图，还是朱震《汉上易传》的《太极图》，就没办法分别了。因为这行字是两者之间的标志性的区别。但是后来有好多版本的《太极图》，就算是濂溪的本图，或用"周子原图"称之（与此相对的便是"汉上易图"），也没有这行字。

其实这个图最困难的地方，就在于怎样看待"二—三—四"这几层图的关联。"二—三—四"是最有思想蕴含的。比如，我们从第四层图讲起：第四层图，叫"乾道成男、坤道成女"。有人据此就提出了这样的问题：周敦颐的《太极图》和《易》并不完全相关，并非完全遵照《易》来画的。为什么说周敦颐的这个图有道教的因素，就是因为有学者提出了这样的质疑。大家知道，《易》学最根本的就是阴和阳，所谓"分阴分阳"。阴、阳对应的应该是乾、坤，所以第二图为什么是黑白相间的？——我们现在看到的《太极图》，是比较原始的周子原图；但现在流传很广、为民间所理解的就是"阴阳鱼"的图，包括韩国的国旗（"太极旗"）图案，中间由两条阴阳鱼抱在一起，还分别有一个小的点，表示眼睛；这实际上是很晚才有的图。而关于《太极图》是怎么从周子原图到了"阴阳鱼"图，则是另外一个故事了。

再来看第二层的图。有学者会说，从《易》学的角度来讲，就是阴和阳、乾和坤。周敦颐《太极图》第二层的图，表面看来是黑白相间，实际上是阴阳参差，而且，按照八卦来讲，正好分别是所谓坎卦和离卦。但是，为什么周敦颐要选坎卦和离卦？为什么他不直接地画一个阴、一个阳呢？《易》上讲，太极生两仪，两仪生四象，四象生八卦。① 按照《易》，如果第一层图是"太极"，到了第二层，便应该生出"两仪"，"两仪"怎么变成了坎离呢？难道两仪就是坎离吗？所以这里其实是有疑问的。当然，我们这样说，是假定第二层图左右分别为坎离。但它们究竟是不是坎离？周敦颐是不是直接把坎卦、离卦拿来用？是不是直接就在讲道教的"取坎填离"？这些问题，如果仔细研究，就会发现，都没有那么简单。

在第四层图当中，又出现了"乾道成男、坤道成女"。——按《易》的理论来讲，《太极图》应该是：第一层，太极；第二层，两仪；而"两仪"要么是阴阳，要么是乾坤，要么就是男女。为什么第二层不是两仪，而第四层才是两仪呢？如果乾坤、男女可以被认为是两仪的话。

周敦颐的《太极图》，说复杂也不复杂，说不复杂也有点复杂。这个图，最蹊跷的地方就在于，它实际上是由两部分或两个系统构成的：其中一个系统，当然就是《周易》的系统，"易有太极，是生两仪，两仪生四象，四象生八卦"，所谓"一—二—四"的系统，表现在图中，其实就是第一层"太极"和第四层"乾道成男、坤道成女"。相应地，周敦颐的《太极图说》也分成了两个部分：前面，主要在讲"物"；后面，则突然出现了"人"。此处的"男女"，我们当然可以把它理解为是一种象征，是阴阳的代表。但周敦颐在这里讲的"男女"，恐怕并不只是阴阳的代名词，它也许真的就是在指"人"——也就是说，在第四层图中，"人"出现了。所以，《太极图》的复杂之处就在于，如果说它是按《周易》来画的，那么第二层的"五行"又是怎么进来的？"五行"，大家知道，是从《尚书·洪范》出来的。

我们讲中国哲学的宇宙论，其实有三个系统：第一个，《周易》的一生二、

---

① 《周易·系辞上》："是故，易有太极，是生两仪，两仪生四象，四象生八卦，八卦定吉凶，吉凶生大业。"

二生四、四生八的双倍数系统；第二个，《老子》的一生二、二生三、三生万物的系统；第三个，就是五行四时系统。要把这三个系统整合到一起，显然是不容易的。比如，如何在《周易》的两倍数系统中融合进《老子》的"三"，就是一个问题。现在很多人有一个说法，陆九渊和朱子的辩论也涉及，就是说周敦颐的"太极"是从"无"中生出来的，就此而言，《太极图》是老子或道家的形上学、宇宙论，是"无"的本体论。这种讲法，有一个很大困难，论者都没有注意到，那就是：老子讲"无生有，有生一，一生二"，二后面直接生出了三。"二"怎么生出"三"？它在理论上并没有讲通。儒家其实也讲"三"，所谓天、地、人"三才"。《太极图》的厉害也许就在于，它试图把三大系统都整合起来：首先，它是用《周易》做底子，这一点相信没人会反对；其次，它和《老子》的"三系统"也有关系，阴阳、乾坤，在图上被标作"成男"、"成女"，在《太极图说》里则被表述为"人"——天、地后面又生出了人。

因此，可以说，《太极图说》存在两步跳跃：第一步跳跃，是从"分阴分阳，两仪立焉"到"阳变阴合，而生水火木金土"。这一步跳得很奇怪：怎么突然就跳出一个"五"来？第二步跳跃，是从"无极之真，二五之精，妙合而凝"到"二气交感，化生万物"，这就搞出了一个"二五"。"二"是两仪，"五"是五气或五行。一方面说"二五之精，妙合而凝"，另一方面又说"乾道成男，坤道成女"、"二气交感，化生万物"，从"二气"到"万物"，中间插进来了一个"五"，这是有些奇怪的：既然"二气交感"就能"化生万物"，为什么中间还需要一个"五"呢？

我的理解是，《太极图说》在这里有一个断裂。正是根据这个断裂，我们可以把整个《太极图说》分成两部分，前面讲物讲宇宙，后面则是讲人。《太极图说》称："惟人也，得其秀而最灵，形既生矣，神发知矣，五性感动而善恶分，万事出矣。"按道理，人也是万物之一，"人"应该也在《太极图》的

"万物化生"之中。可是在这里，周敦颐强调"人得其秀而最灵"，人在万物当中是"最灵"的。这句话当中的"五性"，与前文的"五行"、"五气"相对应，其实就是"五德"，即仁、义、礼、智、信，后来又被称为"五常"。到这里，我们可能就明白周敦颐的苦心了：为什么不放弃"五"？因为"五"一方面是五行，另外一方面是"五常"。

然而，困难的地方在于，《太极图说》前面讲到五行，后面又讲到了人和五性，但在《太极图》上，关于人的部分却是没有的。"五性感动而善恶分、万事出"，人的这种"万事出"和"万物化生"其实是两个系统。这就相当于说，一方面，人是万物之一，另一方面，人又单开了一支——人当中又包含了所谓五性，在五性当中又生出了所谓"善恶"、"万事"。（于昊甬：我感觉，"人"在这里，就像是一个微缩的宇宙。）当然，这个观念并不奇怪，这就是董仲舒所谓的"人副天数"，一个比较老的说法。对于周敦颐来讲，他要解决的问题是，在《太极图》中，如何摆放各种图像，从而能把《太极图说》的逻辑理顺。《太极图说》当中的"惟人也，得其秀而最灵……五性感动而善恶分、万事出矣"，在《太极图》上没有表示出来，但后来朝鲜学者却把这部分内容画出来了，在李退溪的《圣学十图》中，《天命图》就画了"仁义礼智信"。

我们小结一下：按照以上的分析，周敦颐要做的事，似乎是要在《太极图》这个图像体系当中，把中国宇宙论的三大模式融合起来。怎么融合呢？道教的内丹学以及《参同契》是一个关键。其实，说"道教"不是特别精确，因为从某种意义上来讲，道教很多东西是从《周易》那里来的，说起来，道教是先借了儒家的东西。我写过一篇文章①，讲到道教的"星斗崇拜"、"醮"跟《尚书》当中的"皇极"的关系。可以看到，是道教从儒家这里先学到了一些

---

① 方旭东：《上元醮与皇极——陆九渊〈荆门军上元设厅皇极讲义〉发微》，载《复旦学报》2020年第4期。

东西。如果我们不是那么拘泥于所谓门户——以前学术界经常争论，某个思想到底是儒家的还是道家的，是儒家偷了道家的东西，还是道家偷了儒家的东西——如果我们现在比较中立地来看，便可以说：在两者后来的发展中，都有相互借鉴的地方。

我们回过头来，再琢磨《太极图说》的这句话，会发现它里面其实包含了很多东西。首先，人是所谓"得其秀而最灵"，在这个意义上，便贯穿了所谓天地人三才。《周易》讲"三才之道"，和老子所谓"三"其实有共同之处——"三"不仅老子讲、道家讲，所谓"一生二、二生三"，《周易》其实也讲"三"。儒家讲"三才"，特别突出"人"的部分，这就是所谓"人得其秀而最灵"。这个说法其实出自《礼记》①，有儒家经典的依据，不是周敦颐自己发明的。其次，后半句也耐人寻味："形既生矣，神发之矣。"周敦颐在这里又搞出了一个形和神的区分。后来，朱子在理、气问题上做了很多文章，也留下无数的争论。"形"就是气。朱子不太喜欢用"神"这个词，他更多是用"性"、"理"。但周敦颐、张载喜欢用"神"，孟子也喜欢讲"神"。本来，《周易》里面就有关于"神"的很多讲法。为什么朱子后来慢慢就不用这个词了呢？这是值得思考的。

《太极图说》开头"太极动而生阳"那句话，涉及所谓"动力机制"问题。张载讲宇宙的运动，最后也是要落到"神"上面去。后来牟宗三把它称之为"神体"——一个活动的本体，这个本体有一种很神奇的功能。本来，"神"是作为形容词，比如现在口语当中说的"那个人很神"，就是形容那个人很有活力。朱子似乎不太能接受"神"这类讲法，这是朱子和周敦颐、张载乃至二程这些北宋理学家的一个不同。朱子后来更多地把重点放在"理"上。如

---

① 《礼记·礼运》："人者，天地之心也，五行之端也"，"天生之，地养之，人成之。"

果说，周敦颐、张载他们是讲"神体"、"神本体"，那么，朱子是讲"理体"、"理本体"。何以有这种不同呢？按照我的理解，那是因为，在解释《太极图说》的时候，朱子遇到一个很大的问题。他在解释这一段话时，已经开始把"性"带进去讲了："而有以不失其性之全，所谓天地之心，而人之极也。"这个问题，我们后面讲《太极图说》《太极图说解》再来具体研究。这里只是先提一下。

今天主要是给大家认识一下《太极图》，带大家摸一摸这个图的奥妙和机关。《太极图》虽然看上去很简单，但里面义理很深，作者的企图心很大，他是要整合宇宙论的三大系统，但这种整合并非没有遇到困难，这样的事之前还没有人做过。那么，周敦颐到底成功没有？如果成功，他又是怎样达到自己的目的的？这是我们后面要着重研究的。

前面说，周敦颐在《太极图说》当中做了两步跳跃：本来按照《周易》的系统，可以从太极到两仪，直接就是"乾道成男、坤道成女"或者"分阴分阳"，"五"就可以直接 pass 掉。但周敦颐没有这样做。也许我们对此可以作这样的解释：如果直接讲"分阴分阳"，就不能解释"万物化生"。可是，按道理，难道不应该是"乾道成男、坤道成女"，再加上"五行"，才生成万物吗？但周敦颐不是这样讲的，他的"五行"反而在"两仪"（"乾道成男、坤道成女"）上面，而从"乾道成男、坤道成女"，一下子就是"万物化生"。这是怎么回事？他究竟是怎样考虑的？

这些都是我们后面要仔细地讨论、探究的地方。此外，诸如"阴静"、"阳动"为什么是左右排列而不是上下排列，这就涉及第一层图和第二层图，以及第二层图和第三层图之间的关系问题。郑吉雄《易图像与易诠释》做了很好的工作，把从古到今各种《太极图》都收集了起来，五花八门，画错的图太多了。大家课后可以再去看看。我们要清楚的一点是，《太极图》背后实际上是哲学，是理论。还有"无极而太极"，那个最开始的空心圆，它的含义又是什么？这都值得探讨。如果无极无形无象，那么这个圆又是怎么回事？从理论上讲，我们也许可以想象一下，在我们现在看到的这个有形象的圆之前，还有一个我们看不到的隐形的"无极"，于是从无到有——我们甚至还可以想象，从一片混沌当中，慢慢地出现了一个球体，逐渐清楚起来。如果这样讲，那就和现代物理学，比如"宇宙大爆炸"，可以关联起来了。古代中国人通过自己的思考、想象，也在探索宇宙、银河系、地球的生成问题。其实，宇宙大爆炸理论，到现在为止，也还主要是思辨性的——没有仪器可以直接检测证实，人类还无法有根据地得到40亿年前宇宙的真实模样。说到底，理论物理也主要是依靠思辨。在这个意义上，霍金做的事，周敦颐、朱子也一样在做了。朱子甚至通过自己的假设、推理，已经涉及所谓地壳运动的原理，因为他看到了山上的贝壳。

第三讲

要了解周敦颐，我们需要具备"知识社会学"的眼光，要考察他的家世、婚姻、师承和人脉。朱子在整理周敦颐文集时，面对不同版本之间的异文，主要以理校法，即按逻辑和义理来论定是非。我们要充分考虑到文献产生的复杂性及其"效果史"，对于一个文献，首先要用批判的眼光来审视它。关于《老子》的版本以及《近思录》"四子"问题，就是现成的例子。朱子之所以把《太极图说》首句定为"无极而太极"，从他和陆氏兄弟的辩论可以看出，主要是为了在肯定太极图为周子所做这一前提下规避周子在义理上可能遇到的困难，并证成他自己的哲学。

大家打开《宋元学案》卷十一的《濂溪学案》，今天我们来看有关《太极图说》的第一个争论："无极而太极"。《宋元学案》对《太极图》的改动，我们上次已经讨论过了。现在我们来看一下《太极图说》首句"无极而太极"的异文。

在讲"无极而太极"之前，我们先提一下朱子对"静而生阴"句的校勘。在给友人胡广仲写的一封信里，朱子对后者看到的旧本周敦颐《太极图说》的一处文字提出异议。旧本有"静极而生阴"这样的话，朱子根据《太极图》和《图说》的上下文，判断此处的"极"字是衍文。①既然是"静而生阴"，那么，《太极图》上的"阳动"、"阴静"，就不是字面给人的印象，不是阳而后动，或阴而后静，意思应该是反过来的："动而生阳"，"静而生阴"。

《太极图说》首句，通行本作"无极而太极"，而《太极图》最上方，有的版本有"无极而太极"五个字，当然有的版本没有。《图》的"无极而太极"对应的应该就是《太极图说》的第一句话。但是，如果我们假设《图说》的第一句话不是"无极而太极"，而是像其他两个版本那样，是"无极而生太极"（九江故家传本），或者"自无极而为太极"（洪迈《国史》本），那么，"无极而太极"作为《太极图》最上面的文字，可能就有问题了。我们今天看到的《图说》，"无极而太极"这样的话，实际上是经过朱子校改之后的面貌。前面我们也提到过，周敦颐在世的时候，并不有名。周敦颐是北宋人，朱子是南宋人，两个人之间相差有上百年，朱子对周敦颐的著作有一个收集、整理的过程。

这里我们稍微梳理一下濂溪的学术传承。我们来看《濂溪学案》。濂溪的弟子主要是二程兄弟。但是，关于这一点，即所谓"二程师事周敦颐"，其实是有争议的。对此，前人研究已多，杨柱才《道学宗主：周敦颐哲学思想研究》（北京：人民出版社，2004 年）一书专门有附录"二程师事周敦颐考论"，大家可以参看。争议主要来自这样一个疑问：如果说这两个人真是把濂溪当作老师，那么，何以二程文集当中提到周敦颐的地方，都没有那么尊重？也就是说，二程似乎并没有以待师之礼来对待濂溪。如果说这只是表层的问题，那么，更要紧的是，濂溪讲的太极，在二程文集中，几乎从来不见提起。因此，

---

① 参见朱子自注："旧本图子既差，而《说》中'静而生阴'，'静'下多一'极'字，亦以《图》及上下文意考正而削之矣。"可见周敦颐：《周敦颐集》，中华书局 2009 年版，第 135 页。

就算二程真的跟濂溪学习过，如果他们并不 care 周敦颐的核心概念，那么，又在什么意义上可以说，二程是周敦颐弟子呢？一直以来，就有人提出这样的问题。

我们现在了解到的情况是，周敦颐当年是二程父亲程珦的属下，程珦很欣赏周敦颐，正好他有两个儿子，于是，二程兄弟在大概十来岁的时候，跟周敦颐学习。我们要知道，古代的师承其实是很复杂的。古代的《学案》往往会给一个人列很多弟子，但不要当真。要注意分辨，在多大程度上可以说某个弟子是某人学问的传人。你看，《濂溪学案》的师承表里，甚至还列了苏轼，说苏轼是私淑周敦颐的。这个情况让人匪夷所思。如果硬要解释，也不是找不到一点根据。因为周敦颐在四川工作过，包括合州、成都，都游历过，而苏东坡又是蜀人。可以想见，周敦颐当年在蜀地有很多朋友，当然也有一些所谓门生，就是那些执弟子礼者。苏轼对濂溪比较敬仰，因为濂溪的气象是所谓"光风霁月"，他身上的文人气较重，不像朱子那种道学家面孔，更不像程颐那样严肃。黄庭坚对周敦颐就非常欣赏。除此之外，还有赵抃、许渤、李初平，这些所谓"同调"、"讲友"，都是当时与濂溪往来比较多的人。《宋元学案》《明儒学案》，都有一个特点，就是特别注重古人的家学、师承、交游、弟子，用我们现在的一个词来说，就是人际网络。从某种意义上说，这种《学案》实际上带有"知识社会学"的眼光，而我们平常所读的哲学史，基本上就是在讲概念的演绎，尤其是冯契先生的《中国古代哲学的逻辑发展》。但实际上，历史上的人，本身是活生生的、有血有肉的，是离不开他所处的环境和当时交往的人的。所以，这是现代的哲学史和古代的思想史或学术史之间的一个很大不同。还有一点，《学案》没有列，但我们需要记在心里，即周敦颐的婚姻关系。这些内容，在某种意义上，其实就是我们现在经常填的人事档案表，姓名、家属、社会关系，以及有没有孩子；相当于把你的社会人际网络"一网打尽"。周敦颐的家世比较复杂。他父亲死后，他就跟着改嫁的母亲到了新的家。这一节，因为他后来成了道学开山，出于"为尊者讳"的考虑，传记作者就不怎么提了。其实，这有什么好避讳的呢？周敦颐有个舅舅，叫郑向，对他照顾很多。周敦颐妻子的哥哥，也就是所谓妻舅，和张伯端有联系。张伯端是道教南宗的一位很重要的道士，撰有《悟真篇》。我们要了解周敦颐，就需要了解他的人际关系，其中包括一些道教中人。以前周敦颐的传记作者有意识避讳，不想把周敦颐跟道教人物过多地扯在一起。我们这些当代研究者应该可以比较客观地来了解这些事，比如，张伯端对周敦颐到底有没有影响？诸如此类，都是可以考察的。

为什么朱子对周敦颐特别感兴趣？那是因为，二程是濂溪的传人，二程后来被称为洛学，而洛学又成了道学的一个大宗。洛学南传，由杨时（龟山）传到武夷山的"罗先生"（罗从彦），然后是李延平（李侗），再下来就是朱子。洛学的"洛"是指洛水，本来在黄河流域。但洛学南传之后，后学既有蜀人，也有闽人。胡宏开创了所谓"湖湘学派"，也可以上溯到洛学那里。胡宏对濂溪很重视，而胡宏又是张栻（南轩）的老师，朱子与南轩是好朋友（讲友）。总之，到南宋的时候，学者们都觉得周濂溪不错，就共同地把他推举出来了。

濂溪文集的早期版本不少，包括"延平本"、"九江故家传本"。周敦颐曾经到过庐山（九江），周敦颐的故居和墓都在九江。朱子当时要整理濂溪的文集，看了很多版本。把"延平本"和"九江故家传本"对勘，就发现：相异的地方有19处，其中的2条是延平本有误，当从九江本，14条"义可两通，当并存之"；3条九江本误，当从延平本。而九江本所误的3条，其中有一条就是《太极图说》的首句。[①] 问题比较复杂，因为九江本和延平本没有哪一个是完全

---

① 参见杨柱才：《道学宗主：周敦颐哲学思想研究》，人民出版社 2004 年版，第 26 页。

正确的，而是各有异同。从这里，我们就可以看到朱子意见的重要性。这两个本子放在这里，有 19 处差异，这是客观事实，但问题是：你要决定哪一个才是对的，文本自己不会告诉你。这就需要研究者的判断。

其实我们做考据，最后遇到的问题都是这样：很难说有百分之百的证据说某一个肯定是对的，包括出土文献，也是如此。我举个例子。郭店楚墓出土的《老子》竹简本，有甲乙两种，彼此都有一些差异。加上之前的马王堆帛书本，新发现的《老子》就有三种版本。再加上以前的河上公注本、王弼本，《老子》的版本是非常多的。一般来讲，这些版本可以粗略地分为出土本和传世本。郭店楚简本《老子》刚出来，庞朴先生就写了一篇文章①，说传世本《老子》中的"绝仁弃义，民复孝慈"一句话是反对儒家的，但郭店楚简甲本《老子》写作"绝伪弃虑，民复孝慈"。庞朴先生很兴奋，认为早期的儒道关系其实并不是像我们现在看到的。但其实这个问题比较复杂。因为郭店简其实是个抄本，这个抄本里有好多字都抄错了。所以，它的权威性是存在疑问的。还有南昌的汉代海昏侯墓，大家有时间可以去看看，它的展馆非常好，整个设计用到了当代最新设备，而且现在的交通也很方便，南昌的旅游也开发得不错。海昏侯墓主要有两种东西出土：钱和书。从这个墓里出土了几百斤黄金、元宝，还有无数当时的铜钱。为什么这么多钱被埋在地下？其实是因为，海昏侯是被废掉的，是一个废帝——他就当了一个月不到的皇帝；而当时要把他废掉，就给他列的罪名，总共有几百条之多，平均下来，每天就有十几条罪；真是"欲加之罪，何患无辞"。因为这个人是个小年轻，行为不太检点——从一个地方的藩王突然登基做了皇帝，就有点忘乎所以了。那个时候，朝中都是权臣、外戚。被废掉之后，他的级别相当于还是王侯，所以还是有很多的财富的。到最后，

① 庞朴：《古墓新知——漫读郭店楚简》，载《读书》1998 年第 9 期。

干脆彻底把他废成民了。他的那些钱，因为上面都铸了他当年的王号，就不可以再在市场上流通了，所以只能被带到地下去。他不是不想留给他的后代。除了巨额的黄金和货币，从这个墓中还出土了很多文献，包括《论语》。这个出土的《论语》版本，应该就是现在失传了的汉代《论语》三家本之一，和我们现在看到的通行本不太一样。今年（2021）六月，在浙江富春江边的服素山房，我们开了一个《老子》的会，由上海大学历史系的宁镇疆老师召集，主要是做出土文献的研究者参加。讨论什么问题呢？就是以《老子》为中心，讨论出土本和传世本的关系问题。做出土文献的这些学者比较平实，没有特别夸大出土文献的重要性，反而认为传世文献有一些不可被替代的重要性。这就是所谓"效果史"的意义。我们现在看到的《老子》传世本，已经经过几千年的传承；突然我们又在地下挖到了另一个本子，那么我们是不是就可以用出土的这个本子来取代传世的本子呢？恐怕不能。同样是在六月，我们华师大这边办的《老子》高峰论坛，丁四新老师的观点受到王中江老师的激烈反对，因为丁老师有一个很强的理论前见，认为应该用出土本来重新校正现在的传世本，要吸收诸出土本，对《老子》文本重新进行排序。丁四新老师是研究《老子》的重要学者，他的博士论文就是做的郭店楚简的儒道思想，后来对《老子》《周易》下过很大功夫。他的这个观点就比较偏向出土文献，而王中江老师，还是在依据传统的传世本来做研究。所以，他们当时的观点就完全不同。

我讲这个例子，是想说，在版本问题上，就如第一次课讲过的那样，最早的本子不一定就是最好的本子。濂溪文集，虽然不是出土文献，但在某种意义上也是发现了新的版本。对于新发现的孤本、新的版本，正确的态度是慎重，要研究之后才知道它的价值有多大。涉及出土文献的问题就更复杂，因为今天出土了大量竹简，北大有，岳麓书院有，安大也有。竹简文献甚至还有造假的可能。虽然不能贸然说某个简就是假的，但是，在利用的时候，还是应该有史料批判的意识，这种意识，必须从头到尾贯穿研究的始终。

朱子在整理周敦颐文集的时候，其实也遇到了这样的问题。比如，九江本和延平本，比较下来，发现它们是有差异的，那么，应该信从哪一个呢？说到底，还是要理校——按逻辑、按意义。因为，版本不是谁更早谁就更正确那么简单。上节课我们已看到，宋刻本虽然最早，但它的《太极图》明显不对——少画了一条线。你不能说，这是宋刻本，那就肯定是对的。宋刻本的价值到底在哪？有多大？这是我们在考察版本时要考虑的问题，不是那么简单的事。对于朱子的结论，我们可以问这样的问题：为什么有两条是延平本误，当从九江本？为什么有三条是九江本误，当从延平本？这里的"当从"，在朱子那里当然都是有根据的。这就涉及校勘学的一些问题。

什么是校勘？校勘，又称"校雠"。刘向《别录》："一人读书，校其上下，得谬误，为校；一人持本，一人读书，若怨家相对，为雠。""校"相当于今天说的校对，主要是根据上下文发现有无错误；而"雠"则是用不同的本子对勘，"若冤家相对"，相对于用一个本子上下相校，能发现更多谬误。①古代文献大都有校勘的必要。像《十三经》，北大出了简体字的整理本，李学勤先生主编。每本书前都有点校说明，说明用哪个版本作底本，用什么版本对校。一部经有很多版本，各版本之间有时差异还很大。从这个意义上说，要问什么是一个好的本子，就是看它有没有经过精心的校勘。有没有做校勘，一个明显的标志就是有没有校勘记。周敦颐的文集，至少要用到两种以上的本子，才谈得上校勘。只有一个本子，那不叫校勘，只能叫标点。只有用到两种以上的本

---

① 胡朴安、胡道静在《校雠学》的"校雠学叙论"中说："校雠学者，治书之学也。自其狭义言之，则比勘篇籍文字同异而求其正，谓之雠校。此刘向《别录》之义也。自其广义言之，则搜集图书，辨别真伪，考订误谬，厘次部类，暨于装潢保存，举凡一切治书事业，均在校雠学范围内。"（胡朴安、胡道静：《校雠学》，岳麓书社2013年版，第1页）。关于校勘、校雠的含义及其历史演变，可参看吴庆晏：《校雠与校勘概念考综述》，载《出版与印刷》2020年第3期。

子，经过校勘，才会发现有异文，就要在下面标注。校勘没有什么难度，只要认字，都能做这个工作。但是校出来的本子价值大不大，就得看整理者的水平了，看整理者能否对版本之间的异文做出正确的取舍。比如，"无极而太极"这句话，朱子是用延平本和九江本对校，结果发现，九江本作"无极而生太极"，延平本作"无极而太极"。那么，按照现代校勘的要求，整理者应该在下面注：此整理以延平本为底本，以九江本参校，此句九江本作"无极而生太极"，两相比较，延平本于义为长，当作"无极而太极"。严格而言，对于异文的取舍，必须说明理由。在这里，朱子只是说"生"字误衍，而没有交代这样说的根据是什么。①

关于朱子用九江本校定延平本的具体情况，《周敦颐集》卷二《通书》附录的"又延平本"一节讲得非常清楚。

> 临汀杨方得九江故家传本校此本，不同者十有九处。然亦互有得失。其两条，此本之误，当从九江本：如"理性命章"云"柔如之"，当作"柔亦如之"；"师友章"当自"道义者"以下析为下章。其十四条，义可两通，当并存之：如"诚几德章"云"理曰礼"，"理"一作"履"。"慎动章"云"邪动"，一作"动邪"。"化章"，一作"顺化"。"爱敬章"云"有善"，此下一有"是苟"字；"学焉"，此下一有"有"字；"曰有不善"，一无此四字；"曰不善"，此下一有"否"字。"乐章"云："优柔平中"，"平"一作"乎"；"轻生败伦"，"伦"一作"常"。"圣学章"云："请闻焉"，"闻"一作"问"。"颜子章"云："独何心哉"，"心"一作"以"；"能化而齐"，"齐"一作"济"，一作"消"。"过章"，一作仲由。"刑章"

---

① 具体可参杨柱才：《道学宗主：周敦颐哲学思想研究》，人民出版社 2004 年版，第 26 页。

云"不止即过焉","即"一作"则"。其三条，九江本误，而当以此本为正：如《太极说》云："无极而太极","而"下误多一"生"字。"诚章"云："诚斯立焉","立"误作"生"。"家人暌复无妄章"云："诚心复其不善之动而已矣","心"误作"以"。凡十有九条。今附见于此，学者得以考焉。（50—51 页。标点有所改动。）

这里涉及两个人：杨方和祁宽，他们分别得到两个版本：九江故家本和九江家藏旧本。① 朱子拿到这两个本子，发现它们互有差异。问题是：朱子把《太极图说》的第一句话定为"无极而太极"，而不是"自无极而为太极"或"无极而生太极"，他没有提供充分的理由说明何以如此。如果加上洪迈的《国史》本，三个本子当中，延平本其实是少数派，因为另两个本子的意思比较接近，"自无极而为太极"与"无极而生太极"，都是把"无极"作为在"太极"之前的一个独立实体看待的。客观来讲，朱子的校定，其实主要是根据逻辑或义理来的。朱子要求洪迈举证，但洪迈反过来也可以要求朱子举证。洪迈说：我看到的版本是这样的，你认为我的版本错了，你的根据是什么？我们现代研究者很想知道的是：朱子凭什么认为，"自无极而为太极"的"自"、"为"二字，是洪迈加上去的呢？他要得到这个结论，至少要认定他所认可的延平本是最接近周敦颐原文的。可是，周敦颐的原文到底是什么，后人已经不得而知，你总不能把周敦颐从地下叫起来问个清楚明白。

类似的情形在中国哲学的史料判定上经常会遇到。我们可以再举个例子，关于《近思录》与"四子"。十几年前，我写过一篇文章讨论这个问题②，后来

① 参见杨柱才：《道学宗主：周敦颐哲学思想研究》，第 27 页。
② 方旭东：《〈近思录〉新论》，载《哲学研究》2008 年第 3 期。

其他学者写文章表达不同意见①，一直到最近，还有学者在讲这个问题。② 事情是这样：《朱子语类》有这样一条，"四子，《六经》之阶梯。《近思录》，四子之阶梯。"③ 这个"四子"，很多人想当然地以为是《四书》。问题是，朱子关于《四书》，从来没有讲过类似的话。但这一条是陈淳记的，陈淳不可能撒谎啊。那么到底是怎么回事呢？前面我们在讲语录体时就提到，语录体的问题或局限在于，因为它是记录者把别人说的话记录而成的，这就会发生两个问题：第一，一个人讲话，是"一时一地"的讲法，是有上下文的。记的人出于简洁的考虑，往往不可能把上下文或语境都完整地交代。《论语》当中就是这样，为什么孔子对不同学生"问仁"，回答都不一样？那是因材施教啊。颜渊问，他这样答；子贡问，他那样答；司马牛问，他又是一种回答。我们要想知道，为什么对颜渊是那样答，这就要了解颜渊是什么样的人。同样的道理，朱子为什么和陈淳讲"《近思录》，四子之阶梯"？肯定是有"上下文"的。但《朱子语类》这一条，没有记录"上下文"。这是一个问题。就算记的人没有错误，讲的人也是"一时一地"的讲法。如果忽略了上下文，便很难对这句话做出准确的理解。再者，也是更重要的——记录的人，往往是凭自己记忆整理的，既有可能主观"作伪"——这种可能性虽然很小，但不是不存在——还有一种情况，是记录者的理解力不够，要么无心地搞错了，要么因为有自己的成见或倾向而把别人的意思歪曲了。大家知道，心理学上说，一个人总是有自己的主观倾向。学外语，会考听力（Listening Comprehension）——听的过程就是理解的

---

① 在笔者之后，苏费翔、石立善等人相继讨论过这一问题。参见苏费翔：《〈近思录〉四子之阶梯——陈淳、黄榦争论读书次序》，载《哲学与时代：朱子学国际学术会议论文集》2011年，第503—518页。参见石立善：《朱子所谓"四子"何指》，载《衡水学院学报》2015年第2期。

② 参见许家星：《"〈近思录〉，四子之阶梯"说之重思》，载《中国哲学史》2019年第1期。

③ （宋）黎靖德汇编，《朱子语类》卷一百五，见《朱子全书》，上海古籍出版社、安徽教育出版社2002年版，第3450页。

过程。假设你对科技方面的知识了解不多，对考题讲的题材不熟，便很难听得懂。有的时候，每个单词你都听得懂，但不知道整体是什么意思。所以，《语录》这样的史料，可能并不准确，使用时一定要小心。现在有速记，但速记员水平不够，打出来的词很多都是同音词，而不是原词；不去校对的话，记录稿根本没办法用。而要做校订，前提是你对讲话者所讲的内容很熟悉。一般的人不知道讲话者在讲什么，就可能会用同音词或者自己臆想的词代替，那就很容易发生错误。这种修订的工作相当于编辑的工作。一个好的编辑，不仅能无误地记录讲话者的话，甚至还能指出、纠正讲话者自身的错误。这就见水平和功夫了。有一年，我在牛津访学，杨国荣老师让我帮他查一本英文书，他说某某内容是在某某书某章某节，但实际上他记错了。我按照他说的去找，没找到。这个时候，如果我很机械，就会说：老师，这本书这个地方没有你说的那个话啊。当时我就想，有没有可能是他记错了。再一找，还真在别的地方找到了。当然，这种情况你得花更多的功夫。

回到刚才讲的陈淳记的那条材料。陈淳对朱子很忠实，他也很认真，所以，我们要首先排除陈淳故意造伪的可能。但是，即便他没有故意造伪，他记的是不是都对呢？那也不一定。所以，到最后，即便是校对、校勘，其实更多地也需要逻辑和对文献的熟悉。按照我的理解，陈淳在早年记录这条材料的时候，他比较关心《四书》的问题。他对朱子的话做那样一种理解，是因为他有一个前见在里面。他这样记了之后，黄榦那些人——黄榦是朱子的女婿——就很惊讶，说从来没听先生这样讲过。这里涉及一个问题，就是朱子对《近思录》与《四书》之间关系的理解——因为《近思录》和《四书》之间没有那条语录所说的那种关系。《近思录》就是所谓的"四子之书"，这里的"四子"是指周、张、二程四子。那么，怎么解释"四子，《六经》之阶梯。《近思录》，四子之阶梯"？这要分成两节来看：一节是说四子和六经的关系，另一节是说《近思录》和四子的关系。无论"四子"指的是什么，这段话的意思总是有些别扭。怎么办呢？还是得从义理上把握。这里所说的义理，涉及朱子本人对《四书》和六经关系的认识，以及朱子对"为学之方"的理解。我那篇文章发表于 2008 年，但主要观点我是在 2006 年就产生了。这年五月，在香港中文大学，刘笑敢老师组织了一次"四书诠释"的会①。束景南老师也去了。在那次会上，他讲到"四子，《六经》之阶梯。《近思录》，四子之阶梯"。我在场听了，就觉得有点不对。回来查各种资料，于是就写成这篇文章。在我之后，还有很多学者讨论这个问题。我在 2019 年出版的《新儒学义理要诠》（北京：生活·读书·新知三联书店）里，加了一个注，对 2008 年我的文章之后关于此问题的研究有一个回应。我觉得，非要把"四子"讲成是《四书》，是很困难的。大家如果有兴趣，可以去看相关的文章。

所以，朱子说"无极而太极"才是定本，其实在文献上，不是那么确凿无疑。讲到这个问题，我们也许可以稍微提一下古本《大学》。我们知道，朱子对《礼记·大学》做了很重要的改编，他的工作概括起来有两条：第一，分经、传，前面是经，后面是传；第二，补了"格物致知"章的传。后世对他的批评，主要集中在他补的这个《格物致知传》。后来王阳明为了推翻朱子，就找《大学》的古本。其实在明代，不仅仅是王阳明，很多学者都在做这个工作，成了一种风气，以至于丰坊（1492—1563）还专门伪造了一个"石经《大学》"。丰坊利用当时人都在找《大学》古本的心理，说自己的这个石本《大学》，是汉代刻在石经上的。因为他祖上是给皇室管图书的，所以他家里有一些古书。说得有鼻子有眼的，但实际上是他伪造的。丰坊这个人很有意思，就像现在的黑客，有一种玩家的心态，故意炫技。他在伪造这个石经《大学》

---

① 关于这次会议的有关情况，可参见张丰乾：《朱子学、四书学与诠释学——香港中文大学"朱子与四书"国际学术会议综述》，载《哲学动态》2006 年第 11 期。

时，还故意留了一个 bug 在那里，说这个是魏政和年间刻的，但其实魏国没有那个年号，是假的。① 后来大家终于醒悟过来：这个人是在骗我们！明代有很多人找《大学》古本，这里找到一个，那里找到一个。但其实，对于《大学》古本，也没有可以迷信的地方。就算你找到一个《大学》古本，又能怎么样呢？因为朱子讲的那些义理或逻辑上的问题，的确是存在的呀。大量的古代文献，其撰著都是遵循前面是经，后面是传、注、疏的格式。按照这个格式，把文本理一理，就会发现《礼记·大学》有的地方显然已经错乱。古书本身有所谓淆乱的情形。不是说，你在地下或者在所谓"孔壁"发现了一个更古的本子，就更权威、更正确了。这些说法其实都是在利用人们对古的迷信心理。1992 年，李学勤先生发表了一篇文章《走出"疑古时代"》②，是对 20 世纪疑古思潮的一个批判和反省。但其实，事情都不能走极端，疑古过勇固然不对，信古不疑也未必可取。对于古代文献，可以抱着一种怀疑的态度，也可以抱着一种信任的态度，这其实是两种立场。我们甚至可以提高到理论的层次来说：一个是现代学术的立场，一个是经学的立场。所谓经学的立场，就是不能疑经。所谓现代学术的立场，就是对一切文献材料，首先要有一个怀疑的眼光——它到底可靠不可靠？这两种态度是明显不一样的。直到今天，学术界都还不能摆脱这样的问题。学者做研究时，常常会涉及这样一个终极性的方法论或立场问题：到底是以相信为主，还是以批判（怀疑）为主？我个人觉得，还是要像笛卡尔讲的，运用理性的力量——批判一切、怀疑一切，未经证实，都不能作数。我觉得理性的力量还是更可靠。你想想，比如说陈淳这个例子：他当时记

---

① 关于丰坊及其伪石经大学，可参考林庆彰：《丰坊与姚士粦》，华东师范大学出版社 2015 年版。王汎森：《明代后期的造伪与思想争论》，见《晚明清初思想十论》，复旦大学出版社 2004 年版，第 29—50 页。王赫：《丰坊经学作伪研究》，南京大学硕士论文，2019 年。陈彦敏：《明伪造本〈石经大学〉的产生、传播及其辨伪》，载《经学文献研究集刊》2021 年第 2 期。
② 李学勤：《走出"疑古时代"》，载《中国文化》1992 年第 2 期。

下来的，就有可能是错的。这个错，不是说他有意造假。因为错误可以由于各种原因发生，更何况版本系统还有那么多。古代刻书，在某种意义上是很容易的，只要有钱，就能找人来刻，就会产生不同的版本。这就是为什么研究古籍，我们离不开基本的版本问题。

当然，现在，朱子的"无极而太极"成了通行的版本，但洪迈《国史》本讲"自无极而为太极"，似乎也不能轻易否定。如果我们要问："无极而太极"到底是什么意思？朱子的解释，我们可以看《宋元学案·濂溪学案》上他和陆氏兄弟——陆九渊（象山）、陆九韶（梭山）关于"无极而太极"的辩论。朱子对洪迈《国史》本的异文已经有过说明了。他们辩论的大概过程是：最初，陆九渊（号象山）的哥哥陆九韶（号梭山）和朱子讨论"无极而太极"，朱子认为"无极而太极"没问题。但陆氏兄弟把"无极而太极"理解为"自无极而为太极"或"无极而生太极"，也就是说，朱子对三个版本的区分没有意义。我们不得不承认，对"无极而太极"这句话本身，其实是可以做陆氏兄弟这样一种解释的。朱子讲"无极而太极"是指"无形而有理"——"无极"是指"表面无形"。这个讲法只是所有可能解释的一种，并不是唯一的。而且，这种解释，如果我们站在一个中立的立场来看，会觉得它其实也蛮奇怪的，因为把"无极"当作形容词的用法很少——"无极"本身是一个名词。如果这样解释，"太极"也变成形容词了。那么，"太极"、"无极"都不是作为名词来用了，这就和古人的用法不一样了。当然，我们说朱子采用这种讲法，目的是要证成他自己的哲学。这就涉及哲学层面的问题了。

以前我曾经写过一篇文章：《诠释过度与诠释不足：重审中国经典解释学中的汉宋之争——以〈论语〉"颜渊问仁"章为例》①。诠释学上的过度诠释、

---

① 方旭东：《诠释过度与诠释不足：重审中国经典解释学中的汉宋之争——以〈论语〉"颜渊问仁"章为例》，载《哲学研究》2005 年第 2 期。

不足诠释，是意大利学者艾柯提出来的。我这篇文章，主要是围绕《论语》"克己复礼"章的历代解释展开。从汉代到清代的汉学解释，与以朱子为代表的宋学解释明显不同，焦点在于"克己"如何理解。当代的杜维明和何炳棣，关于"克己"如何理解，还发生过一场论战。①简单地讲，如果把"克"理解为克服，那么，对"己"比较合理的理解就是私欲——克服私欲，这也是朱子的解释。但是，"克"在古代也有成全、成就的意思，而"己"就是自我，从而"克己"就可以理解为"成己"。这两种解释，在先秦都可以找到用例。我在那篇文章里对不同诠释的方法论作了反思：汉学的办法，一般会去找哪个意思最早或者出现最多；但它们与这个字在这里应该是什么意思，并不存在逻辑的必然。因为词语的意思是在不断地发生变化的。更何况，"克"同时有好几种用法，既有克服、克除的意思，又有成全、成就的意思。用统计学的办法，能确定"克"的正确字义吗？就算有一百个例子是克服、克除，但只要有一个例子是成就、成全，就不能说后者的意思是错的。这其实也是归纳法受人诟病的地方——从逻辑上讲，每天太阳都升起来，并不能因此推出，明天太阳一定会升起来。这是休谟早就提出来的问题。但汉学家基本的思路就是如此。而朱子的解释是说：克己是克除私欲，他是用"理—欲"的框架来分析这个问题。对于"我"（己），他引入了"多重自我"的视域。汉学家虽然长于训诂，但有的时候，不免缺乏思想，不讲逻辑。

总之，希望大家知道，文献当然非常重要，但我们在做文献时，也要认识到：文献自身不会说话，证据不会说话。做出判断的，终究还是人，是研究者的思考，研究者的学识。所以，我们一方面当然要尊重文献，但另外一方面，在文献"不能决"的情况下（其实大多数情况下文献都"不能决"），还是得逻

---

① 关于克己复礼的争论，文献甚多，可参看向世陵编：《"克己复礼为仁"研究与争鸣》，新星出版社 2018 年版。杜维明、何炳棣之争亦收录其中，见该书 314—397 页。

辑优先、理性优先。朱子对"克己复礼"的解释，从义理上讲，是最佳、最优的方案。同样的道理，如果要把太极证成一个所谓的本体，"动而生阳、静而生阴"，那么朱子讲的"无极而太极"无疑是最合理的，最 reasonable，最rational 的解释——在"太极"之前不能有"无极"。陆氏兄弟的观点，与我们平常的印象不同，一般都说，象山是所谓心学，不那么看重注疏。但其实，象山对某些问题的看法，比如，对《大学》的看法，对太极、皇极的看法，是非常尊重汉学的，基本采纳郑注、孔疏。比如说，关于"极"字，皇极的极、太极的极，按传统的解释，按孔疏里的解释，都是把它解释为"中"——"太极"就是"大中"。象山在这上面，反倒看不出什么心学立场。所以，不能说象山是心学，他对经典的具体解释也都是心学的。

从他们的往复来看，陆氏兄弟似乎更多是从文献的内证出发的。就好比王阳明不同意朱子对《大学》"格物"的解释，他最后诉诸的却是《大学》古本，也就是说，他用的文献实证的方法。这看起来好像有些不可思议。但想一想，就能理解——这是因为朱子的权威非常之大，阳明光凭讲道理，是不能让人信服的，所以得找到一个更古的比如汉代的本子，证明朱子是改动了汉代的本子的，才能让别人相信。不过，阳明的这个工作没有成功。这里就不多说了。

回到朱陆无极太极之争。陆九韶（梭山）先发现了两个问题：第一，"《太极图说》与《通书》不类"，就是说，《通书》里面的观点和《太极图说》不同。但他这个讲法也未见得成立，因为朱子后来就用了《通书》很多说法来解释《太极图说》。梭山认为，《太极图说》要么"非周子所为"，要么"是其学未成时所作"，要么"或是传他人之文，后人不辨也"。主要证据是，《通书·理性命》章言："中焉止矣，二气五行，化生万物，五殊二实，二本则一。"梭山就此指出："曰'一'曰'中'，即太极也，未尝于其上加'无极'字。"梭山是讲，《通书》里面没有出现"无极"。"《动静》章言五行、阴阳、太极，亦无'无极'之文。假令《太极图说》其所传，或其少时所作，则作《通书》时不言无极，盖已知其说之非矣。"①

朱子对梭山的回应是："不言无极，则太极同于一物，而不足为万化根本；不言太极，则无极沦于空寂，而不能为万化根本。"后面陆九渊加入讨论，他提出："夫太极者，实有是理，圣人从而发明之耳，非以空言立论，使后人簸弄于颊舌纸笔之间也。"这是陆九渊对朱子前面的回应做的一个反驳。

我们站在第三方的立场来看，朱子其实已经同意，无极并不具备实体的含义，在某种程度上，他接受了陆氏兄弟的怀疑。陆氏兄弟用《通书》来内证《太极图说》有问题：《通书》没讲"无极"。而朱子把"无极"解释为"无形"，相当于把"无极"的实体性消解了。所以，朱子也同意说，"太极"才是真正的核心的概念。在这一点上，双方没有什么根本的分歧，只不过，朱子不同意说，《太极图说》不是周敦颐的东西。在这个问题上，陆氏兄弟走得比较远，他们认为，既然《通书》没有"无极"字，那么，出现"无极"字的《太极图说》，很可能就不是周子自己做的，或者是他年轻时做的，但到后来放弃了"无极"这个概念。

朱子提出的方案，是在承认、维持《太极图说》是周子所做这一立场或前提之下，所能给出的比较好的一种解释。朱子说，如果把"无极"理解为"无形"，就没关系了。同时，朱子又说："不言无极，则太极同于一物，而不足为万化根本。"——因为有人可能会问：把"无极"解释为"无形"，有必要吗？为什么非要用"无极"来形容"太极"呢？所以朱子就说，"无极"使得太极具有了一种用我们现在的词来说的超越性、形上性。"太极"作为一个本体，一定要有某种超越性。如果周敦颐的本意是把"太极"等同于汉代人所讲的

---

① 以上引文俱见《宋元学案》卷十二《濂溪学案 下》,《黄宗羲全集》第三册，浙江古籍出版社1992年版，第607页。

"太一"或者"元气",那他在理论上的高度还是不够的。因为"本体"不能同时是一"物"。从西方哲学的宇宙论、本体论发展来看,这一点是比较清楚的。古希腊人最早以为世界的本源是水、是气,这些理论最根本的特点,是没有摆脱具体的物质形态,还没有上升到足够超越、抽象的高度。所以后来,列宁提出了所谓"物质"的概念——"物质"是一个概念,而不是一个具体的"物"或物体。具体的物体是不能成为所有存在的本体的。我觉得,周敦颐有这样一种潜在的意识,只是还没有那么明确。看周敦颐的意思,"太极"应该是作为本体的,但他没有像朱子这样,把这个意思点破。所以,平心而论,《太极图说》光从文本上看,仍然可以把"太极"理解为还是一种类似于"元气"的具体的东西。在这种情况下,周敦颐又讲"无极",就很容易让人产生误解。因为,"以无为本"是一个更古老,而且更现成的本体论的讲法。追溯万物,"有生于无",是很自然的、经验性的说法。比如《老子》就讲"有无相生"(第二章)、"三十辐共一毂,当其无,有车之用"(第十一章)、"天下万物生于有,有生于无"(第四十章)。

考虑到这些问题,如果不采用朱子这种解释,你就只能承认:"无极而太极"的意思就是《老子》的"有生于无"。黄宗羲评价朱陆论辩,认为朱子和陆氏兄弟都是在词语上争来争去。这话也有一定道理。因为,从根本上来讲,朱子和象山有这样一些共识:第一,"无极"或"无",不能作为本体;第二,"太极"不能从"无极"里生出来,他们都要反对"有生于无"这样的说法。只不过,象山更拘于文字本身:《太极图说》有"无极"字样,这是没办法轻易消解掉的。《通书》已经没有"无极"了。所以,他很自然就觉得,周敦颐在开始的时候还是以无极作为本体,但到后面意识到无极作为本体不妥。所以,象山的基本意思是,无极不能作本体。朱子把"无极"解释为"无形",其实也同意无极不能作为本体。既然无极不能作为本体,那么太极就是本体了。

关于这个"极"字，象山坚持认为，它是"中"的意思。但如果把"极"解释为"中"，朱子认为是有问题的。在这个地方，我觉得，朱子和象山的观点根本上也是相同的。他们实际上都认为，"太极"不能被解释为"中"。

简单地说，象山是在按照传统的讲法来推演濂溪的意思，从而发现濂溪的说法里面有很多问题。朱子在某种程度上已经接受象山的这些意见，但他和象山的不同在于，他不认为濂溪的说法里面存在错误。通过赋予濂溪的说法以一种新的解释，他就避免了得出濂溪有错的结论："无极"不再是作为一个实体，"太极"的"极"也不再是"中"。朱子用这样的解释，避开了象山所质疑的那些问题。而他之所以要避开这些质疑，恰恰是因为，象山所讲的问题的确都是存在的。

第四讲

在朱陆无极太极之辩中，陆象山说周敦颐的其他文本没有出现"无极"，由此论证"无极"不是周敦颐的定见，这主要是基于所谓文献的"内在一致性"论证。但所谓"内在一致性"在某种意义上其实是一个神话。看似基于文献实证的看法，实则与言说者的"前见"（prejudice）有关。后现代史学启示我们，应该放弃对唯一确定"真本"的过度追求，而去揭示不同版本的"叙事"的生成过程。以王阳明《大学问》和《节庵方公墓表》为例，可以看到，自觉的史料批判意识，在中国哲学史学界似乎还没有形成。围绕"极"字，陆九渊坚持了传统的经学解释，而朱子则采用了创造性的诠释，展示了他身为哲学家的理论抱负。心学、理学的一般风格和它们各自的经典诠释方法之间没有必然联系。朱子将周敦颐发明"无极"称为"得千圣以来不传之秘"，采取的是哲学的诠释方向。朱陆有关无极太极的辩论，真正在哲学上具有理论意义的还是理气关系、太极和阴阳的关系以及太极动静的问题。太极问题涉及宋明理学诸多关节，一直以来都是学者们关注和讨论的重点。

上次我们说到朱陆的无极太极论辩，主要涉及《太极图说》第一句"无极而太极"。之前我们也说过，黄宗羲认为，朱子和陆氏兄弟的这个辩论，在思想上的意义不是特别大，因为都是所谓"语辞之争"。陆氏兄弟的基本看法，是强调文献上的根据：《国史》本和九江本，写作"自无极而为太极"或者"无极而生太极"。另外，他们主要的怀疑是基于理解上的前见——如果说，太极是从无极里面生出来的，那么这就是道家的"无中生有"，不符合儒家的立场。当然，他们并不否认周敦颐的儒家性，所以就认为，《太极图说》要么是周敦颐年轻时候的不成熟的作品，要么就根本不是周敦颐的作品。陆氏兄弟在文献上还有其他的根据，比如，《通书》里面也没有"无极"一词；又说，二程兄弟据说是跟随周濂溪学习，但是在二程的文集里面也没有提到他的太极说。这两点也可以算是文献方面的依据。但归根结底，他们的怀疑其实主要是针对"无极"的理解而发，而对"无极"的理解和"极"字的含义大有关系。按照《尚书》的通行注解，"极"就是"中"，"太极"就是"大中"。而朱子对"极"的理解，则与之有别，把它解为"极致"。

关于《通书》没有"无极"字样这一点，朱子也做了一个回应：《通书》里没说过的东西太多了，而且，就算没有直接地说，也可以间接地说。朱子举了很多的例子，比如，他认为《通书》里面的某一段话，可能就是"无极而太极"的意思。这种反驳，实在让人有些无可奈何，因为一旦牵涉到理解，那就是公说公有理、婆说婆有理了。朱子以无极是形容太极的超越性来应对梭山之疑，象山对这个回答并不满意："兄与梭山书云：'不言无极，则太极同于一物，而不足为万化根本。不言太极，则无极沦于空寂，而不能为万化根本。'"[1] 象山不相信"太极"和"无极"真的有朱子所讲的这种关系。毕竟，此前很长时间，没有出现"无极"这样的讲法，而大家对"易有太极"也没有

---

[1] 《宋元学案》卷十二"濂溪学案下"，《黄宗羲全集》第三册，607 页。

产生什么误解。我们现在从第三者的角度看，论战双方其实都是辩解，虽然都能自圆其说，但要说服持不同看法的对方，就没那么容易了。

象山说周敦颐的其他文本没有出现"无极"，由此论证"无极"不是周敦颐的定见，这主要是基于所谓"内在一致性"的论证。但这种"内在一致性论证"可能会遇到的麻烦在于：首先，这种"内在一致性"本身不一定总是成立，有些话，作者在这个地方没说，却在另外的地方说了，这个现象本来就很正常。所以朱子在后面也说："伏羲作《易》自一画以下，文王演《易》，'乾元'以下，皆未尝言太极也，而孔子言之。"这是"以其人之道还治其人之身"：按照你这样的说法，孔子讲"太极"，也是不合理、不合法的了。因为《周易》的制作，可以往前追溯到文王、伏羲，他们都没讲过"太极"，"太极"是在《易传》当中才出现的，《易传》被认为是孔子的作品。"内在一致性论证"遇到的第一个反驳就是：周敦颐在《通书》里不说"无极"，并不意味着，他就没有可能在另外的文本里说到它。而且，前人没有说过的东西，不等于后人就不可以说。这就涉及后人能不能造新论的问题。话讲到这个程度，朱子就把自己立于某种不败之地了。因为就算我们把濂溪从地下叫起来，问他：你当时的意思是不是这样？然后他说不是；又或者，通过各种合理的推论我们发现濂溪此处所谓"无极而太极"不可能是朱子讲的那个意思，这都不妨碍朱子可以像这样来解释。说到底，朱子是从哲学上来做的一种解释，中国哲学一贯在诠释中得到发展。相比之下，象山的思路倒是有某种汉学色彩。

汉学家要论证某种诠释的正确性，基本上就是所谓"古已有之"，或者诉诸"内在一致性论证"，用统计学方法进行。比如，十个文献里面，九个文献都没有这样讲，因此推定不应该这么讲。但是，在逻辑上，九个文献没有这样讲，是不是就能否定这一个文献这样讲的合法性呢？不能。"内在一致性论证"可能会遭到这样一些质疑："内在一致性"是不是一个神话？是不是一种幻觉？是不是想象出来的东西？文献之间真的存在某种一致性吗？"内在一致性论证"在实际运用时，常常会遇到这样的挑战。其实不仅仅是周敦颐，我们还可以去找任何一个思想家，比如孔子、朱子、阳明，都会发现类似的问题。我曾经写过一篇文章讲朱子的太极思想。[①] 最早，日本学者山井湧发现，在《朱子语类》里，有一处出现了"太极只是一个气"这样的讲法。[②] 对这样的情况，要怎么处理呢？这就涉及如何看待文本之间差异性的问题。如果基于"一致性信念"，最后必然要诉诸统计学：既然另外九个地方都是这样，那么，这一个地方是不是搞错了？在校勘的时候也会遇到这样的问题。基于"一致性信念"的校勘，属于理校，是用逻辑来推断。但理校在校勘上并不是第一位的。陈垣在《校勘学释例》中专门讲到过这个问题。比如说，我们现在对一个文本做校勘，发现某个讲法好像之前都没有出现过，可能就会很自然地说"此字当作某字"，根据就是作者以前都写作那个字、是那样说的。这就是所谓的理校——但理校是最危险的，因为从逻辑、从理论上来讲，并不存在这种必然性。当然，我们在内心里可以保持这种推想，觉得这个地方可能有点问题；但是不能直接落在纸上成为定论，因为还站不住脚。所以，如果往大里讲，这就是前面和大家说的，被休谟提出来的"归纳问题"——太阳每天升起，并不意味着明天太阳依然升起，你没办法证明它。即便到现在为止你看到的天鹅都是白天鹅，但这不能保证世界上不存在黑天鹅。

关于"内在一致性"，有时还涉及文本诠释问题。朱子也提到了：《通书》没有直接说过"无极"是不假，但可以从某句话解释出"无极"的意思。他的确可以这样做。所以，在这个问题上，我反反复复地说：考证、考据学，看起

---

① 方旭东：《朱子太极思想发微》，载《湖南大学学报（社会科学版）》2014 年第 3 期。

② "一片底便是分做两片底，两片底便是分作五片底。做这万物，四时五行，只是从那太极中来。太极只是一个气，迤逦做两个气。里面动底是阳，静底是阴。又分做五气，又散为万物。"（《朱子语类》，卷三，"鬼神"，第 24 条，潘植录：中华书局 1986 年版，第 41 页。）

来好像都是凭文献说话，这一点没有任何问题，因为你做任何研究，都必须要有真凭实据，但在很多情况下，我们会发现，最后的看法其实还是和诠释者或言说者的所谓"前见"（prejudice）有关，正是这种前见造成了诠释者的某种偏好。这就是为什么"看朱成碧"、"情人眼里出西施"。其实，这种情况也不只发生在人文学科当中，在自然科学里，也有很多这样的例子。

那么，朱陆的上述论辩，乃至人文学科当中的种种争论，是不是就没有意义呢？前面我举过《大学章句》的例子。你们知道，从程子开始，就对《礼记》当中的《大学》作调整、补充，认为郑玄本《礼记》的《大学》有错简、阙文。当然，王阳明是认为《礼记·大学》没有阙文。实际上，王阳明对《大学》的解释，与程朱不同，像"亲民"的"亲"字，到底是"亲"，还是"新"，他们的看法就不同，但其实两种讲法都讲得通。王阳明的办法，看起来用的是考据的手段，他去找《大学》的古本。整个明代都有这样的风气，大家都去找《大学》古本。王阳明对朱子没办法像朱、陆这样"现场"辩论，但我们可以设想：就算阳明把一个所谓的石本、古本《大学》放在朱子面前："你看，古本的文献是这样的！"——这又能说明什么呢？朱子可能就像他回应象山的疑问一样，会这样回应：文献是不是越古越好呢？恐怕并非如此，如果是这样，前人没说的话，后人都不能说了。这样的论辩，对我们做古典研究的人，是有启发的。

前面说过，从版本的角度说，并不是越古的版本就越好。比如，我们看到的《濂溪集》宋刻本，它就称不上完美，至少它的《太极图》就画得不对。我们这样说的根据是朱子的《太极图解》。不过，也应该了解，不同版本的《太极图解》，里面画的图也都不一样，这也是我们读《太极图解》《太极图》相关文本困难的地方。迄今为止，根据我所掌握的情况，还没有学者专门去做这个工作。其实这个工作比较难，但也很重要。当我们连《太极图》的正确的图形都不能确定到底是什么样，便在那里争来争去，说它是道教的、佛教的，这有多大意义呢？

《太极图》的五层图，从第一层到第五层，每一层应该是什么样，尤其是第二层和第三层图，包括所谓"水火相济图"或黑白相间图，以及下面的五行，到底是怎么回事？不得不说，这个部分是最难的，因为它最复杂。我们现在看到的这些版本，错误太多，至少彼此不一致。这就需要我们来研究。你不能拿到一个宋刻本，就认为它都是正确的，世上哪有这么简单的事？宋刻本又能怎么样？宋刻本也是有可能错的。所以，像王阳明这样去找所谓"古本"，这种思路本身就值得反思。

我们把视野放得更宽，还会注意到，地下出土文献，近些年新出来的特别多，什么郭店简、上博简、清华简、北大简、安大简、岳麓书院简，等等，纷至沓来，让人目不暇接。那么，怎么看待这些出土的竹简？比如《老子》，有学者根据这些年来尤其是晚近几十年的出土文献，看到《老子》的简帛本和传世本之间有很大差异，于是认为，现在是时候了，可以根据出土文献（简帛本《老子》），对传世的《老子》文本（河上公注本、王弼本），包括章序以及各章的文字，进行重新的调整。这个工作，在方法上也是值得讨论的。我个人认为，所有这些出土文献，的确增加、丰富了我们对传世文献的特点以及局限的认识，这一点是毫无疑问的，它使得我们知道古典文本其实具有更多的可能，打破了所谓"唯一本"的概念。那么，对于这些相互歧异的文本，我们要采取什么态度？我们能否认为，存在一个绝对真的本子？所谓底本或者原本这样的东西存在吗？我是觉得，这样的东西，在某种意义上，是个神话。

当然，这种观点，也可能会被人批评为"后现代"。这个问题，跟我们前面关于"历史"的讨论也类似。到底有没有所谓"真实的历史"？有没有一个大写的 History 这样的东西？"后现代史学"发展出一种观念，就是"叙事学"：

历史，其实都是某种"叙事"。也许，我们应该对以往的某些观念做些调整。要把史实、史源这样的东西当作一种信念，但不要指望存在现成的这种东西。可不可以指望发现一个现实存在的"历史的真相"？恐怕很难。

这样讲是不是太悲观了？并非如此。"叙事学"视角下的历史，也许更有趣，其有趣之处在于：因为历史是叙事，而叙事的文本是不断生成的。因此，我们要做的，就是去研究这些不同叙事的来龙去脉，它们之间的歧异，以及影响、造成这些歧异的原因。从这一点来说，我们已经从一阶的工作上升到二阶的工作了。以前，我们朴素地认为：存在着一个所谓历史的真相，一个历史的原本、真本。现在，我们已经认识到：这些不同版本的历史，在性质上都是一种叙事，没有什么高下之分和本质的差异。虽然不同版本的历史都只是不同的叙事，但由此也不必得出悲观的结论：历史研究没有任何确定性。我们做的工作仍然是寻找确定性，只是，对于确定性，我们不再像原来以为的那样简单。因为我们面对的是众多叙事，这些叙事并不是非真即伪，而是可能都含有部分的真实。我们除了关心真实之外，还应当考察，真实是如何被遮蔽的。甚至，比起真实，我们对真实被遮蔽的过程更感兴趣。为此，我们要找出不同叙事的异同，要揭开叙事者与叙事文本之间复杂的关系。这些工作都是很严肃的，也是很有意思的。这方面问题，史学界近几十年讲得比较多，是比较前沿的一个话题，这就是所谓史料批判。

之所以要讲这个问题，是因为我感到，我们做中国哲学史，特别是宋明理学，对于这样的问题，还没有充分的自觉。我自己因为个人的研究经历，很早便接触到这样的问题。比如，最早我在硕士研究生的时候，就写过一篇文章，讲王阳明《大学问》的问题。[①] 到现在为止，研究王阳明思想的人一般都很重

---

① 方旭东：《〈大学问〉来历说考异》，载《哲学门》2000 年第 2 期。

视《大学问》，因为它是类似总结性、纲领性的著作，把王阳明的很多观点都综合在里面了。但是《大学问》收到王阳明文集比较晚，而且麻烦的是，文集编撰者钱德洪在卷首对《大学问》的来龙去脉做的说明。其中说，《大学问》是王阳明晚年去两广平乱临行前召集两个大弟子（钱德洪、王龙溪）所讲的内容。① 按照钱德洪的这个讲法，《大学问》是"师门之教典"，凡是及门弟子，都会听授。② 言下之意，这是非常重要、地位非常高的书。但钱德洪又说，阳明当时告诉他们，这个东西我传给你们，你们不要轻易传播（"轻出"），自己知道就好了。阳明为什么让他们不要"轻出"呢？因为如果这个东西传出去，被别有用心的人利用了，反而就不好了。③ 因此，王阳明去世多年，他一直遵守师命，没有把《大学问》发表。当他决定把《大学问》收进阳明文集的续编，已经是嘉靖四十五年（1566）了。我们知道，阳明是嘉靖八年（1529）初病死的。三十七年后，钱德洪把《大学问》推出来，据他自己的解释，是因为当时有好多人在讲阳明的思想，尤其是很多同门，但讲的东西有些偏离老师的教导了，所以他要把这个东西拿出来以正视听。④ 以上是钱德洪加在《大学问》前对它来历的说明。我当时看的时候，就觉得这个说法有很多奇怪的地方：为什么王阳明当初让他们不要外传？他到底担心什么人会别有用心地加以利用？带着这些疑问，我去做了更多研究和调查，首先发现，其实《大学问》的刻本

---

① "师征思、田，将发，先授《大学问》。德洪受而录之。"参见王阳明：《王阳明全集》卷二十六，上海古籍出版社 1992 年版，第 967 页。

② "《大学问》者，师门之教典也。学者初及门，必先以此意授，使人闻言之下，即得此心之知，无出于民彝物则之中，致知之功，不外乎修齐治平之内。"（《王阳明全集》卷二十六，第 973 页）

③ "录既成，以书贻洪曰：'《大学或问》数条，非不愿共学之士尽闻斯义，顾恐籍寇兵而赍盗粮，是以未欲轻出。'盖当时尚有持异说以混正学者，师故云然。"（《王阳明全集》卷二十六，第 973 页）

④ "师既没，音容日远，吾党各以己见立说。学者稍见本体，即好为径超顿悟之说，无复有省身克己之功。"（《王阳明全集》卷二十六，第 973 页）

非常多，如果按照钱德洪说的那样，《大学问》一直没有公开，那么这么多本子是从哪里来的？而且，刻的人都是阳明的学生——阳明的重要的弟子，几乎每个人，都刻过《大学问》。我写这篇文章的时候比较早，那时查资料没有现在这么方便，所以只找到了比较少的几个版本。更多的，我是从逻辑上，对钱德洪的整个说法本身加以质疑。前几年去日本京都大学访学，有条件找到更多本子，又写了《大学问》再考①，算是把问题彻底搞清楚了。这是关于《大学问》的例子。

还有一个例子是关于王阳明给人写的一篇墓表。王阳明当年曾应方鹏、方凤兄弟之邀，给他们的父亲方麟（号节庵）写了一个墓表：《节庵方公墓表》。这个墓表很有名，因为余英时书里曾引过。在《中国近世宗教伦理与商人精神》一书中，余英时想从很多明清材料证明近世中国也有所谓商人精神，这是为了回应所谓"韦伯问题"。因为韦伯认为，新教伦理和资本主义精神是不可分的，而中国儒家伦理没有这方面的内容，所以中国的资本主义发展不出来。余英时这些学者就想找材料证明，其实中国近世也发生了世俗化，儒释道思想当中都有鼓励世俗化的证据。余英时举的一条重要证据就是王阳明这篇《节庵方公墓表》。王阳明在那里提出了"四民异业而同道"的观点。②"四民"，就是古代的士、农、工、商。方氏兄弟的父亲方麟的经历很有意思：最早习科举，后来入赘到昆山，那里商业很发达，做了朱姓商人的上门女婿，开始学习经商。但他不喜欢做买卖，觉得一天到晚市场很喧闹，追逐利禄，他还是想读书。所以待了几年，他就跟岳父说不想干了，要回原籍。可想而知，翁婿之间肯定发生不愉快了。他是招上门的女婿，本来是来人家继承家业的，现在要

---

① 此文收入方旭东：《理学九帖——以朱子学为圆心的研究》，商务印书馆2017年版。
② "古者，四民异业而同道，其尽心焉一也。士以修治，农以具养，工以利器，商以通货。各就其资之所近，力之所者而业焉，以求尽其心。其归要在于有益于生人之道，则一而已。"（《王阳明全集》，卷二十五，第940页。）

走，怎么办？岳父看他实在不想做生意，就说我答应你，生意可以不做，但你也不要回去，我捐钱给你在衙门里做了一个小吏。所以，方麟先从士转到商，又由商转到吏。过了几年，岳父娶了小妾，生了儿子，也就是说，岳父家有人继承香火了。这个时候，方麟觉得做一个小吏实在没什么意思，整天收税，不胜其烦，所以他把妻儿带回了老家，家里还有几亩田，于是种田为生。他就一心一意培养两个孩子读书。两个孩子还都很争气，后来都中了进士，做了官。方麟去世后，他的儿子——方氏兄弟，因为跟阳明认识，就找他写墓表。古代的习惯，是要请名人给自己的亲人写墓志，这样可以传之永久。阳明于是写了这篇墓表。

中山大学的陈立胜老师写了一篇文章《王阳明"四民异业而同道"新解——兼论〈节庵方公墓表〉问世的一段因缘》①，在我们一起开的一个阳明学的会上宣读。他发现，《节庵方公墓表》是一个有问题的文献。为什么呢？因为他查到方氏兄弟中的老大方鹏有一个文集《矫亭续稿》，其中《书王阳明文集后》一文，透露了一个惊人的内幕。原来，当初方鹏托人，本来是请阳明为他的母亲撰写墓表，把他母亲的行状给了阳明。在古代，你让名人为逝去的亲人写墓表，但名人哪里知道你们家的事？所以得先有一个"行状"，通常都是由家属提供，把逝者的事迹大概介绍一下，再让这位名人发挥发挥。但阳明却疏忽大意，把他们母亲的行状给弄丢了，这就尴尬了。行状找不到了，又不能瞎写，怎么办？阳明后来就找到他一个朋友刘乾，因为刘乾认识一个叫邵宝的人，这个人给方氏兄弟之母写过墓志。但刘乾不明就里，又搞错了，把之前另一个人顾鼎臣给方氏兄弟父亲写的墓志交给了阳明。阳明于是以此墓志写了墓表。总而言之，《节庵方公墓表》是阳明"张冠李戴"的产物。方鹏对阳明所

① 陈立胜：《王阳明"四民异业而同道"新解——兼论〈节庵方公墓表〉问世的一段因缘》，载《哲学研究》2021 年第 3 期。

写墓表尤其不满的一点是，阳明把他们的父亲写成了一个商人。方鹏叫冤，声称自己的父亲一天生意都没做过。方鹏心里对阳明颇有怨意：我请你来表墓，是想荣耀家门，结果你把我父亲写得这么不堪，我真是愧对先父，实在是个不孝之子啊。①

陈立胜发现方鹏这个材料，其心情大概可以如获至宝形容：《节庵方公墓表》被余英时看得那么重要，原来却是一篇有问题的文献！其实，余英时当初的心情应该也差不多吧，因为他认为王阳明的《节庵方公墓表》对他的观点是一个有力的佐证。我觉得，他们两人或多或少都缺了史料批判意识那根弦。如果说余英时的问题在于过信王阳明，那么，陈立胜的问题就在于过信方鹏之说。根据我的调查，方鹏的讲法有很多可疑之处，而且跟他弟弟方凤的讲法对不起来。再查又发现，一开始收到阳明这个墓表，方鹏其实是很高兴的，在一篇文章里还说，关于我父亲的情况可以参见阳明的墓表。这说明，那个时候他根本就没有不满。而《矫亭续稿》中的《书王阳明文集后》一文，时间很晚了。那个时候，钱德洪在苏州刻了阳明的文集，《节庵方公墓表》也收在其中。这时，一个关键人物出现了：在昆山，有一个阳明的批评者，一位朱子学者，名叫魏校（1483—1543，本姓李，字子才，一字子材，号庄渠）。我甚至觉得，方鹏写这篇文章，很可能是这个人挑唆的结果。因为这个人和方氏兄弟住得近，都相当于退休的官僚。魏校从阳明文集当中看到了这篇墓表，有一天就跟方鹏说：阳明给令尊写的墓表好是好，就是不太像令尊。② 这里有个背景，中国历来都讲"万般皆下品，唯有读书高"，方麟入赘习商的经历，在时人眼

---

① "阳明见《志》中有'朱商人不听卒业'一语，遂曰'公始为士，又为商，又为郡从事，后皆弃去。'不亦厚污吾亲哉！盖先君未尝一日为商，而从事亦寄迹耳。鹏既不能显扬吾亲而反诬之，罪当何如也！"（方鹏：《书王阳明文集后》，《矫亭续稿》，卷三，页十五，明嘉靖刻本）

② "他日，庄渠魏子于其文集中见之，谓予曰：'文固佳，然不类尊公，奈何！'"（方鹏：《书王阳明文集后》，《矫亭续稿》，卷三，页十五）

里不是什么光彩的事。而且，方麟本人也不喜欢做生意，所以后面辗转回到故乡务农为生。毕竟，"耕读传家"，在古代，更为正大，而经商做买卖，是所谓"锱铢必较"，地位相对较低。方氏兄弟，包括他们的父亲，都有这样的一种心理。再加上，方鹏在仕途上不太顺，相当于被勒令提前退休，心情不好。被魏校这么一说，他更不开心，以至于对阳明整个学说都很反感，于是才有了《书王阳明文集后》的这些说辞。对于这样一个文本，我们要做的工作是：找出跟它相关的种种说法（包括方鹏弟弟方凤的说法，方鹏若干年前的说法，等等），比较相互之间的差异。最后，给出一个合理的解释：方鹏为什么会有这样的说法。只有这样，才可以说，这个故事到底是怎么回事。当然，我也不能保证我的结论就是百分之百的真相。但是，通过没有异议的事实，以及逻辑上的推理，可以确认方鹏的某些说法不真，则是没有问题的。比如，方鹏说，让阳明去写他母亲的墓表，而阳明把行状弄丢了，还去找另一个人去要。但奇怪的是，这个人为什么会把方鹏父亲的材料给阳明？为什么会发生这种一错再错的事？阳明再糊涂，也不至于糊涂到这种程度：明明是要给人家母亲写墓表，现在收到人家父亲的材料，竟然就照这个材料写了人家父亲的墓表。这样的事完全不合情理，所以方鹏在《书王阳明文集后》提供的这种讲法相当可疑。当然，仅仅有这种逻辑上的怀疑还不够，还得找到当时所有涉事者的相应材料，最后才能确定，最接近事实的情况是什么。

以上两个例子，都和阳明相关。其实，对于朱子，也有类似的问题。我们做理学的研究，乃至做中国文史的研究，一定要有自觉的史料批判的意识。事实上，我们现在所面对的大量的古代材料，的确都需要好好地去研究。也只有在这些地方，你才能对相关的研究真正地有所推动，而不是仅仅浮在表面，讲人云亦云的东西。

我们再回来看。上面讲到朱陆第一阶段的辩论，"兄与梭山书云：'不言无极，则太极同于一物，而不足为万化根本。不言太极，则无极沦于空寂，而不能为万化根本。'"朱子这样的讲法，实际上都是一种诠释。象山对朱子的这种诠释表示怀疑。他还提到朱子发（也就是朱震）的说法，即认为濂溪太极图可以追溯到陈抟那里。而陈抟之学是老氏之学。"无极"二字出于《老子》"知其雄"章。"无极太极"合于《老子》首章"无名天地之始"的宗旨。

朱子的回应有两点。第一点，是对文本"内在一致性"的讨论。前面我们已经指出，朱子是认为，先圣与后圣固然"同条而共贯"，但不等于说，先圣没有说的事，后圣就不能说。第二点，涉及他们关于"极"字的理解："圣人之意，正以其究竟至极，无名可名，故特谓之太极。"可以看到，对于"极"字的理解，朱子和传统理解的"中"不同，这也是为他对"无极而太极"的诠释服务的。按传统对于"极"的理解（即是把它解释为"中"），"无极而太极"如何说得通，的确很难——说"太极"是"大中"，没问题。可是，要说"无极"是"无中"，这就不像话了。现在朱子把"极"解释为"至极"，就都能讲得通了。太极是最高的"极"，因为万物都有个极，房子有房子的极，人有人极，在这一切之上的最高的极，就是所谓太极。"举天下之至极，无以加此。"无极又怎么理解呢？朱子认为，是所谓"无名可名"、"无形无象"。严格说来，"无形无象"并不符合"无至极"这个意思，如果"极"是"至极"，那么"无极"就是"无至极"，而不是什么"无形无象"。不过，朱子的注意力主要集中在对"极"作为"至极"而不是"中"的说明上。在朱子之前，"屋极"、"皇极"、"民极"的"极"，都被解释为"中"。现在朱子要说服大家接受"极"是"至极"或"极点"，是有一定难度的。怎么办呢？朱子想出这样一个说法：其实古人也没有说"极"不是至极，只不过是说"至极"的都在中间，所以是"中"。

> 诸儒虽有解为中者，盖以此物之极，尝在此物之中，非指极字而训之以中也。极者，至极而已。①

这样的讲法，在后来的黄宗羲看来，未免有点像文字游戏。其实，朱子说得也没错。老式的屋子，都有一个"屋极"。这个"屋极"可以说是一个中心点。朱子据此说，"极"（极点）的意思是最基本的，而"中"的意思是从中衍生出来的。追根溯源，"极"的本义是"极点"，而不是"中"。以为"中"是"极"的本义，在训诂上是错误的。

> 后人以其居中而能应四外，故指其处而以中言之，非以其义为可训中也。②

不过，话说回来，朱子的讲法，理论上可以讲得通，但要问，真有什么训诂上的根据吗？其实也没有。

当然，如果我们换一个角度，不是那么死抠训诂，朱子的讲法是完全可以理解的。因为，就算古代没有人说过"极"字在训诂上有"至极"的意思，朱子这样讲也是可以的。这就是哲学的角度。哲学只要求你讲得通。哲学就是要讲出一个道理来。什么是哲学？哲学就是讲道理的学问。只要道理讲得好，就没问题。其他的学科也不是不讲道理，但哲学对讲道理的追求简直到了极致。

其他的各个学科，比如考据、训诂，它们的规矩是：我们不能看谁道理讲得好，谁的道理讲得服人，我们就认谁。还有尊重历史事实的问题。特别是训诂，就是要给出事实。

---

①② 《宋元学案》卷十二"濂溪学案下"，《黄宗羲全集》第三册，第609页。

　　相比哲学，哲学史可能更关心事实。我们做哲学史研究，最基础的一个工作，就是对事实进行描述，有一分材料说一分话。在我前面讲的对《大学问》来历说质疑的那个例子里，我质疑的不是《大学问》本身，而是钱德洪关于《大学问》来历的说法。因为就目前的材料而言，还到不了《大学问》是钱德洪杜撰的这个结论。我仅仅是说，钱德洪的讲法存在可疑之处。比如他说，在他将《大学问》收入阳明文集续编之前，《大学问》没有刻本。但其实有很多刻本，我找出了一大堆刻本，而且刻它们的人都是阳明的学生。根据这个情况，我的结论是：钱德洪关于《大学问》来历之说，存在不少可疑的地方，不足凭信。但是如果你想由此进一步推断说：钱德洪杜撰了《大学问》。那不是我的意思，也不能这样讲。当初，复旦的吴震教授看到我的文章，跟我商榷。① 他讲，我这篇文章说《大学问》是钱德洪杜撰的。——其实，他搞错了。我怀疑的不是《大学问》本身，而是《大学问》的来历。吴震在驳议中论述《大学问》和阳明思想的关系。但这其实不是我那篇文章要讨论的问题。我讨论的是：钱德洪加在《大学问》上面的故事，到底可不可信？我指出了一大堆相反的事实。我的工作，做到这一步就够了。哲学史研究的工作可以止步如此。

　　同样道理，当我们指出：朱子对"极"字的解释，在经典里并无根据，一般的经学研究，到这个地步可能就停下来了。但是做哲学的，可能还要多做一种工作，他要说：对"极"字的各种解释，哪一种更合理？解释为"中"，解释为"至极"，在理论的圆满上，哪一种更好呢？这里其实是有一个比较的。但也不是所有情况下都能比较，因为有的时候的确各有千秋，你这样讲也可以，那样讲也可以，就看你想往哪个方向去讲了。我们最多能分析出来说：如

---

① 吴震：驳《〈大学问〉来历说考异》，载《哲学门》2001 年第 2 期。

果你的意思是这样，那么，你这么说可能不利于你的这个目的。但假设我们也不清楚他的用意或目的到底是什么，我们就无从比较与分析了。以上是朱子关于"极"的解释。

关于"极"字的解释，象山和朱子是非常不同的。这是很有意思的一个问题。宋代学者有关"极"字的辩论，在思想史上具有重要意义，这一点，最早是余英时先生在《朱熹的历史世界》当中提出来的。朱陆两方辩论无极太极，还只是这个"极"字辩论的一个节目。当时，还有另一个很大的辩论，就是"皇极辨"。

"皇极"是《尚书》中的一个概念。《尚书·洪范》有"九畴"之说。其中，第五畴是"皇极"（"次五曰建用皇极"）。根据余英时的研究，宋代有两派人围绕"皇极"展开论辩，一派是道学家，余英时将其视为一种政治集团。本来，"道学"是学术上的流派，但按余英时的理解，"皇极辨"在南宋孝宗、宁宗、光宗几朝，一直是一个很重要的问题，具有现实政治意义。道学结成一党（这个"党"是带有政治集团、政治宗派的意思）。反道学的人，被道学家称为"小人"的一帮人，则是另外的一党。当时存在两股政治势力。余英时书的特色在于它是从政治斗争、政治文化的角度来解读思想史。在他之前，像牟宗三，讲宋明理学，都是讲概念，从概念到概念，作中西方概念的比较，讲"理"、"心"、"良知"，诸如此类。余英时本人是历史学者，他写朱子，很自然地就比较多地注意到历史方面的内容，他结合了很多思想史的新材料，这无疑是对朱子学研究的一个很大推进。《朱熹的历史世界》，专门有一章讲"皇极之辨"。那么，"皇极之辨"到底有什么思想史意义呢？是这样：朝廷当中的道学一党和反道学一党，争得不可开交，最后大家都让皇帝出来做仲裁；但是皇帝也很聪明，皇帝的态度是"搁置争议"，而且他也不想纯粹信任某一派。因为从权术的角度来讲，你一定要让下面的人互相牵制。做皇帝基本上都这样，不可能完全倚重道学一派，也不可能完全倚重反道学一派。皇帝说，《尚书》里的"皇极"，"极"是不偏不倚的意思。所以我做这个皇帝，也应该不偏不倚，既不向着你，也不向着他。但道学一派的朱子就讲，"皇极"就是以皇帝为标准的意思，皇帝不能不偏不倚。朱子写过一篇名为《皇极辨》的文章，前后有两稿。关于这一点，我老师陈来先生专门有文章研究过。① 总之，当时南宋朝野就"皇极"展开辩论，这看起来像是一个思想史问题，但在它背后，其实是有一个政治的动向的。余英时书的贡献就在于，把这一点揭示了出来。

回来讲，陆九渊在对"极"字的理解上，倒是坚持了传统的经学解释。"极"就是"中"——传统上对"极"就是这么解释的。但朱子把"极"解释为"至极"，则是一种创造性的诠释。中国哲学的一个特点就是如此，表面看来，中国古代哲学家好像都是在做注释。朱子最重要的书是《四书章句集注》，也许一个学习西方哲学的人，会很不以为然：这算什么东西？人家康德可是写了"三大批判"的呀。但你不要小看《四书章句集注》，朱子是在用注释的方式来做自己的思想的创造。更不用说，在《大学章句》里，他胆大到直接去补传。可见，朱子并非亦步亦趋地"照着讲"。冯友兰先生有"照着讲""接着讲"的区分。朱子何止是"接着讲"？他已经是"自我作古"了。

一般而言，朱子是所谓"道问学"，强调章句、注疏，而象山是所谓"尊德性"，专注发明本心。我们平常的印象，心学在经典诠释上，可能会更"主观"一些。现在，通过我们对朱陆无极太极论辩的分析，事情似乎没有这么简单。象山在经典诠释方面，并非毫无建树，相反，他在《易》学、《尚书》学、《春秋》学、《论语》学上，都有独到的见解。跟朱子一样，象山也讲学，他讲

---

① 陈来：《"破千古之惑"——朱子对〈洪范〉皇极说的解释》，载《北京大学学报（哲学社会科学版）》2013 年第 2 期。

的，也是孔孟，是四书五经，只不过，他没有像朱子那样把这些讲法都详细地写下来。朱子在经典诠释上用了很多工夫，所谓留情传注，而象山对这样的工作是很不以为然的。朱子留心前人注疏，从《章句集注》可以看到，朱子的确非常注意吸收郑玄等汉人的注释成果。但是，另一方面，我们也不要忘记，朱子是一个哲学家。所谓"哲学家"，与一心一意进行经典诠释的"经学家"的区别就在于：哲学家，是有自己在理论上的想法的。经学家当然也有自己的想法，但哲学家更多有自己在理论上的抱负。朱子的抱负，就是建立起一个"理的哲学"，这种哲学理论在《论语》《大学》等"四书"的原文当中，哪里能找到现成的？所以，有的时候我们会觉得清人很天真。他们批评说，对于"克己复礼为仁"这句话，朱子用"天理"、"人欲"来解释，不是孔子的原意。朱子有没有违背原意，可以讨论。但显然，朱子不是要"照着讲"，因为"照着讲"其实也没什么好讲的。

透过无极太极论辩，我们可以看到，朱子和象山在经典注释或经典诠释上面，与我们平常的印象不同。我们可以发现，象山作为一个心学家——心学给人的一般印象，不就是"自出胸臆"，所谓"六经注我"吗？——但在很多解释上面，象山的说法都特别传统，包括对"格物"的解释，对"极"的解释，对《周易》的解释，等等，太多例子了。所以，心学、理学的一般风格和它们各自的经典诠释方法之间是没有必然联系的。

朱子说：

> 《通书·理性命章》，其首二句言理，次三句言性，次八句言命，故其章内无此三字，而特以三字名其章以表之，则章内之言固已各有所属矣。①

---

① 《宋元学案》卷十二"濂溪学案下"，《黄宗羲全集》第三册，第609页。

这是说,"理性命"章,只有标题上有这三个字,正文当中却没有。如果因此认为这一章不讲理性命,那就未免太机械了。同样道理,《通书》没有出现"无极"二字,也不足为怪。

又讲:

> 盖其所谓"灵"、所谓"一"者,乃为太极,而所谓"中"者,乃气禀之得中,与刚善、刚恶、柔善、柔恶者为五性,而属乎五行,初未尝以是为太极也。且曰"中焉止矣",而又下属于"二气五行,化生万物"之云,是亦复成何等文字义理乎?今乃指其中者为太极而属之下文,则又理有未明而不能尽乎人言之意者二也。

这是说,如果你把"极"解释为"中",放在《通书》,放在《周敦颐文集》里,意思也不通。

朱子后面又讲:

> 若论无极二字,乃是周子灼见道体,迥出常情,不顾旁人是非,不计自己得失,勇往直前,说出人不敢说底道理。[1]

这是在说,"无极"前人没讲过,也没关系;这是周子他自己发明的,他只要讲得有道理就可以。有意思的是,朱子将周敦颐发明"无极"称为"得千圣以来不传之秘"。

---

[1] 《宋元学案》卷十二"濂溪学案下",《黄宗羲全集》第三册,第610页。

令后之学者晓然见得太极之妙不属有无、不落方体。若于此看得破，方见此老真得千圣以来不传之秘，非但架屋下之屋、叠床上之床而已也。①

这种手法，其实我们在古书当中经常会遇到。比如孟子，孟子讲道统，本来他跟孔子没什么关系，可他说自己是"遥接"孔子的，是"得之于心传"。现在，朱子作为理学家，他竟然也有这种讲法。这不是很有意思吗？

按朱子的这种讲法，周子得"不传之秘"，也属于所谓"心传"。相比之下，倒显得陆九渊有些太"实诚"了。陆九渊说，"无极"这件事，咱们儒家没人这么讲过。朱子说，这不奇怪，因为周子是得了"不传之秘"。元代吴澄评论周敦颐说他是"默契道妙"，这个说法为黄宗羲所引用。到了现代，牟宗三把"默契道妙"解释为"相应"。牟宗三说，周敦颐能"默契道妙"，靠的是"相应的了解"，而不是泛观博览。牟宗三说的"相应"，更多是指"要有相应的生命性情"。②

讲到这个地方，说得冠冕堂皇一点，这就是哲学家的领悟、契悟；说得实在一点，这就是哲学家的发挥、诠释。那么，如何看待这种契悟或发挥呢？这就需要了解，学术工作，其实是有两个序列。刘笑敢老师曾写过一本书专门讨论这个问题。③他的意见是，是否要发挥，取决于你要做的工作是什么。如果是经学的工作，就不能有发挥的成分，如果你解释朱子，结果，讲的都是你自己的道理，而不是朱子的道理，这就像朱子、周敦颐讲太极，是他们自己的太极，而不是《易传》里面的太极，不是汉唐人所讲的太极（元气）。在这个意义上，周敦颐是哲学家、理学家，而不是经学家。经学上，我们甚至可以说是

---

① 《宋元学案》卷十二"濂溪学案下"，《黄宗羲全集》第三册，第610页。
② 详可参看方旭东：《牟宗三是一座高山，但并非不可逾越》（澎湃新闻，2017年3月10日）。
③ 刘笑敢：《诠释与定向：中国哲学研究方法之探究》，商务印书馆2009年版。

有对错的。比如，郑玄注的某个字，不是这么念、这么写，你却念成、写成那样，那当然是错的。从经学角度衡量朱子把"极"解释为"至极"，它就不符合《尚书》学的解释，而是朱子的"新解"。当然，朱子可以反驳说：谁告诉你《尚书》的"极"就一定只能被解释为"中"？我觉得讲成"至极"可能更好啊。对此，经学可能会说：郑玄是那样解释的，孔安国是那样解释的，你现在的解释不符合郑玄、孔安国的传统。这是我们在经学当中所要做的事情。在《论语》的解释上，也有很多争论。这里随便举个例子。孔子论孝，曾经说："今之孝者，是谓能养。至于犬马，皆能有养。不敬，何以别乎？"（《论语·为政》）"至于犬马，皆能有养"怎么解释呢？字面上有两种可能。"今之孝者，是谓能养"是说，现在讲的孝，其实是能养活父母。接下来一句话："至于犬马，皆能有养，不敬，何以别乎？"顺着前一句话，后面这句话的意思，可以理解为，就连犬马也得到了照料。第二种可能的意思是，作为动物的犬马也能养它们的双亲。两种讲法都说得通，那么，到底采取哪一种讲法好呢？大家可能觉得，第一种解释听起来比较顺，但古人不敢采取这样的解释。因为这样说起来，好像圣人（孔子）是把父母和猪狗作类比了。关于这个问题的具体讨论，大家有兴趣，可以去看毛奇龄的《四书改错》。

你们都知道，对于经学上的争论，清代学者做了很多工作。今天如果要做经学的工作，就绕不开清代学者。还有一个例子，关于"慎独"，朱子的解释是"在独处的时候也要保持戒惧"。清代学者对此提出批评。[①]朱子的解释到底符不符合经典原意呢？这样考虑，就是经学要做的工作，或现在所谓学术史的工作。它和哲学工作的差别在于，它不关心文献背后的思想或哲学，而更多考虑的是文献问题。

---

① 关于"慎独"含义的争论，可参看梁涛、斯云龙编：《出土文献与君子慎独：慎独问题讨论集》，漓江出版社 2012 年版。

说周敦颐得"千圣以来不传之秘",这是朱子做的第三点回应。随后,朱子对陆九渊的如下反驳加以回应。

> 《大传》(《周易大传》) 既曰"形而上者谓之道"矣,而又曰"一阴一阳之谓道"。①

按:陆九渊之所以有此一说,是因为朱子前面说,不通过"无极"就不能表现太极的"无形无相";不讲"太极",就不能讲"太极"是"万化之根源"。陆九渊反驳说:不说"无极"也可以啊。《易传》就讲"一阴一阳之谓道","一阴一阳"都可以成为形而上的东西,怎么还怀疑"太极"不能呢?

对于陆九渊的这个反驳,朱子回应说,《易传》的"一阴一阳之谓道"不是真的以为阴阳是形而上者,阴阳的根据或所以然才是道,才是形而上者。

> 此岂真以阴阳为形而上者哉? 正所见一阴一阳虽属形器,然其所以一阴一阳者,是乃道体之所为也。②

他把"太极"与"道"视为同一层次(本体)的概念。

> 故语道体之至极,则谓之太极;语太极之流行,则谓之道。虽有二名,初无两体。③

① (清)黄宗羲等撰:《宋元学案》卷十二"濂溪学案下",《黄宗羲全集》第三册,浙江古籍出版社 1992 年版,第 610 页。
②③ 《宋元学案》卷十二"濂溪学案下",《黄宗羲全集》第三册,第 610 页。

那么，无极又是怎么回事呢？朱子一方面强调它不是太极之外的实体，另一方面又提出，无极主要是形容太极的无方所无行状以及初无声臭影响之可言。

> 周子所以谓之无极，正以其无方所、无形状，以为在无物之前而未尝不立于有物之后，以为在阴阳之外而未尝不行乎阴阳之中，以为贯通全体、无乎不在，则又初无声臭影响之可言也。①

朱子的这个讲法，如果我们要反驳，也许可以说：为什么周敦颐不能像《中庸》讲"上天之载，无声无臭"那样，直接用"无声无臭"来形容"太极"，而又何必非要用"无极"呢？陆九渊的质疑也有这样的意思。但朱子避开这个问题，主要就太极与道的关系展开辩护。

> 今乃深诋无极之不然，则是直以太极为有形状、有方所矣，直以阴阳为形而上者，则又昧于道器之分矣。又于"形而上者"之下，复有"况太极乎"之语，则是又以"道"上别有一物为"太极"矣。此又理有未明而不能尽乎人言之意者四也。②

朱子这里使用了归谬论证。他说陆九渊既然不相信无极是形容太极的无方所、无形状，那就是认为太极是有方所、有形状的了。但是，一个有方所、有形状的"太极"还能是"形而上者"吗？还能是"道"吗？这明显跟太极是"道"、是"形而上者"的常识相违。所以，只能承认"无极"是形容"太极"

---

①② 《宋元学案》卷十二"濂溪学案下"，《黄宗羲全集》第三册，第610页。

无方所、无形状。对于朱子这第四条反驳，我们也许可以质疑说：不相信无极是形容太极的无方所无形状，不等于就否定太极作为"形而上"之"道"的地位。

朱子第五点回应主要针对陆九渊关于言与不言对揭示太极之理是否有影响的质疑而发。陆谓：

> 夫太极者，实有是理，圣人从而发明之耳，非以空言立论，使后人簸弄于颊舌纸笔之间也。其为万化根本，固自素定。其足不足能不能，岂以人言不言之故邪？①

本来，朱子说，不言无极则太极如何如何，不言太极则无极如何如何，是为了解释周敦颐何以将太极与无极并提。他的意思不是说太极依赖于无极，更不是说太极的内容是由人言来规定的。所以，看到象山的这个质疑，朱子觉得他并没有理解自己的意思。

> 至熹前书所谓"不言无极，则太极同于一物，而不足为万化根本；不言太极，则无极沦于空寂，而不能为万化根本"，乃是推本周子之意，以为当时若不如此两下说破，则读者错认语意，必有偏见之病，闻人说有即谓之实有，见人说无即谓之真无耳。自谓如此说，得周子之意已是大杀分明，只恐知道者厌其漏泄之过甚，不谓如老兄者乃犹以为未稳而难晓也。请以熹书上下文意详之，岂谓太极可以人言而为加损者哉？②

---

① 《宋元学案》卷十二"濂溪学案下"，《黄宗羲全集》第三册，第 607 页。
② 同上书，第 610—611 页。

陆九渊始终抓住"无极"不见于儒家经传这一点而质疑其合法性。朱子则认为，这样理解未免太过简单，正所谓"尽信书不如无书"。而此前发生的一件事，让朱子在回应陆九渊这一点时，语气之中不自觉地带上了某种情绪。这件事是：这年夏天，林栗（字黄中）与他相见，双方论《易》与《西铭》不合，不欢而散；随后，他被林栗找到一个理由弹劾。①毫无疑问，这事给朱子心里造成了阴影。所以，当朱子再次面对林栗一样的观点时，言语之间就难免"夹枪夹棒"了。

> 来书又谓："《大传》明言'易有太极'，今乃言无，何邪？"此尤非所望于高明者。今夏，因与人言《易》，其人之论正如此，当时对之不觉失笑，遂至被劾。彼俗儒胶固，随语生解，不足深怪！老兄平日自视为何如，而亦为此言邪？②

朱子这里没有点名，但"失笑"、"俗儒胶固"云云，足见他对林栗的不屑。在林栗一方，很可能就是朱子不经意间流露出来的这种学术优越感（所谓"不觉失笑"），让他在心理上产生了一种受辱感，从而埋下了日后弹劾朱子的导火索。林栗这个人，《宋史》称其"为人强介有才，而性狷急"③，换句话说，不是善茬。

从朱子跟林栗交恶这件事，也可以看出朱子为人的一个特点，那就是：他在学术上一旦形成自己的看法，就不太能够听得进他人意见。在某种意义上，你可以说这就是固执。但实际上，能够在学术史上留下"痕迹"的人，似乎都

---

① 朱子认为，林栗弹劾他，是因为论学受折而产生了羞愤，也就是说，这是一种报复。《宋史》采纳了朱子的这种看法，说林栗"欲快其私忿，遂至攻诬名儒"。
② 《宋元学案》卷十二"濂溪学案下"，《黄宗羲全集》第三册，第611页。
③ 《宋史》卷三百九十四，林栗本传。

有这样的一种劲头：意志特别顽强，一旦形成一个看法，肯定会坚持到底。吕祖谦、张南轩，和朱子相比，在历史上都没有留下那么大的影响，可能跟他们没有朱子这样一种特点有关。朱子是一个接受比较慢、反应比较慢的人，朱子本人就多次说自己"少而鲁钝，百事不及人"、"记问言语不及人"。但他一旦形成一个看法，就会非常坚定，而且考虑也很周详。

朱子的第五条回应，因为林栗的关系，辞气便有些不平。这在辩论的时候，不是好的表达。"尤非所望于高明"，以及"老兄平日自视为何如"，这样的话，表面看是捧陆九渊，但话里话外还是不难听出嘲讽的意味：我还以为你水平很高呢，你平时自视不也是挺高的嘛，原来你就跟林栗那种俗儒一个见识啊。辩论到这个程度，就变成带有意气的争论了。我们不要觉得朱子是个理学家，就始终能够心平气和地说理，不会有情绪。事实上，朱子有的时候意气也是很强的，因为他也是个人，不是神。

朱子并不全是"守"，他在适当的情况下也会打一个反击，比如第六点回应，他就对陆九渊发起攻势：

> 老兄且谓《大传》之所谓"有"，果如两仪、四象、八卦之有定位，天地、五行、万物之有常形邪？周子之所谓"无"，是果虚空断灭都无生物之理邪？[1]

他这是在问陆九渊：《易传》的"有"、周子的"无"，真是像你理解的那样吗？实际上，朱子认为，正如《易传》说的"易有太极"的"有"不是与被《老子》视为本体的"无"相对的那种"有"，周子所说的"无极"之"无"也

---

[1] 《宋元学案》卷十二"濂溪学案下"，《黄宗羲全集》第三册，第611页。

不能被理解为"虚空断灭都无生物之理"。

朱子还进一步指出，老、庄使用的"无极"跟周子的用法完全不同。

> 《老子》"复归于无极"①，无极乃无穷之义，如庄生"入无穷之门，以
> 游无极之野"②云尔，非若周子所言之意也。今乃引之而谓周子之言实出乎
> 彼，此又理有未明而不能尽乎人言之意者七也。③

关于老、庄所用的"无极"主要是指"无穷"这个意思，朱子的理解应该
说是符合传统注释的。无论如何，周子的"无极而太极"的"无极"不能解释
为"无穷"。朱子的潜台词是：你不能看到周子和《老子》《庄子》都用了"无
极"这两个字，就觉得它们含义都相同；你要看周子对"无极"的用法是不是
和老、庄一样。也许可以说，陆九渊在"无极"这个问题上，犯了简单类比的
错误。

其实，这样的错误可能是宋明理学家的一种通病。常常可以看到，宋明理
学家在批评某人为佛老之学时，其根据就是此人用了佛老的术语。然而，即便
跟佛老用的是同一名词，也并不就等于说：这个人在思想上认同佛老。那样的
推论显然是非常皮相的。朱子这里批评陆九渊将周敦颐的无极不加分析地追溯

---

① 语出《老子》第二十八章："知其雄，守其雌，为天下谿。为天下谿，常德不离，复归于婴
儿。知其白，守其黑，为天下式。为天下式，常德不忒，复归于无极。知其荣，守其辱，为
天下谷。为天下谷，常德乃足，复归于朴。朴散则为器，圣人用之，则为官长，故大制不
割。"关于"复归于无极"，王弼注：不可穷也。（参见王弼注、楼宇烈校释：《老子道德经
注》，北京：中华书局2011年版，第75页）河上公注：德不差忒，则长生久寿，归身于无
穷极也。（《老子道德经》道经河上公章句第二"反朴第二十八"，四部丛刊景宋本）
② 语出《庄子》外篇"在宥第十一"：广成子曰："来，余语女：彼其物无穷，而人皆以为有
终；彼其物无测，而人皆以为有极。得吾道者，上为皇而下为王；失吾道者，上见光而下为
土。今夫百昌皆生于土而反于土。故余将去女，入无穷之门，以游无极之野。吾与日月参
光，吾与天地为常。当我缗乎，远我昏乎！人其尽死，而我独存乎！"
③ 《宋元学案》卷十二"濂溪学案下"，《黄宗羲全集》第三册，第611页。

到道家那里，其实，朱子本人也犯过同样的错。比如，朱子曾批评邵雍的"以物观物"近"释"似"老"。这个看法实际却经不起推敲。①

在涉及佛老的问题上，宋明理学家有一重"政治正确"的顾虑。那就是：作为儒者，切忌与异端（佛老）沾边。所以，佛老的术语，儒家最好不要用。正是在这个意义上，可以说周敦颐犯了"时忌"：老、庄用"无极"，你怎么也用"无极"？今天我们做理学的研究，已经不存在这重禁忌，理应能够做出客观的判断。但在陆九渊的时代，"儒释之辨"、"儒道之辨"还是儒者的敏感神经。这就是所谓时代的局限。朱子因为对周敦颐的义理更具同情的理解，所以能够"免疫"于时人的偏见。

到现在为止，我们所讲的还是朱陆无极太极论辩的第一回合。下面还有好几个回合。我们再往下看。

第二回合，一开始，陆九渊还是揪住朱子关于周敦颐用"无极"两字是"灼然实见太极之真体"的讲法不放。也许是被朱子的情绪带动，陆九渊不再讨论周敦颐如何，针对朱子一再说他"理有未明而不能尽乎人言之意"而反唇相讥朱子"见理不明"。

> 来书本是主张"无极"二字而以明理为说，其要则曰"于此有以灼然实见太极之真体"。九渊窃谓老兄未曾实见太极，若实见太极，上面必不更着"无极"字，下面必不更着"真体"字。上面加"无极"字，正是叠床上之床；下面着"真体"字，正是架屋下之屋。虚见之与实见，其言固自不同也。

---

① 方旭东：《邵雍"观物"说的定位》，见《理学九帖——以朱子学为圆心的研究》，商务印书馆2016年版，第102—129页。

陆九渊的意思是说——这一点倒是心学的看家路数——如果你真的见到了太极，根本不需要再加"无极"来形容它，又加"真体"来表述它；一个"太极"就够了。这是典型的心学的讲法。怎么能不说呢？你只用一个词，它是什么意思，不说出来，别人怎么知道呢？但他的侧重点是说，你之所以用这个形容词、那个形容词，说明你其实并不真正知道"太极"；如果你真正知道"太极"到底是什么样子的，就不需要那么说。这是陆九渊的心学的一个很典型的说法。比如，陆象山和弟子杨简（杨慈湖）最有名的"扇讼是非之答"：

> 陆象山至富阳，夜集双明阁，象山数提本心二字，先生（杨简）问："何谓本心？"象山曰："君今日所听扇讼，彼讼扇者，必有一是，有一非。偌见得孰是孰非，即决定为某甲是，某乙非，非本心而何？"先生闻之，忽觉此心澄然清明，亟问曰："止如斯邪？"象山厉声答曰："更有何也？"先生退，拱坐达旦，质明纳拜，遂称弟子。（《宋元学案》卷七十四《慈湖学案》）

象山常讲"本心"，他的学生杨简就问他：老师，你说到底如何是本心？象山拒绝回答；他说，你要自得之，我讲了没用。后来，杨简断案，象山就和他说：你刚才断案，就知道了你的本心啊。你知道是就是是、非就是非，这就是本心。象山的理论是，你见到了，就会做到；如果还要说来说去，就说明你还没见到。你这是叫"虚见"，不是"实见"。但现代学者的疑问是说，如果按照象山的这个讲法，大家基本上都是虚见——讲得越多，反而说明你的见就更"虚"。你如果"实见"了，是根本不需要说这么多废话的。最近，复旦大学的林宏星老师，写了一篇文章，讨论象山，就对心学整体的方法论提出了批评。我和他说，你的观点站在我们现代学术的立场上是可以成立的，但对于象山来说，可能完全是一种外在的批评。

朱子又说："熹亦谓老兄正为未识太极之本无极而有真体，故必以中训极，又以阴阳为形而上者之道，虚见之与实见其言果不同也。"

这两个人后来就和小孩子吵架一样了："我认为你就是没搞懂"，"我认为你才是没搞懂"。从朱陆论辩的主体内容我们可以看得出来，其实到了后面，两方已经陷入字面上的互相攻击了。所以，最后黄宗羲总结说："朱陆往复几近万言"，他们两个其实"所争只在字义先后之间，究竟无以大相异也"。大家争到这个地步，其实没什么好说的了："我认为你不明理"，"你才不明理呢！"那还能说什么呢？"以极为'中'则为不明理，以极为'形'乃为明理乎？"他们的争论争到后面，层次就不是太高了。反正最后也是不了了之。

但是我们要做的是——因为黄宗羲已经做了非常好的工作，把论辩双方的对话集合在一起了——我们要把他们来来回回十几次的论辩，每一回合双方各自的要点（朱的讲法、陆的讲法），列成一个表格，就比较清楚了。

我们再看一下黄宗羲的总结：

> 惟是朱子谓"无极即是无形，太极即是有理，在无物之前而未尝不立于有物之后，在阴阳之外而未尝不行于阴阳之中"，此朱子自以"理先气后"之说解周子，亦未得周子之意也。罗整庵《困知记》谓："无极之真，二五之精，妙合而凝"三语不能无疑，凡物必两而后可以言合，太极与阴阳果二物乎？其为物也果二，则方其未合之先各安在耶？朱子终身认理气为二物，其原盖出于此。

这是黄宗羲结合明代气学的讨论提出了这个问题。朱陆有很多枝节上的辩论，包括"太极"的"极"的字义是"中"还是"极"，周子的讲法和前人到底有没有关系之类的，在理论的意义上不大；真正在哲学上具有理论意义的是，理气的关系、太极和阴阳的关系，以及——后面我们还会讨论——太极有没有动静的问题：到底是太极有动静，还是阴阳有动静？

《宋元学案·濂溪学案》所收录的朱陆无极太极之辩，包括黄宗羲的按语，再加上王柏（王鲁斋）、元代刘因（刘静修）、吴澄（吴草庐）的评论，一直到黄百家的"谨按"，这些文本都非常重要。所以《濂溪学案》为后人收集了大量有关太极的材料，这是很重要的参考文献。我们后面还会再具体地讨论。

太极的问题非常重要——从宋代到清代，一直是很热门的讨论话题。到了现代，包括侯外庐、李申，仍然关注于此。因为这个问题涉及宋明理学当中的很关节的东西：从人物上来讲，周敦颐是所谓的"道学开山"；从思想上来讲，《太极图》，按照朱子的理解，给出了理学的关于宇宙论和本体论的图示、模式、框架，里面涉及很多的问题，比如宇宙起源的问题、发生动力的问题、天人关系的问题。我们接下来可以看到，《太极图说》(《太极图说》是在《太极图》的基础上写的)，前面一节讲的是所谓的天，而后面一节又讲到人；从前到后如何转出来，其实是很困难的。"乾道成男，坤道成女，万物化生"；其实到了五行，五行配四时，就已经"万物生"了。而周敦颐之所以把"人"插进去，"强行植入"，也是因为理学的关注点主要在人的问题上，在人的工夫论、成圣成贤的问题上。所以《太极图说》会提到"圣人"，还有所谓"立人极"的问题——"太极"，用"无极"形容也可以吧，前面都说得差不多了，后面又搞出一个"人极"来。很好玩的是，到了方以智，明清之际的时候，又搞出了一个"有极"。

第五讲

　　《太极图》的五层图，不应理解为是先后的阶段，而应是逻辑分析的不同层次。《太极图》的每一层图都包含了太极，五层图是共时性的存在，是周敦颐为了分析太极本体而各有侧重地画出来的。之所以命名为《太极图》，是因为图所围绕的中心是太极。与一般"图书之学"的"图"不同，《太极图》不仅有图，还对每一层图都配了说明性的文字。这些特点可以帮助我们识别各个版本《太极图》的错误。朱子的《太极图解》《太极图说解》与周敦颐的《太极图》《太极图说》存在互文关系。朱子的《太极图解》是把周敦颐的《太极图》截成了片段，做了"特写"处理，且把周敦颐《太极图说》每一节文字都落实到《太极图》，使得《图》和《说》严格对应起来。

　　上次我们主要讨论了朱陆关于《太极图说》第一句话"无极而太极"的辩论。朱陆的辩论有很多次来回，两方的根本分歧在于对"太极"的"极"字的解释，以及关于"无极而太极"的理解。今天，我们来看朱子的《太极图解》——看他对《太极图》其他部分的解释。之前说过，如《宋元学案》太极图，分为五层。第一层是个空白的圆圈，第二层是个黑白相间的圆——但需

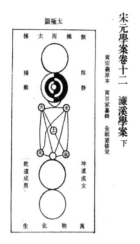

《宋元学案》太极图　　　宋刻《元公周先生濂溪集》太极图

要注意的是，这个图其实是由三部分构成。哪三部分？第一部分，左边的白、黑、白半圆：白表示阳，黑表示阴，所以是两阳夹一阴的半圆；第二部分，是右边的两阴夹一阳的半圆；第三部分，是中心位置的白色小圆圈。我们现在明确地把这个图分成三个部分，根据的是朱子的解释。我们待会可以看到，朱子把这层图理解为是由这三个部分组成，这种理解是有他的理论上的用意的。

我们之前看过很多版本的《太极图》，好多都画错了——比如有的图（如宋刻《元公周先生濂溪集》太极图），把第二层中间的空白小圆圈，也画成了一半阴、一半阳，好像整个图是一个鸡蛋，被对半切开了。但实际上并非如此，它的中间是有一个"核"的——居中的白色小圆圈。按照朱子的解释，它代表着太极之本体。所以这就很有意思了。在这层图的左边写了"阳动"，右边写了"阴静"。朱子对此是怎么理解的呢？朱子把左边半圆的两阳夹一阴称为是"阳动"，右边半圆的两阴夹一阳，就是"阴静"。而所谓的"阳动"、"阴静"，是一种省略的说法；其全称为"动而阳"、"静而阴"。那么，究竟是什么东西"动而阳"、"静而阴"呢？实际上就是指中心的空白小圆圈，即太极。对第二层的图，我们这样理解，才比较通。

我们来看朱子的原话。这篇文献叫《太极图解》，顾名思义，就是一边指着《太极图》，一边做文字的解释。

第一层图，空白大圆圈，"此所谓无极而太极也"，重点是后面这句——"所以动而阳，静而阴之本体也"。第一层图和第二层图，按照朱子的理解，它们之间具有连续性。因为第一层图就是一个圆圈，除此之外，什么也没有，至少从表面上看，和阴、阳没什么关系。但是，朱子的创意就在于，他把第一层图和第二层图联系起来了——他认为，第一层图的太极本体（又可以说是"无极而太极"），到第二层图时，便化身为中间的空白小圆圈了。如果没有朱子的这个解说，我们恐怕是想不到要这样来看的。所以，朱子对第一层图的解释的重点有两个。一是"无极而太极"，这个我们之前讲朱陆论争的时候已经讲得很多了，就不再说了。我们今天主要来看另一点：第一层图的圆圈，也就是太极本体，按照朱子的解释，实际上充当了用我们现在的哲学术语称为"动力因"的角色——"所以动而阳，静而阴之本体"。

对于周敦颐的《太极图》，我们可能有这样一个问题横在心里：它分成五层，这是一目了然的，但这五层图之间到底是一种什么关系呢？一般可能会说，第一层图是开始，到第五层图是结束；五层图整体表达的是宇宙论、生成论的一种过程。最初是"无极而太极"（有的版本写作"自无极而为太极"），然后一直下来。这样理解也并不奇怪，因为《太极图》本身就有从上到下的排列次序，所以我们可能会很自然地理解为，这个图是有"先后"的。但在朱子看来，这五层图之间应该是一种分析的、逻辑的关系。所谓分析，就是在逻辑上可以把它分开，但在事实上，不是说最初只有一个光秃秃的太极本体，然后再生出阴阳、长出五行，最后再"成男成女"、"万物化生"。因为，如果这样理解，就很容易发生一个问题：太极和阴阳、五行，乃至男女、万物，是不是有一个先后生成的关系？

当然，如果我们说第一层图的大圆圈是太极本体、是"有"，"有"再生成万物，对于刚才那个问题，要回答，还不是太难。问题在于，周敦颐作了《太极图说》，他自己对《太极图》有一个解释。既然周敦颐已经对这个图有一个解释，我们现在为什么还要来看朱子的《解》呢？

虽然朱子的《解》，已经吸收了周敦颐的《太极图说》，但如果我们把它们做一个比较，可能立刻就会发现一点什么。

　　　　朱子《解》："○①，此所谓无极而太极也，所以动而阳，静而阴之本体也。"

　　　　周敦颐《说》："无极而太极。太极动而生阳，动极而静，静而生阴，静极复动。一动一静，互为其根。分阴分阳，两仪立焉。"

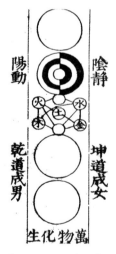

明刻《濂溪周元公全集》太极图

你们看，发现了什么？很明显，周敦颐的《太极图说》并没有指着《太极图》来说，而完全是文字，不再出现图了。虽然我们可以把它的第一句"无极而太极"理解为是在说《太极图》的第一层，但其本身根本没有图。而朱子的《解》却不一样。朱子充分考虑到《图》和解说的对应关系，所以他的写法是，先画一个图，再在下面作具体的文字解释。是朱子第一次明明白白地告诉我们说，第一个大圆圈就是周敦颐说的

① 文内插图，主要采自明内府刻本《性理大全书》(山东友谊出版社 1989 年版)。之所以采用此本，是考虑到：一、《性理大全》本朱子《太极图解》的底本之一为 [元] 黄瑞节编《朱子成书》，而《朱子成书》所附插图与朱子原意最为接近，可视为标准本；二、《性理大全》本的插图比较清晰，较《朱子成书》本为佳。

"无极而太极"——"此所谓无极而太极",这句话当中的"所谓"云云,就是从引用周敦颐《图说》的第一句"无极而太极"来的。但是,周敦颐自己并没有说,他讲的"无极而太极"具体指的是什么,因为他也有可能是在说,先有一个"无极",再有一个"太极",而"太极"才是第一层图的圆圈。

这里的问题就在于,第一层图的空心圆圈(明刻周木本上面没有"无极而太极"这五个字,但有的图有),大家如果仔细看的话就会发现,如果把它理解为太极,那么,它其实在这五层图里都出现了——我刚才说,这个图上下排序分为五层,很容易让我们想当然地以为这是在表达一个程序的先后五个步骤,但现在,如果按照朱子以第一层图的圆圈为太极本体的指示,我们会发现:自始至终(假设我们可以使用"自始至终"这个词)太极本体都存在着;整个《太极图》都是关于太极本体的。第一层图不必说了,它本身就是太极本体;第二层图,太极本体在中心的小圆圈;第三层图,是五行,而这一层的太极本体,是在下方与火、水、金、木连线的小圆圈(其顶端与第二层图的联结,是一个从"阳动"到水、从"阴静"到火的交叉线)。第四层、第五层图和第一层图同样,都是太极本体。

第一层、第四层、第五层图比较容易看出来,但第二层、第三层图的太极本体,就不那么容易被发现。因此,周敦颐的《太极图》虽然分为五层,但是我们有理由根据朱子的《太极图解》说,这五个层的图,只是为分析的方便而画的,但其实每一层的图,都是关于太极本体的。

以上,是我们根据朱子的《太极图解》,首先要做的一个说明。现在我们仔细研究第三层图。朱子《图解》说:"五行之生,各一其性,气殊质异,各

宋刻《元公周先生濂溪集》
太极图

一其〇，无假借也。"这里的"其〇"，就是小的太极本体。第三层图下方的太极本体，与五行有四条线相连。我们记得以前看到过，有的太极图（如宋刻《元公周先生濂溪集》）在这个地方就画得不对，少了一条线。而四条线加这个小圆圈，是什么意思呢？朱子这样解："此无极二五所以妙合而无间也。"这句话有点跳跃，实际上是把第一、二、三层图连起来讲的。

为了让大家迅速理解五层图中都有太极本体，我现在是直接跳到最复杂的这层图，这个看起来和太极本体没什么关系的图，根据朱子的《图解》来给大家作解释。

朱子在这个地方把上面三层图都连起来，倒着说了一遍：

五行一阴阳，五殊二实，无余欠也；阴阳一太极，精粗本末，无彼此也；太极本无极，上天之载，无声臭也。

"五行一阴阳"，五行都是和阴阳有关的；"五殊二实"，五行都是"殊"、特殊，"二"就是阴阳，"实"就是实际；"无余欠也"。然后再倒过来说："阴阳一太极，精粗本末，无彼此也"。最后再倒过来说："太极本无极，上天之载，无声臭也。"这句话是逆着说的，从五行到阴阳，再从阴阳到太极。接下来再顺着讲："五行之生，各一其性，气殊质异，各一其〇（各一其太极），无假借也。"

之所以我们可以把这里的圆圈直接叫"太极"，是因为周敦颐《太极图说》讲："五行，一阴阳也；阴阳，一太极也；太极，本无极也。五行之生也，各一其性。"前文朱子《图解》的"五行一阴阳"，其实就是对周子《图说》"五行，一阴阳也"的引用；所以，《图解》接下来的"五殊二实，无余欠也"，是对《图说》"五行，一阴阳也"的解释性的话。同理，《图解》的"阴阳一太极"，也是《图说》的原文"阴阳，一太极也"。所以我前面说，朱子的《太极图解》，不完全是自己做解释，实际上是把周敦颐的《太极图说》吸收了；但在此基础之上，他又对周敦颐的《太极图说》做了一个相当于是注疏的工作。朱子的解释是"精粗本末，无彼此也"。下面，"太极本无极"，又是周敦颐的原话；"上天之载，无声臭也"，又是朱子的解释。

这样来看，朱子做的工作是什么？朱子做的工作，是把周敦颐《太极图说》当中没有明言的部分说出来了。所谓周敦颐没有明言的部分，我的意思是，周敦颐《太极图说》最大的问题是，它没有直接标出"说"文所针对的"图"形，所以读者搞不清楚，哪句话具体是在说哪部分的图。虽然你可以推测，但终究难以落到实处。朱子工作的好处是，他把周敦颐《太极图说》每一节的文字，都落实到了《太极图》上，使得《图》和《说》严格对应起来。这是朱子做的工作的一个方面。

另一方面，朱子也不是简单地把周敦颐的《图说》一抄了事，他还对周敦颐的《图说》做了进一步的解释，有的还是评论。比如，"五行一阴阳"，他的评论是："五殊二实，无余欠也"；"阴阳一太极"，他说："精粗本末，无彼此也"；"太极本无极"，他的解释是："上天之载，无声臭也"。大家都知道，这句话是他跟陆氏兄弟反复辩论的一句话。所以，我们已经很熟悉他的套路了。

"五行之生，各一其性"，又是周敦颐的原话。所以，顺便说，如果要施以严格的现代标点，上面这些朱子《图解》引用周敦颐《图说》的原文，都应该打上双引号。朱子对"五行之生，各一其性"的解释是："气殊质异，各一其〇。"〇是什么？就是太极。

周敦颐本来说的是"各一其性"，朱子在这里则讲"各一其〇（太极）"。那么，朱子的讲法是不是有问题呢？实际上，这个话下面还会出现："〇，乾男坤女，以气化者言也，各一其性，而男女一太极也。〇，万物化生，以形化者言也，各一其性，而万物一太极也。"

大家有没有发现，朱子的《太极图解》当中，文字和图同时出现了："太极"是文字，〇是图。用眼睛看的时候，图和文字都是用视觉接受的，不影响；但最大的问题是，如果你要向别人表达，对于这里的图，你也只能用文字、语言来说。假设老师要教学生，要传授给他这篇《太极图解》，我要怎么来讲这个圈儿呢？要么就是说"太极"，要么就是讲"那个圈"，或者像这样描述："第三层之交叉线加五行下之小圆"。

顺着"气殊质异，各一其〇"这句话，我们来看一下《太极图说》里几个文本的关系。我们不要小看周敦颐的《太极图》《太极图说》和朱子的《太极图解》《太极图说解》这四个文本之间的关联，它们之间构成了一种非常复杂的互文关系。

首先，周敦颐自己作了《太极图》，又作了《太极图说》，而《说》和《图》之间又不是简单的解释与被解释的关系。为什么这么讲呢？因为在他的《说》里，都没有标出对应的图。按说，如果《太极图说》是对《太极图》的解释，通常的做法（实际上也是朱子现在的做法），要以图为主，指着图的每个部分来解释，告诉我们，这个部分是什么意思。好比像朱子这样，先画一个圆圈，然后讲："此所谓无极而太极也。"当然，他之所以说"所谓"，是要引用周敦颐原本的讲法——以显示这个话不是他自己的，而是周敦颐已经讲过的，但是他要把周敦颐的这句话落实在图上，所以要加上"所谓"引用之。古文里面没有我们现在用的新式标点当中的双引号，这个"所谓"就相当于双引号。

所以，周敦颐的《太极图说》和《太极图》之间，存在某种游离，两者并不是那么密切。更何况，周敦颐在《图说》当中还讲了一些新的内容。只有到了朱子，才有意识地把周敦颐的《太极图说》和《太极图》对应起来。

朱子的《太极图解》和周敦颐的《太极图》又是什么关系呢?《太极图解》,顾名思义,就是对《太极图》的注解。但是,朱子的《太极图解》,利用了——或者说吸收了周敦颐的《太极图说》。他不仅利用了、吸收了周敦颐的《太极图说》,而且还加上了自己对于周敦颐《太极图说》(即周敦颐关于《太极图》的解释)的评论和解释。所以,朱子的《太极图解》和周敦颐的《太极图》《太极图说》是这样的一种关系。

朱子的《太极图说解》,和《太极图》《太极图说》又是什么关系呢?《太极图说解》当然是直接对《太极图说》的解释。但我们知道,朱子在作《太极图解》的时候,已经把《太极图说》合到里面了,而且,有的地方还对它做了解释、评论。而《太极图说解》,又是一个专门的对《太极图说》的解释。首先带来的一个问题是,《太极图说解》和《太极图解》自然会发生某种重合——当然,前者不仅仅是与后者有重合,还有更多的其他内容。

举例来说,"太极本无极",这是周敦颐《图说》的原话。朱子在《图解》里不仅仅引用了这句原话,把它和《太极图》的有关部分对应,还加了自己的解释、评论。对"太极本无极",朱子的解释是:"上天之载,无声臭也。"而到了《太极图说》的第一句话"无极而太极",朱子《太极图说解》又说:"上天之载,无声无臭。"——这在《太极图解》里已经讲过了。但如果朱子全部都是把《太极图解》里讲过的东西再抄一遍,那么还有什么必要再作这个《太极图说解》呢?事实并非如此。我们看到,《太极图说解》在"上天之载,无声无臭"后面,继续说道:"而实造化之枢纽,品汇之根柢也。"这句话是朱子新加进来的,突出了"太极本体"的意味。

再看,"此所谓无极而太极",这是周敦颐《太极图说》的话;朱子对此解释说:"所以动而阳、静而阴之本体也。"这个解释的重要性或意义在哪里?其意义就在于:朱子通过这句话,把第一层图和第二层图联系起来了。因为第二层图就是"动而阳"、"静而阴"。写在图上面的，叫"阳动"、"阴静"。

刚才是分着讲的，现在我再把它们连贯起来讲一下。我想说，周敦颐的《太极图》《太极图说》，和朱子的《太极图解》《太极图说解》，是非常复杂的相互关联的文本系统。一切的起点当然是《太极图》，但是我们知道，《太极图》虽然叫作图，但我们也不可忽略其中的字（"文"）。比如，《太极图》的标准版（以《宋元学案·濂溪学案》收录者为准），最上面有一行字："无极而太极。"

刚才我们说（这应该是我自己的一个新讲法），《太极图》虽然有五层，但是，其实每一层里面都有本体的太极；根据这一点，我认为，五层的图，实际上并不表示先后的五个步骤——先有"无极而太极"；第二步，生出阴和阳；第三步，生出五行；第四步，成男成女；最后一步，万物化生。——不是这样的。这种理解，与把《太极图》理解为一种宇宙生成论的通常理解是一致的。但我认为，《太极图》的五层其实是周敦颐为了分析的方便而画出来的，每个图都各有侧重。我们现在各种教科书或一般关于周敦颐的研究著作，都或多或少地认为，周敦颐提供了一个宇宙论模型。所谓宇宙论，其实就是讲生成的——最开始是什么，然后生成什么；先有什么，后有什么。但是，我现在要讲，这种理解是错误的。为什么？因为，如果我们结合朱子的理解仔细研究这个《太极图》，就会发现：《太极图》五层的每一层图里，其实都有太极；也就是说，五层图之间是"共时性"的、同时存在的，是为了分析太极本体而各自画出来的。这也可以让我们理解，为什么这幅图要命名为《太极图》。因为，它的核心，它的关键，它围绕的中心，就是太极。否则，按照以往的宇宙生成论的理解，每层图的含义都与"太极图"之名有所偏离——第二层图是讲阴阳的，第三层图是讲五行的，第四层图是讲乾坤、"成男成女"的，第五层图是讲"万物化生"的。但实际上并非如此——即便是在讲五行的时候，那个太极本体，也就是〇，也依然存在。更不用说，第一层、第四层、第五层图本身就是太极本体。比较难解的图是第二层，最难解的图是第三层。而这两层图，照我们分析，都是有太极本体的。

以上，是我今天要讲的第一点，这和以往的讲法有点不一样，可以说，是我个人的一个发明，一个新见。当然，你们也可以提出质疑。

第二点，据我的观察，好像也还没有人这么讲过：《太极图》实际上并不是单纯的图，而已经含有大量的文字了。而且，五层图的每一个图，其实都配有文字。——关于这一点，只要我们打开《宋元学案·濂溪学案》所载的标准版太极图，就清楚了。

说《太极图》不是单纯的图，是什么意思呢？我们可以这样讲：周敦颐作了《太极图》，又写了《太极图说》。理论上，《太极图说》是《太极图》的解，但是，大可玩味的地方在于，假设没有这个《太极图说》，单单看这个《太极图》，就会发现，其实周敦颐已经做了大量的文字说明的工作——他对每一层图，都辅以文字说明。所以，从这个意义上来讲，《太极图》和一般的"图书之学"的"图"并不相同。典型的"图书之学"的"图"，比如八卦、六十四卦，比如《易》图，它们全部都是图，没有文字。但《太极图》却并不是这样的。

关于《太极图》，从古到今，论者如云，形成的文献可谓汗牛充栋，但有一些基本的问题，却并没有人讲到。也许，这就是所谓"习焉而不察"、"熟视而无睹"吧。比如我今天讲的两点，第一点，五层的图，每一层都是关于太极的。这个讲法你们看到之前有人讲过吗？第二点，《太极图》虽然号称"图"，但实际上，文字和图是一半对一半，对每一个图都配了相应的文字说明。不能说《太极图》是单纯的图像，而是"图文并茂"。也许这可以用来解释为什么周敦颐的《太极图说》不像朱子的《太极图解》那样把《太极图》拆分画在文中（先画每一部分的图，再相应地进行文字说明）。同时，应该看到，在朱子对每一部分的图的解释文字里面，都包含、吸收了周敦颐的《太极图说》。如果我们要为周敦颐做一个辩护，我们可能会说：因为太极图已经有文字说明了，所以他不需要在《说》里再插图了。比如，在第一层图上，他已经标了"无极而太极"，难道在《说》中还要再画一个〇，说"此所谓无极而太极"吗？

从这个意义上讲，朱子的《太极图解》，相当于把周敦颐的《太极图》截成了一段一段的五个片段。借用摄影上的术语，周敦颐的《太极图》是一个"全景"，五层图，每个都配了文字，全部放在一张图里；而朱子的《图解》则是对《太极图》做了"特写"。顺便说，黄宗羲《濂溪学案》里，只有周敦颐的《太极图》《太极图说》，没有收朱子的《太极图解》。朱子的《太极图解》，相当于把周敦颐太极图的每一个图都放大了，给它们做了特写。

今天给大家讲的两点，我自认为还有点发明。第一点是说，《太极图》所有五层图里，都有"太极本体"的那个圆圈，无论是大还是小。讲这一点的意义是什么？前面我给大家看过好多画错的图，那些图之所以会画错，有的时候是因为刻工文化程度不高，但有的时候，其实不是刻工问题，而是因为不同的作者在抄录、转写这个图时，因为不理解其含义，他们自己就搞错了。比如说朱震，又或者说侯外庐的《宋明理学史》。所以，有时候是"作者"的问题，不能全赖到"刻工"。当然，刻工会出错，但刻工出的错，原则上，是可以被纠正的，因为刻书最后总归要校对啊。现代的书、文章在出版之前，都有校样，作者是要看校样的。所以，就算真的是刻错了，作者本人也要负一定责任，因为你作为作者没有把错误校出来。总之，如果你了解到五层图每层图其实都有太极本体，尤其是第二层和第三层图，那你就不会在那个小圆圈的地方搞错。

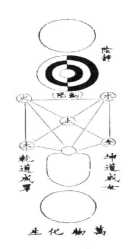

明刻《濂溪周元公全集》太极图　　　　清刻《汉上易传》太极图

第二点是说，周敦颐对五层图的每一层图都做了文字说明。如果了解到这一点，就不会画得不标准。你们看，周木本上的太极图就画得不标准——为什么说它不标准？因为它缺了第一层图上面的"无极而太极"几个字。大家还记得吗？第二层图的"阳动"、"阴静"的位置，很多图就画错了，具体参见郑吉雄《易图像与易诠释》（上海：华东师范大学出版社，2008 年）第 208 页的"附图"。

也许你会觉得，我讲的这两点，卑之无甚高论，但实际上，它对于能不能把图画对很关键。你看，朱震《汉上易传》的《太极图》（见下页）的错误，就是没有"无极而太极"这行字，如果他了解周敦颐是对每一层图都有文字说明的话，就不应该把第一层图的文字省略掉，须知，这行字不是可有可无的。除此之外，朱震的《太极图》还有两个错误：第一个错误是"阳动"、"阴静"的位置画错了。也许我第一次跟大家讲这个图画错了的时候，大家印象可能还不深，因为当时不了解它为什么错了——感觉看起来和标准图也差不多。现在应该明白了吧？如果按照朱子的解释，第二层图的中心小圆圈就是太极本体，左边半圆"两阳夹一阴"，则是指"太极动而生阳"；"动极而静，静而生阴"，是右边的半圆"两阴夹一阳"。所以"阳动"、"阴静"实际应该分别在左半边、右半边。为什么说朱震把"阳动"放在第二层图正下方，把"阴静"第二层图右上方是不对的？因为他不明白，周敦颐所谓"阳动"和"阴静"的图像是什么。

第二个错误是：由于朱震把"阳动"放到了第二层图和第三层图中间，就导致它们之间的联系中断了，缺了两条本来应该有的交叉线。那么，第二层图和第三层图之间的这种联系（交叉）是怎么回事？我们可以看朱子的《太极图解》："ㄟ者，阳之变也。ノ者，阴之合也。水阴盛，故居右；火阳盛，故居左。"✕这个交叉线，在《宋元学案》的《太极图》里有，而朱震《汉上易传》的《太极图》里没有。没有是不对的，因为朱震显然不明白第二层图和第三层图的关系。两条线交叉在一起，从☽（阳）到☾（阴），从☾（阴）到火（阳）。为什么说两条线不可少呢？那是因为，第三层图的五行，尤其是水、火，和第二层图的阴阳是有关系的。我们来看《太极图解》：

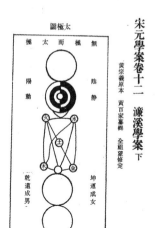

《宋元学案》太极图

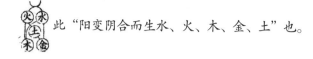

此"阳变阴合而生水、火、木、金、土"也。

这里的图是第三层图。朱子讲得很清楚：第三个图的原理是"阳变阴合而生水火木金土"，☽是阳，☾是阴。太极、五行、阴阳的关系是什么？太极是作为一个表象的存在，而阴阳则是作为一个潜在的存在。换句话说，太极和阴阳的关系是：太极即阴阳、阴阳即太极，太极不离乎阴阳、阴阳不离乎太极。所以，当我们说每一个图里都有太极的时候，也就意味着：每一个图里其实都有阴阳。了解这一点，对于我们理解周敦颐的《太极图说》以及朱子的《太极图说解》，都非常重要。怎么一个重要？可能今天我们来不及讲了，下次再讲。

我们一开始曾提到：对于周敦颐，连带地，也对于朱子，太极和阴阳的关系问题，尤其是涉及太极动静和阴阳动静，是很难的问题。为什么说难？因为后世对这个说法感到困惑，所以出现很多讨论，众说纷纭，莫衷一是。

这些问题，也许等我们把《太极图解》全部分析一遍，才会有清楚的答案。所以，下面我们开始一段一段地来理会《太极图解》。

第一段：

> ○，此所谓"无极而太极"也，所以动而阳、静而阴之本体也。然非有以离乎阴阳也，即阴阳而指其本体，不杂乎阴阳而为言尔。

这个圆圈○，我们说它是太极，那么它和阴阳有什么关系呢？不是看不到阴阳吗？朱子在这里强调，这○里面有阴阳——虽然它是"所以动而阳，静而阴"的所谓"本体"，但朱子说，"非有以离乎阴阳也，即阴阳而指其本体"。这是第一层图。

第二层图，很容易看出它和阴阳的关系。首先，在配图的文字里就出现了"阳动"、"阴静"这样的说法。刚才也说了，它们实际上是"动而生阳"、"静而生阴"的省称。左边的◖可以看成是阳，右边的◗可以看成是阴。

现在的问题是：第二层图里的阴和阳，到第三层，怎么一下子就变成了五行水、火、木、金、土？我们可以来看朱子的解释。首先，总体上，第三层图是阴阳变化而生五行的意思：

此"阳变阴合而生水、火、木、金、土"也。

　　具体来讲："乀者，阳之变也。丿者，阴之合也。"乀，是从☾拐过来，到了㊌；丿，从☽拐过来，到了㊋。然后，"㊌，阴盛，故居右，㊋，阳盛，故居左"。这里，大家可能会提出一个问题：既然水是从阳出来的，火是从阴出来的，那么，为什么"阳之变"就变到水了呢？这里的关键在于：五行之中，左侧的火、木都属于阳，右侧的水、金都属于阴；但它们又恰恰是从"阳变阴合"来的。这里面有个原理——"阴阳互为其根"。按说，这里不应该有交叉线，第二层、第三层图的左边都是阳，那就一条线直接下来；右边都是阴，也同理。但《太极图》并非如此。到底什么讲究呢？讲究是"阴阳互为其根"，我们现在称之为交叉线，朱子《太极图解》原文是"阴根阳、阳根阴"。这个地方有点费解，因为它和我们现代人的观念离得比较远。我们现代人已经不太用"阴""阳"这两个字了，也不会用阴阳的变化来解释世界的生成，所以这个图的画法让我们现代读者困惑。

　　我们现在要做的，就是把《太极图》背后的原理解释清楚，从而加深对每一层图的印象，最起码，以后我们画《太极图》，不会再画错了。当然，为了不画错，有一个笨的办法，那就是把它死背下来。但我现在教你们不用死记硬背，通过理解、了解它的原理，自然就记住了。

　　现在，你闭上眼睛想：第二层图，所谓"阳动"、"阴静"，有没有一点概念？它是怎么画的？两阳夹一阴、两阴夹一阳，一个在左，一个在右。刚才已经讲了其中的原理，所以"阳动"在左、"阴静"在右。画这层图，中间要先画一个小圆圈，再从中间往左边画：阳、阴、阳；再从中间往右边画：阴、阳、阴。第三层图其实最复杂，因为你很容易记不住水、火、木、金、土五行各自的位置。它的原理是：从第二层的阳向右向下交叉，生出水和金；从阴向左向下交叉，生出火和木。为什么水在金的上面，火在木的上面呢？这是有讲究的：

㊌阴盛，故居右；㊋阳盛，故居左；㊍阳稚（次一级），故次火；㊎阴稚（次一级），故次水；㊏冲气，故居中。

阴的这边，水是最强的，金次之，所以水居上，金居下；阳的这边，火是最强的，木次之，所以火居上，木居下。土是"冲气"的，所谓"和"，是折中的，"冲气以为和"；其他四行，每一个都和它发生关联，相当于化学里面的起到平衡作用的元素，有点像氧气，可以和其他的元素结合——你看，火也和它结合，水也和它结合，都和它结合。当然，所有的这些元素，最后都是和太极本体有关。

我们把上面说的再综合一下：从第一层图到第三层图，实际上是一个先打开、再收拢的过程。第一层图，光秃秃的，只有一个圆圈。但朱子告诉你，里面其实是有阴有阳的。然后，到了第二层图，就像我们用显微镜放大来看，可以看到阳和阴；接下来，再用显微镜继续放大看，你又看到有五行在里面。看了半天，镜头再缩放回来，所有这些元素又都收拢为了太极本体，又收在了所谓方寸之间里面，也就是大宇宙。

附问答：

师：今天讲的，你们有没有不明白的地方？可以提问。

于昊甬：按您的理解，《太极图》的五层图不是时间先后的生成关系。但朱子《太极图解》比如"此阳变阴合而生水、火、木、金、土"的很多表述，让人自然而然会想到某种互相生成的关系。这种"生成"，在您看来，不是宇宙生成论意义上的"生成",而是一种逻辑先后的"生成"吗？就像您刚才说的太极本体与阴阳的一隐一显的关系。

师：我刚刚说，它们之间的关系是分析的，不妨还是用化学反应来打比方，因为大家都学过化学，多多少少更容易理解。假设我们现在来分析一个化学反应。比如最简单的，氢气在氧气里燃烧，生成水（H_2O）。这是一个过程，这个过程也是一次性的。在某种意义上，朱子也好、周敦颐也好，他们所谓的太极，他们所讲的本体论，是一种思辨的、想象的理论。因为无法用实验来证明它。但这一点我们暂时按下不表，我们现在是要去理解，他们讲的到底是什么意思？我们在脑子里首先要打破这样一种观念——我们现在有一种理解，很容易把宇宙的生成理解为一种"宇宙大爆炸"，但实际上，时间是没有起点，也没有终点的。要分析这件事，我们只讲逻辑上的先后，其实也就是"根据"。我们今天所见所感的这个世界，有芸芸众生，有万物。《太极图》是要告诉你：这个万物既存的世界，到底是怎么来的？对此，我们现代人很容易理解为：是先有这个后有那个的过程。但《太极图》想说的是：一开始，这个世界就已经摆在那里了。我们可以想象，到了太空，到了木星、火星上面，那里本来没有生命，然后慢慢进化出了生命——我们是很容易用进化论的模式来理解这件事。我们对于地球生物的整个演变过程，有进化论这种理解方式。比如，人是猴子变来的，然后猴子又是从什么东西变来的，这是一种进化论图示。但在理学中，周敦颐也好、朱子也好，他们讲的世界，一开始就全体既存了。这里说的"一开始"，是为了表述的方便。这个世界一开始就具备了我们今天看到的所有的万物。为了探寻万物背后的原理和根据，周敦颐、朱子他们说：太极是本体，这个本体动而生阳、静而生阴，阴变阳合而生五行，五行又乾道成男、坤道成女，于是万物化生。这些话语是在分析世界的原理，但它们不应被理解为：最初有一个时段只存在太极、万物还没有"生出来"。我们甚至可以想象，从太极到阴阳、五行、万物，就是一瞬之间的事情——"哗"一下，所有的东西都出来了。

吴国梁：在第三层图里面，土和太极为什么没有连线？

师：这个问题很好。这其实是理学当中的一个难点。我们知道，五行就是五样东西。《周易》系统和五行系统之间存在一个很大的问题：前者是二进制的，"易有太极，是生两仪，两仪生四象，四象生八卦"，八卦生万物；而五行系统按照二进制去算，它多出一个东西——土。那么，理学怎么来解释或者消除这个矛盾呢？他们说，土德没有专门的存在，它和其他所有的四行都能结合、都有关联，是一种添加性的元素。好比说，五行后来和五常（仁、义、礼、智、信）相对应、相比附，而五常当中的仁、义、礼、智，又叫做四端，剩下"信"没有着落，怎么办呢？他们解释："信"的本意，就是真实的意思，所以"信"就是其他四端的每一端都实实在在做好自己。那么，土的意义，就相当于是五常当中的"信"的作用。——这是理学的一个解释。我们现在会觉得，这个解释听起来很难有说服力。但在理学的系统里面，他们对土的问题就做了这样一种处理。关于这个部分，我们接下来讲"仁包四德（仁、义、礼、智）"的时候——《太极图说》不是也讲"中正仁义"吗？"中正仁义"，用"体用"、"阴阳"来讲，其实也是朱子《太极解义》的一个困难的地方，被人质疑的地方。从某种意义上讲，周敦颐的《太极图》和《太极图说》，是要讲"三才之道"——天、地、人。仁、义、礼、智、信，和"人道"有关；阴阳则是关于"天道"，刚柔是讲"地道"。简单地说，主要是"天"和"人"两大方面，用我们现在的话说，一个是自然界，一个是人文界。对自然界，我们用阴阳来解释；对人文界，我们用仁义这些东西来解释。周敦颐的《太极图》《太极图说》，厉害的地方就在：它把天和人都贯通起来了。虽然，我们现在常常讲，周敦颐的《太极图》《太极图说》提供了一个宇宙论或本体论模式，但它们之所以被朱子重视，很重要的一点是因为：它们提供了一个把天和人，或者说把天、地、人"三才之道"、"三极"都融贯起来的讲法。但周敦颐的困难是：从天到人，是怎么出来的？这中间的转换是怎么回事？所以，周敦颐的《太极图说》，到后面有所谓"中正仁义"的讲法，又突然出来了一个"圣人"——《太极图说》总共十节，前面讲"无极而太极"、"太极动静"、"阳变阴合"、"五行"，到第五节，把整个《太极图》（总共五层图）就已经讲完了，已经讲到"万物生生，而变化无穷焉"了。因为《太极图》到最后也就是"万物化生"。有意思的地方就在这里：《太极图说》十节，前五节，可以说是在讲《太极图》，但从第六节开始，突然就讲到人的问题："惟人也，得其秀而最灵"、"圣人"、"君子"、"原始反终"。前面说，周敦颐《太极图》的每一层图，其实都已经配有文字。如果《太极图说》还是重复这些话，周敦颐就没有必要再做这个《说》了。所以《太极图说》最大的意义在哪里？它真正有价值的内容，在于第六节到第十节，从"惟人也"到"大哉易也"——《太极图》上没讲的部分，周敦颐通过《说》来讲了；《图》上没有表示出来的部分，就是人文世界的部分。

于昊甬：第二层图的"阳动"和"阴静"，是应该连着读，还是分开来读——一边是阳、一边是阴，一边是动、一边是静？因为如果按照朱子的《解》或者《图说》，应该是"静阴"、"动阳"才对吧？如果读成是"阳动"、"阴静"，感觉是在说阴阳自己的动——阳自己在动，阴自己在静。

师：我大概能明白你的困惑。首先，关于定名，一开始我就讲了，第一层图是太极，第一层图的太极怎么和第二层图的阴阳建立关系？——是"太极动而生阳"、"静而生阴"，所以从这个角度来讲，是"动阳"、"静阴"。但是周敦颐的写法是"阳动"、"阴静"，这就像你刚才所讲的，感觉好像是阳自己在动、阴自己在静。我觉得，他的这种写法的意思是：阳在动，阴也在动；这实际上是他后文所讲的，"阳变阴合"。不妨看朱子《太极图解》：

> ◯之动而阳、静而阴也。中◯者，其本体也。☾者，阳之动也，◯之
> 用所以行也。☽者，阴之静也，◯之体所以立也。☽者，☾之根也。☾者，☽
> 之根也。

"☾者，阳之动也"，就是"阳动"了，被称为"太极之用"；"☽者，阴之
静也"，就是"阴静"了，被认为是"太极之体"。后面我们还会讲，在《太极
图说解》"附辩"部分，有人提出了这样的观点，即认为周敦颐有点把"阳动"
当做太极的本体了。（"又有谓仁为统体，不可偏指为阳动者。"）这的确是《太
极图说》的一个理论问题，即到底应该把"静"还是"动"作为本体。如果把
"静"作为本体，就有人会因此质疑周敦颐到底是不是儒家。关于这一点，我
们后面再说。

第六讲

　　《太极图解》"此无极二五所以妙合而无间也"句前插图诸本有异，正确的图案应当是一个圆圈加上面四条线的图形。《太极图》第二层图之间的连线，反映的是五行的相生而非相克关系。朱子所谓"五行一阴阳"，暗含了数目为二的"阴阳"与数目为五的"五行"之间在生成上的一种内在矛盾。朱子关于"五殊二实"的表述，应当这样理解：因为太极是"本"，且只有一个，所以称之为"一本"。"五行"的数字为"五"，"五"比"一"多，对应于"理一分殊"的"殊"，因此"五行"被称为"五殊"；阴阳为数有二，"二"既不是"殊"，也不是"一"，朱子另想了一个词"实"来称呼，就是所谓"二实"，"二实"即"二元"。

　　明周木本《濂溪周元公全集》，以及中华书局本《周敦颐集》（其底本是清贺瑞麟《周子全书》本）所载《太极图解》，都有这样一句话："此以上引《说》解剥《图》体，此以下据《图》推尽《说》意。"国图藏宋刻本则没有这句。①

---

① 台湾故宫博物院藏宋淳熙间福建刊《晦庵先生文集》以及元黄瑞节编《朱子成书》所载《太极图解》皆有此句。

具体来讲，在"惟人也"以上，是"引'说'解剥'图'体"，所谓"说"，是指周敦颐的《太极图说》。"惟人也"以下则是"据'图'推尽'说'意"。对于这句话，我们需要注意一下，它对我们理解朱子《太极图解》有提示意义。

另一个值得注意的地方是"Ｗ，此无极二五所以妙合而无间也"当中的插图"Ｗ"，它是有点像眼睛加眼睫毛的样子。实际上，它指的是第三层图下方小圆和木、火、水、金的四条连线。不过，在中华书局本《周敦颐集》里，这个图的样子是❀。整理者说："原作Ｗ，据吴兴费氏本改。"（《周敦颐集》，北京：中华书局，2009 年，第 2 页）可知，是整理者将原来相对简单的图改成了这个复杂的图。我们现在要做的是，来研究一下，到底哪一个图是对的？所谓"吴兴费氏本"，在整理者的《校点说明》里只字未提。这很奇怪。①

不管中华书局本的底本到底是什么，我们想知道的是，这个改动到底对不对。我们来看《宋元学案》——《濂溪学案》没有附朱子的《太极图解》。我们再看宋刻本，它的图也是"眼睛和眼睫毛"，Ｗ。不知道中华书局本《周敦颐集》的整理者究竟根据什么认定"吴兴费氏本"的图就是对的。

从现在的调查来看，周敦颐文集比较好的本子有两个，一个是比较早的宋刻本，另一个是编校比较好的明代周木本。这两个本子，在这个地方，都把插图画作眼睛和眼睫毛的形状。而中华书局的校点本，却搞出这么一个复杂的图❀。我的判断是，一个圆圈加上面四条线的图形应该是正确的。为什么呢？因为，如果我们联系上下文看，《太极图解》这句话的前一句是这样的：

　　五行一阴阳，五殊二实，无余欠也；阴阳一太极，精粗本末，无彼此

---

① "吴兴费氏"不详何人。粟品孝《历代周敦颐文集序跋目录汇编》（上海古籍出版社 2020 年版）对此亦无交代。

也；太极本无极，上天之载，无声臭也。五行之生，各一其性，气殊
质异，各一其〇，无假借也。

它已经讲到《太极图》的第一、二层图，以及第三层图的上半部分
（五行）了。而朱子的《太极图解》，又是对《太极图》各部分从上至下、从左
至右依次的说明。宋刻《元公周先生濂溪集》的插图①，不仅排版上没有排在
一行，把图半截弄断了，而且把第二层图也画错了——中
间的小圆被对半分开了。要找到一个完全画对的版本，真
的好难啊。

不过，恐怕也只有专门的研究者才会去仔细研究这个
图。一般的学习者都"大而化之"了。图的研究，本身就
是比较难的，图像都很容易被搞错。不要说古人，就是现
代人，搞错的更多——看郑吉雄的书就知道。他列了那么
多错误的图。现代研究者，把《太极图》弄对的，真是寥
寥无几。

宋刻《元公周先生濂
溪集》"五行一阴阳"
句前图

这段话的意思是在倒推，由五行到阴阳——五行是"五殊"，阴阳是"二
实"，"五殊二实，无余欠也。"再由阴阳到太极，由太极到无极——由下至
上，逆推上去。接下来的话是："此无极二五所以妙合而无间也。"所谓"无极
二五"，实际上就是指前一句话的无极、太极、阴阳、五行，亦即第一层图、
第二层图和第三层图的五行部分。如果这里的插图是中华书局本的这个〇的话，
它的问题在于：这个图画了很多线，而把所有连线贯穿的五行都略掉了。而
且，你们有没有发现——这个图画得连线也不对——怎么会有这么多线？

---

① 原刻本插图因排版不当，分成两截，放在两行，今予以复原。

我们再去看周木本，"五行一阴阳，五殊二实，无余欠也"句前的插图是，竟然一根线也没有。那么，如果这个图一根线也没有，下面的图  全部都是线，好像也有道理。所以，现在的问题，不仅仅是"此无极二五"上方的图到底是如宋刻本、明代周木本那样的眼睛加眼睫毛状 、，还是如"吴兴费氏本"的 全部都是线？更还有，"五行一阴阳"上方的图到底是如宋刻《元公周先生濂溪集》、中华书局《周敦颐集》那样的有连线之五行，还是如明代周木本的无连线之五行？

明刻《濂溪周元公全集》　　宋刻《元公周先生濂溪集》　　《周敦颐集》"五行
"五行一阴阳"句前图　　　　"五行一阴阳"句前图　　　一阴阳"句前图

（于昊甫：所以，不光有《太极图》的异同问题，还有《太极图解》当中各个小图的异同问题。）

但更前一句，"此阳变阴合"的上方插图，三个本子则是一样的（宋刻《元公周先生濂溪集》；明刻周木重辑《濂溪周元公全集》；中华书局《周敦颐集》）——它们都相当于是把四根射线和太极小圆圈拆掉之后的第三层图剩下的部分①。这个样子的第三层图，与宋刻本、中华书局本的"五行一阴阳"上

———————————

① 宋刻本的图与明周木本、中华书局本亦稍有不同：金与木之间多出一根连线。

方图的第三层图是一样的，都把四根射线和太极小圆圈拆掉了。如此一来的话，小圆圈外加四根放射线，岂不就是"眼睛加眼睫毛"的图案？（于昊甫："吴兴费氏本"的⨳，和周木本的无连线之五行，刚好可以补充在一起；小眼睫毛⨳和有连线之五行，也刚好可以补充在一起。如果认为《太极图解》这几句话的插图，需要相互之间拼在一起成为完整图，那么感觉以上几种图案之间就有这样一种对应关系。）

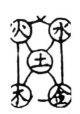

宋刻《元公周先生濂溪集》
"此阳变阴合"上方插图

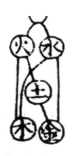

明刻《濂溪周元公全集》
"此阳变阴合"上方插图

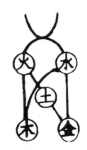

《周敦颐集》"此阳变阴合"
上方插图

无论如何，现在周木本和中华书局本的搭配都是不对的。所以，现在的问题，涉及两个图，而不仅仅是一个图。我们先来看"五行一阴阳"句上的图，再来看"此无极二五"句上的图。

假设前者的图应该如周木本那样，完全没线，那么就需要看正文文字的意思："五行一阴阳，五殊二实，无余欠也。阴阳一太极，精粗本末，无彼此也，太极本无极，上天之载，无声臭也。五行之生，各一其性，气殊质异，各一其〇（太极），无假借也。"我觉得，既然讲了"气殊质异，各一其〇"，那么这句话的图就应该带上和五行有连线的下方小圆圈，否则怎么理解？

我们再从头捋一下。《太极图解》的开头讲的是第一层图，接着讲第二层图，分左边、右边，然后开始讲第三层图。从"此阳变阴合"至于"此无极、二五所以妙合而无间也"。因为再往下的"〇乾男坤女，以气化者言也，各一其性，而男女一太极也"是对第四层图的说法。所以，这个图 ，实际上就是"阳变阴合"而生"五行"的意思。

具体来看这一部分。朱子先讲了从第二层图"阳动"、"阴静"到第三层图"五行"的过程——目前所见的各个本子上，这一阶段的图和文字都是一样的。于是，朱子具体来解释第二层图与第三层图的关系："乀者，阳之变也。丿者，阴之合也。"右边的乀是"阳之变"，因为是从☾阳到了阴的水；左边的丿是"阴之合"，因为是从☽阴到了阳的火。这些都没问题。

再逐一解释五行："㊌阴盛，故居右；㊋阳盛，故居左；㊍阳穉（是'稚'的异体字），故次火；㊎阴穉（是'稚'的异体字），故次水；㊏冲气，故居中。而水火之丿乀交系乎上（这是第二层、第三层图之间的两股交叉线），阴根阳，阳根阴也。"朱子要解释这两根线为什么是交叉的。交叉意味着什么？就是所谓"阴根阳，阳根阴"，是阴阳互为其根的意思。火和木、水和金，分别属于阴和阳——靠左边的是阳，靠右边的是阴。按理说，应该从阳到阳、从阴到阴，这两根连线应该直接下来，不相互交叉。但实际上，五行的阳是从阴里出来的，五行的阴是从阳里出来的。所以，这两根交叉线是为了表示五行和阴阳的关系和一般意义上的理解并不相同。

接下来讲"水而木，木而火，火而土，土而金，金而复水，如环无端，五气布，四时行也"。这是什么意思？其实已经说到五行之间的连线的问题了——但还没有涉及水、火、木、金和下方小圆圈的连线。（土没有和它连线；土在这里其实是一个最麻烦的问题。我们先不管它。）在这一句之前，是所谓的"阳变阴合"，生了水和火，而木、金、土还没有出来；于是再要解释木、金、土是怎么来的。所以是水生木、木生火、火生土、土生金、金生水。这就是五行之间的相生关系。

于昊甫：我感觉这一段话里面可能讲了两层意思：一层，一直到"阴根阳，阳根阴"，说的是五行的静态的排列，还没有涉及它们的动态相生——目的是要解释，五行的位置在此处为什么要这样安排；再往后是第二层，才是在说它们之间的动态生成关系。如果把"阴根阳，阳根阴"也看成对动态相生的描述的话，那么就很奇怪——因为按照后文的描述，五行应该是单一源头、单线生成的，先从阳到水，然后水到木、木到火、火到土、土到金、金到水；但以动态生成来理解"阴根阳，阳根阴"，好像意味着这个过程有两个源头，先是从阴里出来一个火，然后又从阳里出来一个水。

我觉得昊甫这个提法很有意思，注意到了朱子此处的一个问题——如果按照后文的讲法，其实从水开始就可以把五行循环生出来了，就没有火什么事了；从"阳变"生出水，就会自然的生出余下的四行。那么"阳变"就能单独地把五行搞出来。但是我想，按照朱子的理论，他其实可以做这样一种辩护：第一，从阴静、从火，也可以生出五行——如果五行相生是"如环无端"的话。假设五行的生成是从火开始的，那么，这个生成过程就是：火而土、土而金、金而水、水而木、木而火，就再开始循环了。甚至从土也可以开始：土而金、金而水、水而木、木而火、火而土；又回来了。一方面，我觉得从朱子的意思来讲可以这样说，因为五行是可以循环的。另一方面，我觉得真正的问题在于，"阳变阴合"是二源同时的，还是一源线性的？是不是阳、阴同时生出水、火，然后马上各自开始各自的生成链条，水生木、火生土？这就相当于一种"双核反应堆"的"双子反应"。真是这样吗？我觉得比较奇怪。所以，昊甫提出的问题，如果对朱子的理论真构成某种威胁，可能不是五行静态排列还是动态生成的问题，而是如何理解"阳变阴合"的具体过程的问题。

进一步说，我觉得昊甫提的问题，从终极的意义上来讲，是揭示了阴阳和五行之间的一种内在的矛盾。因为阴阳是二——我讲"阴阳是二"的意思是，它们不同于无极或太极那样都是一个东西。我们现在比较容易理解的是，从一个当中可以生出另外一个或另外两个，等等；但从两个当中生出五个，也就是说从阴阳到五行，确实很难理解。

吴国梁：这里没有明确说阴、阳直接生火、水便是两个开端；有可能五行同时都是开端——阴阳可能是直接地、一次性地就生成了五行。因为朱子没有说水、火是不是开端；他只说了他们的方位。

朱子这里说："此阳变阴合，而生水、火、木、金、土也。……水而木，木而火，火而土，土而金，金而复水。如环无端。"五行虽然是"如环无端"，但至少从这个表述，从水火的位置和第二层图阴阳的连线，能看出它们各自与阴阳有关联。

于昊甬：我突然又有个想法，是不是我们不能把这两条连线只看作第二层图的阴、阳和五行当中的水、火两个行的连线，而应该看作是阴静、阳动和第三层图的左侧（火、木之所在）和右侧（水、金之所在）两边的连线？因为水和金都是阴、火和木都是阳，只不过前一个"盛"、后一个"稚"。

这样理解可能还是无济于事。这个地方的麻烦在于，我们的确可以设想出另外一种循环：比如，很简单的一种循环，即木和其他四行组成一个大的圆，就可以从任意一个点开始循环了。但周敦颐没有这样做，而是把土放在中间，所以才会发生这样的问题。当然，现在所见的这种连线方式只是可能的一种。从数学上讲，要画一笔线，把这五行全部串起来，其实会有很多种画法。我现在要提出的问题是：就《太极图》的画法而言，显然水和土、木和土不能直接发生关系。在水、土、木之间不能直接连线，而火、土、金之间是直接连线的。这是出于什么考虑？我们能否画一个完全相反的图——火到金，绕开土；水到木，连上土。如果要对此尝试给出逻辑上、理论上的解释，那么就是：

《太极图》反映的是五行之间的相生关系，而非相克关系；要与它相反，就要按五行的相克关系重新连线。五行相生，比如火燃烧之后变成土，时间长了，土里又会生成金，从金（岩石）里面又流出了水，水又滋养出植物（木），木被点燃，再生出火。五行相克，则是：火克金，金克木，木克土，土克水，水克火。于是金和火连线，而把木绕开了；木、土、水则依次连在一起，水与火相连、金与木相连，而水和金、火和木则不连，如（左图）——这就是《太极图》第三层图的反图。原图，左、右相连；反图，上、下相连。原图，绕开土的是从水到木；反图，绕开土的是从火到金。原图，穿过土的是火到金；反图，穿过土的是从水到木。我们画出这样的图，在某种意义上就清楚了：《太极图》第三层图，原来表示的是五行的相生关系。和《尚书·洪范》的五行说法相关："水曰润下，火曰炎上，木曰曲直，金曰从革，土爰稼穑。"但我们一开始提出的问题是说：为什么"阳变阴合"出来了水、火，而水、火的反应是二源同时的，还是一源单线的？

我们还是先往下看：

五行一阴阳，五殊二实，无余欠也；阴阳一太极，精粗本末，无彼此也；太极本无极，上天之载，无声臭也。五行之生，各一其性，气殊质异，各一其〇，无假借也。

其实，难就难在"五行一阴阳"上面。五行之间的循环，何以从 A 而 B，按照刚才所说的五行相生的原理，是可以解释的。但现在，主要的问题是如何理解"五行一阴阳"？

"五行一阴阳"，其实就涉及"阳变阴合"而生"五行"。如果从水就可以直接生出其他四行，水又是"阳变"来的，那为什么还需要借助于阴呢？刚才的讨论是说，"阴合"为火，火也可以生出五行；等于说就有一个"双核"的问题。那么，"五行一阴阳"这个说法是怎么来的？以及，"五殊二实"怎么理解？"阴阳一太极"，我觉得还比较容易理解——"太极生两仪"，所以"阴阳一太极"。至于"太极本无极"，也好解释，"上天之载，无声无臭"。

关于"五殊二实"，"五殊"就是五行，五种特殊的东西；"二实"，是针对五行来讲的。这里有措辞上的一种精心考虑：太极因为是"本"，且只有一个，所以是"一本"。"五殊"，"五"所代表的数字比"一"多得多，所以是"理一分殊"的"殊"；"二"的问题比较麻烦一点，它既不是"殊"，也不是"一"，所以朱子想了一个词，叫"实"。我觉得"实"这个词用在这里可能没有什么特别的含义。"实"应该不是相对于"虚"而言的，因为我们不能说五行是"虚"的。"二实"就相当于二元。但我觉得，朱子在说这句话的时候，已经有这种意思在其中了："五行之生，各一其性，气殊质异，各一其○，无假借也。"

五行的"气"、"质"都是不同的，和阴或阳没什么关系。"各一其○"，可以读作"各一其性"或"各一其太极"。"各一其性"、"各一其○"和"各一其太极"是不是一个意思？"各一其○"的小圆圈○，是第二层图里的小圆圈，还是第三层图下方的下圆圈？

接下来，就是存在争议的插图的那句："此无极二五所以妙合而无间也。"如果"无极二五"都是在讲第三层图上方的图，那就不应该再指代第三层图下面的图吗？

于昊甫："妙合无间"是不是指，无极、二五最后都"合"在第三层图下方的小圆圈里？

我们可以看到，"各一其性"总共出现了三次："五行之生，各一其性"；"各一其性，而男女一太极也"；"万物化生，以形化者言也，各一其性，而万物一太极也"。"妙合无间"，你觉得可以归到这个小圆圈吗？我觉得，ᚚ，不应该是表示"五行之生，各一其性"，因为《太极图解》是先有图像然后用文字说明的格式。ᚚ的小圆圈，看起来也可以是"各一其〇"的意思。但这里面的麻烦在于，土没有直接和下面的小圆圈发生关联，它只有四根向上的射线——只有水、火、木、金可以归到这个小圆圈里，但土不能归到小圆圈里。

吴国梁："各一其〇"的小圆圈〇，有没有可能是五行每个字外面的、把它们各自圈住的小圆圈？

于昊甬：对，"各一其〇"的小圆圈〇，很可能就是五行外面套的那个小圈，但其实也是太极的意思。

这种可能性也有。但现在剩下的问题是：ᚚ的小圆圈是代表什么？这四根线连着下面的小圆圈ᚚ，这个图案是什么意思？如果说它代表太极，那么我们就要回答：为什么这个太极只和四个"行"有连接？它们之间的连线是什么意思？

于昊甬：我想到的一个解释就是，之所以它不和土相连，是因为剩下的四行都是有明确的阴阳归属的，但是"土冲气，故居中"。相当于，土在五行中不具有其他四行那样的实体的性质。

按你这样说，在理论上就是有欠缺的——因为你既然承认五行，就应该从土也拉出一条线，连到太极的小圆圈上来，这应该没有什么妨碍吧。这样，五行的每一个不都和太极发生关联了吗？而且，如果你不是要使得五行和太极发生关联，何必还要在五行的图下面加这个小圆圈（小太极）？画到"此阳变阴合"句前的插图 那样，不就好了吗？"此无极二五所以妙合而无间也"，"妙合而无间"意思是把无极二五合到一起来了，既然是要合到一起，为什么不把土也"合"过来？这个问题，值得再思索。

　　总之，这个图，确实有些奇怪的地方。此外，"此无极二五"句前的图，是只要画下面的这个小圆圈外加四根线，还是把五行之间的连线也都要画出来？它们都是什么意思？这就复杂了。如果我们现在不这么细讲，让你徒手画，十有八九你会画错，因为你不清楚每一根线都是什么意思，也不知道每一根线到底应该画在哪里。今天我们经过讨论，弄清楚了，水、木、火、土、金、水，它们的连线代表着相生关系，再在下面补四根线、一个小圆圈，第三层图就画出来了，这就很清楚了。否则，第三层图非常不好画。水、金、木、火的位置，就容易出错，纯粹靠机械的记忆也会记混的。

第七讲

　　周敦颐的《太极图》和《太极图说》各有分工。前者主要讲天道，后者的前五章是对《太极图》的文字性再说明之外，第六章到第十章才是它的重点，主要讲人道，这部分内容是《太极图》未能表现出来的。这可以视作是《太极图说》和《太极图》之间的某种"断裂"。《太极图》《太极图说》是解《易》之作，其中吸收了大量汉代《易》学思想，尤其体现在《太极图》第二层和第三层图上。周敦颐的《太极图说》有非常强的把宇宙生成归到"气"的倾向。在中国古代哲学气论的视域下来看《太极图说》与《太极图》的断裂，断裂只是表面上的，内在则是具有连续性的，因为"一气流行"。朱子《太极解义》对《太极图》《太极图说》比较简约的地方做了进一步的说明，其中，《太极图解》是对《太极图》和《太极图说》前五章的补充，《太极图说解》是对《太极图说》和《太极图》之间的"断裂"尤其是后者关于人道的论述加以合理的解释。朱子将周敦颐《太极图说》的"气论"、"气本论"一转而为"理论"、"理本论"。《太极解义》和《太极图》《太极图说》之间存在着微妙的张力。中国哲学的气论传统富于自身特色，利玛窦这些传教士站在西方哲学角度对其提出了质疑。

周敦颐《太极图》的每一层图之间应该是平行的关系，每一层图都是对太极相关问题的一个分析，自始至终，每一层图都围绕太极展开。第一层图，"无极而太极"，是分析太极和无极的关系。第二层图，则是分析太极和阴阳的关系。实际上，太极里面就有阴阳，而不是说"太极生阴阳"。在宇宙诞生的时候，可能说"太极生阴阳"并没有错，但至少我们现在看到的这个世界，就是一个有阴阳的世界。所以第二层图是对我们这个世界的说明。第三层图，表面看起来，好像和太极没有关系——因为没有看到太极，但实际上，如果完整地看，还是可以看到太极。它说"阳变阴合"，交代了五行和阴阳的关系。这并不意味着，是先有太极，再有阴阳，然后再有五行。也可能，在宇宙最初的时候，是存在这样的情况。但是，如果我们分析地来看宇宙的现状，五行其实是既在于这个世界里面的。或者说，我们现在已经很难找到那种纯粹的太极了——那种只有一个混沌的太极、整全的太极的情况。说到底，我们现在看到的世界，就是万物已然化生的世界。但对这个"万物化生"的世界，周敦颐的工作就好比如把它切片，然后一个一个用显微镜看，就好像他在告诉我们：你们看，太极里面有阴阳的存在，阴阳互补，"互为其根"，黑白相间，互相抱在一起。——正是根据这个图，后来韩国有"太极旗"，那个就是阴阳合抱的"阴阳鱼"形象。——如果继续对太极进行分析，你还可以看到里面的五行，再往下，就是乾道、坤道，就是男女；到最后，又是一个太极，只是这个太极里面没有画那么多东西，因为，如果要表示"万物化生"的话，岂不得要画无数小圆圈？所以周敦颐就没有画了，一方面是没法画，另一方面，他已经用文字说明其含义了，不必费力不讨好地去一个个画了。

这是把我们之前讲的东西简单地复习一遍。其实，我们前面还讲到文本的问题。本来，周濂溪的《太极图》和《太极图说》是自成一体的，至少，在他看来，《太极图》并不是要依赖《太极图说》才能被人明白。在某种意义上，周敦颐觉得，在《太极图》上，他已经做了比较完善的工作。所以，我们要强调说，它既有文字也有图。实际上，作为文字的《太极图说》揭示了义理的梗概，而图像为主的《太极图》则是以形象进行说明。周敦颐写《太极图说》，倒不是因为他觉得《太极图》有的地方没有画清楚。实际上，《太极图说》更值得我们重视的地方在于：因为图上不能写太多文字，所以，有些图上文字没法详细叙述的东西，需要专门用文字另行解释，比如，第三层图，为什么是水、火、木、金、土？为什么五行是这样排列分布的？对此，周敦颐提供了解释，虽然文字也不是那么长，但比起图上寥寥几个字，还是要详细多了。

换句话说，在周敦颐那里，《太极图说》和《太极图》是各有分工的。《太极图说》最重要的地方其实在后面。你们应该明显可以看出，《太极图说》分为两部分。第一部分，从"无极而太极"到"万物生生，而变化无穷焉"，包括了前五章，基本上是对《图》的文字性的再说明，没有什么特别的。值得注意的一点，就像刚才我讲的，各层图都要回到太极上面，它们之间的关系可以顺着推——"无极之真，二五之精，妙合而凝"，也可以逆着推——"五行，一阴阳也；阴阳，一太极也；太极，本无极也"。

第二部分，就是《太极图说》之所以成立的原因，或者说，是让周敦颐觉得《太极图》之外还要再写《太极图说》的原因。从第六章到第十章的后面五章，我认为，是《太极图说》的重点，是对《太极图》上没有画出的内容的说明。大家可能觉得奇怪：为什么《太极图》不能把这些内容画出来呢？我们如果细看，会发现，《太极图说》的后半部分其实已经涉及人道问题：首先是人——"惟人也，得其秀而最灵"；然后是圣人、君子；最后，第九章，又讲"三才之道"，这当然是引《易传》上的话，"立天之道"、"立地之道"、"立人之道"，天、地、人三才。最后，第十章，就是"大哉易也"，是一句赞辞。仅仅凭借《太极图》，我们没办法了解人、圣人、人道的部分，也没办法知道

"三才之道"是怎么回事。从一定意义上，我们可以说，《太极图》主要就是讲天道，因为它基本上是围绕着阴阳的变化画的。但周敦颐也注意到《易传》上讲地道"柔与刚"和人道"仁与义"，《易传》同时又讲"原始反终"、"死生"："原始反终，故知死生之说"。这就是《太极图说》不可为《太极图》替代的地方。

但从另一个角度看，我们也不得不说，《太极图说》和《太极图》存在着某种断裂。实际上，后来朝鲜的儒者画了很多的图，特别是很多和人道有关的图，包括天命图、心性图，这在一定程度上是对《太极图》的一种弥补。因为《太极图》本身没有讲到比如刚柔、仁义这些内容。如果我们看李退溪的《圣学十图》——《太极图》是其中之一，但另外还有很多其他图，那里就涉及人道的问题。我们说的"人道"，包括仁、义、礼、智、信，也就是所谓"五性"。——"五性"是和"五气"相联的。但《太极图》里面没有具体地说明水、火、木、金、土和仁、义、礼、智、信是怎样的对应关系。此外，《太极图》里面也没有心和性的内容。从这方面讲，韩国或朝鲜的《圣学十图》也好，《天命图说》也好，是对《太极图》精神的一种发展。当然，李退溪不是第一个做这种图的儒者，在他之前，大有人在。事实上，退溪的图，跟中国元代徽州学者程复心有关，后者把整个四书都画成了图（《四书章图纂释》）。但是这个人在中国籍籍无名。不要说中国哲学史上没有他的名字，在侯外庐的《宋明理学史》里也找不到这个人。但是他对朝鲜影响非常之大。当然，对此我们也可以解释说，因为朝鲜人说到底是外国人，对中国语言文字的理解还不够，所以他们要借助于图，毕竟文字更难一些；但这只是一方面的解释，甚至是比较浅层次的解释。

《太极图》和《太极图说》，是高度完成的作品，对于其作者周敦颐来说，不大可能会故意留一个"破绽"，而要等后人来补。《太极图》和《太极图说》，说到底，不是周敦颐的未完成稿。但是，我们今天来看，朱子的《图解》和《说解》——合称为《解义》——并不嫌多余，相反，却很重要。关于这一点，又怎么解释呢？

而且，我们现在看到的通行的《太极图》《太极图说》，都是附了朱子的《解义》的。就周敦颐《太极图》《太极图说》所要表达的理论而言，朱子《解义》的意义究竟在哪里呢？

我认为，朱子《解义》的意义就在于，他对《太极图》《太极图说》比较简约的部分，做了进一步的解释。比如，"无极而太极"——在《太极图》上就这五个字，《太极图说》里也就一句话，《图》和《说》差不多。朱子之所以要做《太极图解》，显然是因为，在朱子看来，濂溪的《太极图说》前五章对于《太极图》而言，还有一些需要解释而周子却没有解释的地方。因为我们看到，《图说》的前五章基本是对《太极图》的一种"重复"，比如文字的部分，基本上就是如此。《图》中有"阳动"、"阴静"，《图说》无非就是说得更长了："太极动而生阳，动极而静，静而生阴，静极复动。一动一静，互为其根。分阴分阳，两仪立焉。"——其实就是对"阳动""阴静"的更长文字叙述。但《图说》并没有解释"太极"和"动静"到底是怎么回事？到底是太极有动静，还是阴阳有动静？所以，这些地方，朱子是觉得必须要说明清楚。

此外，像"无极而太极"，怎么理解？尤其是，这句话还有不同的版本："自无极而为太极"、"无极而生太极"。那么，"无极而太极"到底怎么理解，就成了非常关键的问题。后面，"阳变阴合，而生水、火、木、金、土"这句，《太极图说》就这么一说完事，但这里涉及"阳变"、"阴合"的含义，以及水火木金土的位置等问题：为什么水和金排在右边、火和木排在左边、土放在中间？更复杂的是，为什么这些线要这样画？为什么火和土是这样穿过来的，以及下面这个小圆圈（也是太极）只跟四个行（水、火、木、金）连线，但不和土相连?

这些问题,求诸《太极图说》,看不到濂溪的解答。所以,朱子有必要讲明。这就是朱子为什么要作《太极图解》的原因。作《太极图说解》,也是出于类似的考虑。

我们可以这样讲:朱子的《太极图解》,是对比较简约的周敦颐《太极图》以及《太极图说》前五章的说明的补充。朱子的《太极图说解》,是对周敦颐《太极图说》和《太极图》之间的"断裂"或者后者另起的意义(关于人道)的解释。因为表面看,这种断裂让人感到奇怪:至少《图》上并没有讲人道的部分,《说》好像有所扩充,讲到人道,讲到"三才"。对此,人们会问:如果是这样,你为什么不在图上画出来呢?

顺便说,像我们这样地细读《太极图》,目前在学术界,就我所知,几乎还没有。我想,原因可能是,大家对《图》不是特别感兴趣,也觉得这个东西好像没什么好研究的,不知道怎么研究。但如果我们对每一个图都仔细去推敲去琢磨,其实是很有意思的。

针对《太极图说》后五章内容在《图》上没有反映这一点,我们可以提出这样的问题:《太极图》和《太极图说》到底是什么关系?假设《太极图说》后五章,周敦颐专门要讲人道,讲三才之道,那么,为什么他不在《太极图》里干脆再画几个呢?

事实上,这个相应的图,程复心会画,韩国人也会画。比如,李退溪的《圣学十图》,是比较集大成的。他的《天命图》,把从天到人这个过程都画出来了。如果大家有兴趣,可以自己去找来研究。

对宋明理学的研究,我自己现在会把整个东亚的东西都放在一起考虑。后面也许我还会讲到利玛窦。就我个人的研究体会,我觉得,完全局限于传统那样去讲宋明理学,其实是不大能找到什么新东西的。当然,这不是说,传统的宋明理学研究已经穷尽了，无以复加了。我只是说，虽然还有好多史料有待发掘研究，但研究的视野似乎一直没有打开。你看，甚至元代的理学都没怎么好好研究，所谓"宋明理学"，其实就是宋代和明代理学而已。很多老师指导的传统宋明理学的研究，基本上还是那些老题目——每年都有写刘宗周的，写朱子的，写王船山的，写阳明学的也一大堆，写这些人物的论文都多得不得了。为什么老是在这么小的范围里打转呢？没有人做过的东西有很多啊！中国的元代的部分，其实有很多材料，都还没人做。整个东亚的部分，就更是如此。

回来讲，根据《太极图说》的后五章，其实也可以画出相应的图——用一个图，或者一个元素，把几个概念之间的关系揭示出来。假设"人得其秀而最灵"，然后是"五性感动"、"形"、"神"——李退溪的《天命图》就有点这个味道——还有"善恶"、"万事"。仅仅就这一章，都可以画一个图。

我老师陈来先生 2016 年在希腊的中欧文明论坛发表了一篇演讲《中国文明的哲学根基》[1]，其中讲到气的问题。我自己也写过一篇文章[2]，对"气"与中西思维的差异问题有所涉及。为什么要跟你们提到这些，是因为，接下来，我想从中国哲学传统的气论来理解《太极图》的思想。

关于《太极图》，我们自始至终要记住一点，那就是，它是对《易》的解释："易有太极，是生两仪；两仪生四象，四象生八卦。"（《易·系辞》）《太极图说》最后更以"大哉易也，斯其至矣"这样的赞辞收尾。从某种意义上说，周敦颐的《太极图》《太极图说》是解《易》之作，或者说，是《易》说之作。我想，这样讲没有任何问题。虽然周敦颐自己没有明确讲这是一个《易》图。这跟张载的情况差不多。当然，张载是有所谓横渠《易》说，但是他的比如

---

① 陈来：《中国文明的哲学根基》，载《中国民族博览》2021 年第 24 期。
② 方旭东：《"天学"视野中的荀子——利玛窦对〈王制篇〉物种分类说的改造》，载《哲学研究》2020 年第 2 期。

《正蒙》，就没有直接出现《易》说、《易》解之类的题名，虽然实际上都是说《易》、解《易》之作。之前，我跟大家讲过，虽然朱子本人主要倾力于《四书》，但理学兴起的时候，那些北宋的理学家，对《易》学都普遍予以关注。现在学界对北宋理学家的《易》学研究得也比较多。

关于宋明理学研究的取径，刚刚我强调：第一，不要局限于中国本土，一定要有"理学在亚洲"的意识；第二，也不能拘泥于理学的承传，还应该从它的批评者和反对派去反观理学、了解理学更多的内容。一方面，就中国而言，比如说清代戴震对理学的批评，需要我们注意。此外，像毛奇龄这样的学者也要重视——因为涉及《四书》和《易》学的部分，毛奇龄针对的对象明显就是程、朱，尤其是朱子。另外一方面，理学的批评者还应当包括来自异质文明的传教士，诸如利玛窦。他们写了好多书，这些书，除了极个别学者之外，现在研究理学的人几乎都还没有把它们纳入研究范围。当然，这也是由于学养、学力不逮——因为你把朱子"吃"下来就已经不容易，毕竟他有那么多东西，还有王阳明，等等。但是，就理学研究本身来讲，我觉得一定要有"通"的意识。

《太极图》《太极图说》无疑都和《易》有关，如果我们仔细研究，就会发现，从第二图到第三图，也就是从阴阳到五行，周敦颐的思路其实已经有所变化。简单地说，从阴阳突然跑出五行，其实已经脱离了《易》自身的系统——《易》的系统是二进制："易有太极，是生两仪；两仪生四象，四象生八卦"，八卦然后再到六十四卦。

以前我也讲过，传统中国的宇宙论，实际上可以分出三个系统：（1）《易传》的二进制、倍数系统；（2）《老子》的三分系统："一生二、二生三，三生万物。""生三"也蛮奇怪的。直观上来讲，一个生两个，两个生四个的裂变式的生成比较常见，但为什么是一生二、二生三呢？这个"生三"到底怎么理解？

（3）"五行"的系统。现在的情况是：《太极图》《太极图说》，在某种意义上，试图整合这三大系统。为什么这样讲呢？首先，"无极而太极"这句话一直被质疑说，它和《老子》的关系到底是什么？因为《老子》的宇宙论体系，一方面是"生三"，另外一方面，它最重要的或者最明显的特征就是从无到有。"无极而太极"，在周敦颐这里，到底是什么意思？朱子当然是要把这句话解释为，"无极"和"太极"其实是一个东西，甚至说，"无极"本来就不是实体，不是那种实体性概念，真正实体性的概念只有"太极"。也就是说，宇宙的生成不是从"无"开始的。但这只是朱子的解释，我们现在很难说，周敦颐自己就是这样理解的。不管怎样，"无极而太极"总是让人感觉，他跟道家老子"以无为本"的理论有某种相似之处。此外，就是周敦颐对《易传》系统的吸收，因为他很明确地用到这些词，所谓"两仪生焉"。但周敦颐同样也把五行的系统加在里面。

实际上，整个《太极图》，我们前面一直在分析，最难的就是第二个图到第三个图，以及第三个图里面的复杂的线的画法。前面我们也讲到这个问题："阳动"、"阴静"，然后"阳变阴合"——"阳变阴合"的变化是什么？它最大的变化就是——我们以前看到，好多版本的图都"裁"在把第二个图和第三个图之间画成了小半圆，它不是半圆，它实际上是一个扭过来的交叉线，就代表阳变到阴了、阴变成阳了。实际上这个观念，就涉及周敦颐的《易》学思想和汉代《易》学的关系：实际上，周敦颐吸收了很多汉代《易》学的东西。

汉代《易》学，一言以蔽之，一曰象数，二曰阴阳学说。当然，朱子自己在《易》学上主张象数。但是，刚才讲过，很多北宋理学家关注《易》学，像程颐和张载，他们的《易》学就不是象数学的，而更多是所谓义理《易》学。但是周敦颐吸收了汉代《易》学思想，比如像虞翻、孟喜、京房的三家《易》。这些人的《易》学，很重要的部分，就是象数。

"象"和"数"其实各有所指:"数",就是数字推演,"象",就是图像。所以有所谓"河图洛书"等非常复杂的图像,也有计算的部分。邵雍实际上是把象数《易》发展得更加充分了,而周敦颐与之相比,其实主要取了"象",而没有取"数"。他对汉代《易》学的吸收,在第二图和第三图上表现得最为明显。第一,就是关于"阴阳互为其根"的问题。这个部分最难理解,通常也是被认为和道教"丹学"有关——第二个图看起来和坎、离两个卦很像,被认为是所谓"水火匡郭图"。但是,在周敦颐自身的系统或者理学自身的系统里,应该怎么来解释这一点?朱子解释为"阴阳互为其根"。

阴阳怎么生出五行?按照现在科学思维来看,这完全是一种想象,是一种所谓"思辨",但是,在周敦颐那个时代,在朱子那个时代,他们并不这样认为,他们对此深信不疑,但他们也不是盲从盲信,他们也是要讲出一番道理。他们用自己的语言说明,是怎么从水再到火,再到木,再到金,再到土,所有这些,再怎么收到了太极里面。这个部分,其实是朱子要帮周敦颐讲清楚的地方。

太极作为元气,或者阴阳作为两气,这都没有问题,周敦颐后面用了一个词,叫"二五"。《太极图说》第五章:"无极之真,二五之精,妙合而凝。……二气交感,化生万物。万物生生,而变化无穷焉。"又讲"五行一阴阳",五行也变成了五气。所有元素都变成"气"了。因此,周敦颐的《太极图说》有非常强的把宇宙生成归到"气"的倾向。

我们都知道,平常的哲学史或理学史教科书有一个讲法:周敦颐提供了一个理学的宇宙论或者本体论模式,太极作为道、作为理、作为本体。但实际上,如果我们仔细来看《太极图说》,前五章固然是对《太极图》的文字性重复,一个"加长版",但是它也有一些可以让我们读到更多信息的地方,那就是:它明确五行、万物都可以归到太极,又暗示太极和阴阳、五行都是气。

　　首先，关于五行，它讲"五气顺布"。"五气"这个讲法，在最早的邹衍《五行说》里，本来是没有的。后面周敦颐又讲"二五之精"、"二气交感，化生万物"。二也是气，五也是气，到最后，"二气交感，化生万物"，万物都是从气出来的。从这一点来讲，周敦颐《太极图说》的气论的成分非常明显。但是朱子作《太极图说解》，很大的贡献或用意，就是把气论扭转到道论或"理论"，将周敦颐《太极图说》的"气本论"一转而为"理本论"——可以说，朱子通过《太极解义》成功地实现了这一点。所以，我们要明白，《太极解义》和《太极图》《太极图说》之间，其实也有很微妙的张力。现在我们就是要把它们各自的重点分析出来，这是我们细读《太极图》《太极图说》的一个很重要的工作。今天我们还是先来讲气论的部分。

　　就周敦颐《图》和《说》，气论的成分非常之重。甚至，我们可以说，整个中国哲学，气论的特征都是很明显的。给大家看陈来先生的这篇文章，是从比较意义上来讲的，特别说到宇宙论的问题。首先他讲了一个所谓"有机主义"的问题，即：中国宇宙生成论的整体性、关联性。

　　　所谓有机主义，是指这样的看法，事物各部分相互关联、协调，而具有不可分的统一性。由于中国的宇宙生成论主张宇宙是一个有机的过程，其各个部分都从属于一个有机的整体，它们都参与到这同一个过程的自我产生、发展和相互作用之中。这是中国文明对世界和事物关系的理解和解释。中国的宇宙论思维既强调连续性、动态性，又强调整体性、关联性。李约瑟（Needham）也强调，中国人把所有事物都看作有赖于整个世界有机体而存在的一部分，这是一种特有的思想方式，和机械论是不同的。在这样一种世界观里，宇宙各个组成部分相互依赖，自发而协调地合作，没有任何机械的强制；和谐是自发的世界秩序的基本原则，宇宙整体是一个没有外来主宰者的各种要素的有序和谐。欧洲学者也曾把中国人的这种思维方式称作关联性思维（correlative thinking），即把各种事物看成关联性的存在。

中国思维重视存在的连续和自然的和谐，更多地通过中国哲学自身的概念来加以表达的。在中国哲学中，气论是一个基本的形态。气的哲学是中国古代存在论的主要形态。中国文明所理解的宇宙是动态的有机体，宇宙的实体是生命力——气，气是空间连续的物质力量，也是生命力量。由于气在宇宙构成的意义上是物质性的元素，宇宙论的气论代表了中国哲学从物质性的范畴解释世界构成的努力。在中国哲学中，"物"指个体的实物，"质"指具有固定形体的东西，有固定形体的"质"是由"气"构成的。未成形的"气"则是构成物体的材料。中国哲学中所说的"气"，是指最微细而且流动的存在物。（陈来：《中国文明的哲学根基》）

所谓"存在的连续"，如果我们用周敦颐的语言来讲，就是从太极到"二五"到万物："五行一阴阳，阴阳一太极"；再倒过来说，"无极之真，二五之精，妙合而凝"。从太极到万物，整个宇宙都是连续的，你可以顺着推下来，也可以反着推上去，万物都有太极，万物又是从太极、阴阳二气出来的。所以陈来先生说，中国哲学的宇宙论和西方哲学的宇宙论的差异，就在于它强调连续性。这种连续性，具体来讲，就是气论。所以陈来先生讲："气的哲学是中国古代存在论的主要形态。""气是空间连续的物质力量"，这个讲法很可玩味。

我们知道，有一个讲法说，只是到张载那里，"盈天地间，一气而已"、"太虚即气"，才是气论。这是 1949 年之后讲中国哲学的一个套路，区分气论、理论、数论，还包括所谓心学。但是，即便是王阳明这样的所谓心学家，他理论中的气论的成分也是非常明显的：他讲"良知"讲"万物一体"，是用"气"

来做串联的。所以，我们必须对中国哲学的气论有一个辨正：我们不能像以往那样，把中国哲学的气论简单地等同于唯物论。因为，在唯物、唯心二分法这种模式下，很容易把中国哲学当中的气论向唯物论那边靠。但这种唯物论的气论理解是有问题的。首先，张载固然说"太虚即气"，但他还讲"神本"、"神化"，还强调"神"的部分。所以，在张载哲学当中，大家一直争论不休的是，他的"气"和"神"到底是什么关系？或者说，二者孰为第一性孰为根本？他讲的"神"到底该怎么理解？牟宗三有一些解释。我个人理解，张载的很多讲法，一定要从它的思想来源来看——它是从《易》学里面出来的。"气本"、"神化"的讲法，其实就在《易传》里面。周敦颐也引用了这句话："原始反终，故知死生之说。"实际上，《易传》在这之后还有一段话，是关于阴阳之气、关于"原始反终"如何理解的问题。

> 《易》与天地准，故能弥纶天地之道。仰以观于天文，俯以察于地理，是故知幽明之故；原始反终，故知死生之说；精气为物，游魂为变，是故知鬼神之情状。与天地相似，故不违；知周乎万物，而道济天下，故不过；旁行而不流，乐天知命，故不忧；安土敦乎仁，故能爱。范围天地之化而不过，曲成万物而不遗，通乎昼夜之道而知，故神无方而《易》无体。（《易·系辞上》）

张载对于这个问题的一些叙述，可以看我的文章《反原与轮回——张载对"游魂为变"的诠释及其争议》①，这里不赘述了。"原始反终，故知死生之说"与"精气为物，游魂为变，是故知鬼神之情状"，这两句话是《易传》的上下

---

① 方旭东：《反原与轮回——张载对"游魂为变"的诠释及其争议》，载《周易研究》2021 年第 3 期，第 45—54 页。

文，是联系在一起的。张载的思想，需要回到《易传》当中理解。有意思的是，《太极图说》引了"原始反终，故知死生之说"这句话，而张载的"反原"论，则是从"精气为物，游魂为变，是故知鬼神之情状"这里出来的。所以，我们可以看到，周敦颐也好、张载也好，他们思想当中非常核心的内容都是从《易传》里出来的。

那么，我们怎么理解《易传》讲的这些气论部分？周敦颐注意到《易传》的"原始反终"，"原"是动词，"始"是名词，"反"是动词，"终"是名词。张载后来用了一个词叫"反原"，本来，《易传》的原文是"原始反终"，是说"反终"，但张载认为其实是"反原"，即回到它的原初。但是"反原"怎么理解？张载给人造成一种印象，似乎他是在讲"轮回"：一方面，人死气散之后，不断回到最初，另一方面，如果没有新的气出来，那就只能一直是循环。——这不正是佛教说的"轮回"吗？我的文章具体分析了：张载的意思到底是什么？为什么他会被人认为是轮回？这里面到底是怎么回事？我觉得，张载本人当然不会认同佛教，但他的很多说法的确会给人造成这样的印象——他讲"死而不亡"，又不断地讲"反原"，让读者只能认为，他是在讲轮回。所以程颐、朱子批评他，说他虽然反对轮回，但自己其实已经陷入轮回理论。这成了一个公案，后来一直到王船山还在讲，船山颇为张载抱不平：人家张载本身"辟佛老"辟得那么厉害，你怎么能说他是讲轮回？

刚才以张载为例，说张载的气论，以往人们会把它往唯物论上靠。但另外一方面，因为张载讲"神化"、讲"神"，所以现在有些论者又把他往神秘主义上靠。像我文章里提到的牟宗三、杨立华，他们对张载的"神"的理解，就是认为张载那里存在一个神秘的"神"的世界。实际上，我觉得，没有到那个程度。

总而言之，如果用唯物、唯心的模式来讲张载的气论，会遇到困难；更不用说，像王阳明这样的心学家，他也讲气，那你怎么来理解？王阳明讲心学，肯定被认为是唯心的，但他又多次讲到"气"，如说万物"一气流通"，诸如此类。所以唯物、唯心的区分用在王阳明身上，尤其遇到王阳明的气论，就立刻尴尬了。这些现象都反映，用二分法的唯物、唯心来研究中国哲学所遇到的困难和它们不相应的地方。

陈来先生讲气论是中国哲学的基础性部分，这是高屋建瓴的。无论你是所谓理学，还是气学、心学、数学，都有这个基础。而且，是从先秦，一直到明清，一直到王夫之、戴震，甚至近代的谭嗣同，中国哲学家都在讲气。所以气论是中国哲学中不可忽略的部分，陈来先生说："宇宙论的气论代表了中国哲学从物质性的范畴解释世界构成的努力。"还说：

西方哲学的原子论认为一切事物都是由微小固体组成的，原子是一种最后的不可分割的物质微粒；中国哲学的气论则认为一切物体都是气的聚结与消散。气论与原子论的一个基本不同是，原子论必须假设在原子外另有虚空，虚空中没有原子而给原子提供了运动的可能。而气论反对有空无的虚空，认为任何虚空都充满了气。中国思想的气论与西方思想的原子论，成为一种有意义的对照。中国古代哲学中讲气，强调气的运动变化，肯定气的连续性存在，肯定气与虚空的统一，这些都表现出中国哲学的特点。把中国气论和西方原子论对照的一个明显结论，就是原子论表达的是物质的不连续的性质，而气论所反映的是物质的连续性的性质。应当说，注重气的连续性，从哲学上反映了中国文明对事物连续性的重视，这与中国文明被称为"连续性文明"的特点也有密切的关系。由于气是连续的存在，而不是原子式的独立个体，因而中国哲学的主流世界观倾向是强调对于气的存在要从整体上来把握；不是强调还原到原子式的个体，而是注重整体的存在、系统的存在。因此中国哲学中常常有所谓"一气流行"（The flow and operation of undivided material forces）的说法，"一气"既表示未分化，也表示整体性，而"流行"则表示气的存在总是处在一种流动的状态之中。"一气流行"即整个世界为一连续、整全、流动之实在。这种宇宙论在中国哲学史的发展上为儒家、道家等各派哲学所共有，也成为中国哲学宇宙观的基本立场。按照这种立场，存在的整体，即是人与世界的统一，人与宇宙的统一，近代哲学的二元分裂破坏了这种原始的统一性，在现代之后的时代，人类应当返回作为人与宇宙统一性的存在整体。同时，在中国文化中，个人不是原子，而是社会关系连续体中的关联性存在一方，这种理解得到了气论哲学的有力支持。

《易经》中把阴阳作为整个世界中的两种基本势力或事物之中对立的两个方面。最著名的古代阴阳论的论断见于《易经》之《系辞》所说的"一阴一阳之谓道"，指阴阳的对立分别与交互作用，是宇宙存在变化的普遍法则。阴阳二者作为宇宙最基本的构成性要素，不仅相互对立，而且相互作用，相互感应，阴阳二者的相互配合使万物得以生成，使变化成为可能。阴阳的对立互补是世界存在与变化的根源。用关联的语言来说，阴阳是最基本的关联要素。阴阳的相互联结、相互依赖、相互作用、相互渗透、相互转化，由此构成的动态的整体变化，是中国人宇宙观的普遍意识，影响到中国文明的各个方面。

中国哲学的特点之一是注重关系，而不注重实体。实体思维倾向于把宇宙万物还原为某种原初状态，还原为某种最小实体单位，注重结果的既定实体状态，而不关注生成化育的过程；或者追求一个永无变化的实体，一个与其他事物没有关系的绝对实体。关系思维则把事物理解为动态的关系，而每一具体的存在都被规定为处在一种不可分离的关系之中，每一个

存在都以与其发生关系的他者为根据。(陈来:《中国文明的哲学根基》)

"气论与西方思想的原子论，成为一种有意义的对照"，这样的话很重要，还有，中国哲学家"强调气的运动变化"。其实，这个气，我们用太极、用阴阳，还有"五气"、五行代入，都可以。太极也可以说就是元气、"太一"；阴阳也可以说是"二气"。张载就讲："鬼神者，二气之良能也。""二气"就是阴阳。所以，用西方哲学来讲中国哲学，在这个上面会遇到很大的困难。因为中国哲学就是讲鬼神，也会讲到气上面去。那么，这个"气"，到底是一个物质性的东西，还是非物质性的东西呢？这是很麻烦的。

陈来先生讲到"一气流行"这个词。"一气"，其实就是太极，"流行"就是太极后来的流动、发散。陈先生说："(一气流行)在中国哲学史的发展上为儒家、道家等各派哲学所共有，也成为中国哲学宇宙观的基本立场。"

陈来先生讲的气论以及中国哲学宇宙论的连续性的特点这些说法，在某种程度上，可以用来回答前面我们对于周敦颐《太极图说》当中的"断裂"的疑问。表面上来看，《太极图》似乎主要与所谓天道有关，它讲的是"立天之道"："立天之道，曰阴与阳；立地之道，曰柔与刚；立人之道，曰仁与义。"可是，《太极图说》又突然加了一个人道，它们之间不是有点断裂吗？但现在，如果我们知道了，这就是中国哲学关于气论的思路，那么，我们就可以做这样的理解：可能在周敦颐自己看来，这样的联系很正常，很自然，因为从天道到人道是连续的。

顺便讲，虽然通常说天、地、人三才，但因为天与地可以合在一起，都纳入所谓道。因此，通论就是"天人之际"，细分才叫天、地、人三才。固然说"立天之道曰阴与阳，立地之道曰柔与刚"，但实际上，"立地之道"多数情况下不被提出来，现在主要就只是讲所谓天道、人道，亦即所谓"天人之际"。

如此一来，我们可以对前面的问题做一个小结：《太极图》似乎更多地在讲天道，而《太极图说》则在天道之外又补上了人道，表面上看，这里有一个断裂。但如果我们了解中国哲学及其宇宙论的连续性，那么，从天道到人道，其实是"一气流行"的。周敦颐《太极图说》第六章讲"惟人也，得其秀而最灵"。"其"是什么？"其"就是气，就是阴阳。因为人也是由阴阳之气构成的。

所以，从这个意义上来讲，人道从天道里讲出来，并没有类似西方哲学的一种断裂。我们现在之所以觉得有断裂，是因为，我们头脑当中早已接受西方哲学的"天人相分"思路，即：自然界和人类世界有一种区分。在古希腊哲学当中，有一个所谓"自然哲学"的阶段，后面又有一个所谓"伦理学的转向"。所谓"前苏格拉底哲学"，都是在讲自然哲学，讲宇宙是从水生成的，从气生成的，最后又有所谓恩培多克勒的"四元素说"。但是，到了苏格拉底，他开始关心伦理的问题，关心人世的问题，他不再关心"天上"的东西。这在西方哲学是一个很大的转向。当然，后来到亚里士多德，他又通过形上学和伦理学，把"天"和"人"的两个部分又各自发展了。亚里士多德是古希腊哲学的集大成者，是一个总结性的人物。对前苏格拉底时期所谓自然哲学家，他有所总结，这主要反映在他的《形而上学》一书。他又写了三部"伦理学"，其实是继承了苏格拉底到柏拉图的传统。柏拉图讲"两个世界"，在《理想国》当中讨论非常多的就是关于正义的问题，是对苏格拉底的一种发展。西方的"自然"与"人事"的二分，到了后来就更加明显了——科学和哲学，在近代分得非常清楚，而且各自越走越远。但是到了20世纪的时候，我们知道，有所谓"形上学终结"的呼声，因为诞生了所谓科学哲学。科学哲学的一个很重要的讲法是：哲学其实就是科学，而以前那种所谓思辨的哲学，其实是形而上学的残余。从休谟开始，就对这种传统形而上学进行打击，觉得他们讲的很多东西完全是胡扯。实际上，它有一种要以科学来统摄哲学的意味。

以上所讲西方哲学的发展，其背后都是基于中国哲学所谓"天人相分"的理解。天道是天道，人道是人道。但中国哲学讲气，认为天与人是"一气流行"的。包括中国人的气功，亦是以此理论作为基础。西方人就很难理解，你们中国人讲的气到底是什么东西？好像和意念有关，因为有所谓"气沉丹田"，气还能上升到百会穴。西方人曾经想用仪器来探测这个气，其结果可想而知。气功热的时候，很多所谓气功大师，动辄"发功"、"发气"，西方人就想知道，你们中国人讲的这个气到底是不是某种射线、某种能量？1987年大兴安岭森林大火，甚至有人建议让气功大师发功灭火。此外还有各种神奇的传闻。练过气功的人，通常都会经历一个"气感"从无到有的过程。那么，这种"气"到底是意念呢还是真的某种微细物质呢？无从验证。

所谓有机的宇宙论，其核心论点是"一阴一阳之谓道"。怎么理解呢？是不是说阴阳就是道？如果是，那么形而上和形而下就没法区分，所以朱子后来讲，阴和阳只能是形而下之气，"所以为阴阳者"才是形而上之道。但其实按照《易传》的讲法，按照《易》学的讲法，两者没有什么区别：阴阳就是道，虽然阴阳也是气。所以，在这些地方，朱子还是比较理性主义的。朱子为什么特别强调"理"？是因为，朱子觉得，形而下之气不可能同时又是形而上之道，道、气是要有所区分的。但在王阳明等心学家看来，道和气的关系反而比较好理解——它们没有什么可分的，形而上之道也就是形而下之气，道、气不分，是可以一体的。所以王阳明的思想，其特点是强调"不分"。而朱子的思想，很重要的一点就是强调"分"。这个"分"，用我们现在的话来说，比较理性主义。因为我们现在很难理解，形而上之道和形而下之气怎么能是同一个东西？

同样的道理，也许在周敦颐看来，天道与人道是不分的、连续的。可是朱子觉得，有阴阳，还要有一个"所以为阴阳"的东西，所以太极不能就是气，太极应该是"所以为阴阳"的本体——所谓道或理。

"阴阳互为其根"的讲法，也是典型的中国式思维。你看，阳转到这边，就变成了水和金、变成了阴；然后阴又转过来，变成火和木，即阳的部分。怎么阴一下又变成了阳，阳又变成了阴？但是，按照中国哲学的讲法，这很好理解："阴阳互为其根。"阴、阳抱在一起，成了第二个图，后来形象地演变为所谓的阴阳鱼图案。这些东西，在西方人看来，完全是所谓玄学，在科学面前，完全不可理喻。但是，就"思辨"即为"玄学"这一点而言，西方人也并非没有玄学，比如黑格尔的逻辑学，就是玄学。不是说，只有中国人才搞玄学。

给大家看陈来先生这篇文章，主要提醒大家注意中国哲学的气论所描述的宇宙的连续性、关联性。我自己那篇文章，则主要谈到中国气论思维与西方思维的差异。[①] 刚才讲，中国哲学的宇宙论有三大系统，其中，"四"的系统——《易传》的一生二、二生四、四生八、八生六十四，一直到万——，佛教也有，即所谓"四大"。但佛教讲的"四大"，和五行除了土之外的水火木金，都不一样。古希腊的恩培多克勒，有所谓四元素说。他的"四元素"和佛教的"四大"比较接近。两者最大的区别，是后者有一个"气"或者"风"。在这一点上，中国哲学就和他们很不一样。中国哲学是这样的：首先，有整体的气论；再具体来讲，又分出阴阳、又分出五行、又分出"二五"——气首先是整体的；如果再分，就有两种气，阴和阳；再分，又有五种气，水、火、木、金、土。对于水火木金土的五行，无论是佛教哲学还是古希腊哲学（来华的天主教传教士在哲学上继承的主要是以亚里士多德为代表的古希腊哲学），都会觉得不可理喻。第一，他们不明白，为什么气在中国哲学当中会具有这样一种本体性的地位，因为在他们的四元素说里面，气只占了四分之一；第二，他们也搞不懂为什么中国人会把金、木、水、火也包括在基本元素里。

① 方旭东：《"天学"视野中的荀子——利玛窦对〈王制篇〉物种分类说的改造》，载《哲学研究》2020 年第 2 期。

我们可以具体来看。作为耶稣会士的利玛窦，其思想是由两部分组成：哲学的部分就是古希腊哲学，主要就是亚里士多德的学说，因为当时的神学家都要学亚里士多德，他们当时讲的哲学主要就是亚里士多德哲学，他们讲的哲学家主要就是指亚里士多德。另外一个部分就是神学的部分，神学的部分就是和《圣经》有关的，复活、十字架、童贞女、灵魂升天——这个部分和柏拉图的思想也有一定的关系，但是经过基督教哲学发展得更复杂的变化。但是在哲学的部分，用我们现在的话来说，在形而上学的部分，基本上就是继承了亚里士多德的学说。所以他们接受的就是四元素说，对于中国哲学的"五行"说以及气论，就觉得不可理喻。利玛窦对于理学、中国哲学讲的"气"和"五行"，都做了批判。利玛窦把水、火、土、气叫做"四行"——他之所以把它们叫做四行（本来他们是叫四元素说，恩培多克勒就叫四元素说），是模仿中国人的水、火、木、金、土的"五行"的叫法。为了强调四行才是构成事物的真正元素，所以利玛窦特意把四行称作"四元行"，"元"就是根本的意思。利玛窦同时也批评佛教。利玛窦的很多说法，在中国人看来，和佛教很像；但利玛窦作为基督徒，他极力申明他们的天学跟佛教不一样，是两回事。他的"四行"或"四元行"，讲水、火、土、气，但佛教的"四大"，则讲地、水、火、风，看起来相似，因为"风"其实就是气。但利玛窦不承认他们一样。当然，的确，他的四行或四元行，是从亚里士多德那里来的，跟佛教没有关系。

我们说利玛窦所讲的天学，其哲学基础是亚里士多德哲学，是有根据的。因为亚里士多德就讲，动物的组成有三级，第一级是出于所谓"元素"，即土、气、水、火。不过，利玛窦与亚里士多德讲的四根或四元素已经有点不一样，他把它们叫做四行，这是有意识地模仿了中国哲学"五行"之称，而五行之间有所谓的相克相生的关系。

周敦颐《太极图》、《太极图说》，主要讲的是五行相生，即五行分别是怎么生出来的。朱子《太极图说解》："以质而语其生之序，则曰水、火、木、金、土，而水、木，阳也，火、金，阴也；以气而语其行之序，则曰木、火、土、金、水，而木、火，阳也，金、水，阴也。"《太极图解》："阳之变也"、"阴之合也"，"水阴盛，故居右，火阳盛，故居左。木阳稚，故次火；金阴稚，故次水；土冲气，故居中。而水火之交系乎上，阴根阳，阳根阴也。水而木，木而火，火而土，土而金，金而复水，如环无端。"这一段话其实就是讲五行相生。从中可以看出中国古代思维的关联性、直观性的特点。比如，"水而木"，植物没水养不活，沙漠绿洲是最明显的，有水就会长出植物。在东北，你插一根锄头柄都能长出庄稼来，因为有水。在沙漠，没水就没植物。"木而火"，就是森林起火，原始森林经常可以见到所谓"天火"——不是人为的，因为木本身也容易着火，枯叶有时候就会自燃。如果生活在有森林的地方就会知道，火灾不一定是人为造成的。"火而土"，火燃烧之后就变成土了，就是灰烬。"土而金"，土里面有金属，就是矿。"金而复水"，金属熔化了以后又变成水（液态）了。再循环，"如环无端"。反过来，我们也可以说，木克土、土克水、水克火、火克金、金克木，这是五行相克。所以，顺是相生，反是相克。

利玛窦吸收了五行相生相克的讲法，他觉得这个讲法不错，用来讲他的四行。但我们很容易发现，他讲的四行和中国的五行相比，缺了金和木。那么，他这样讲到底是什么讲究呢？他不仅不认为四行缺少金、木是一种缺憾，相反，他批评五行把金、木纳入其中，是明显的于理不通。

> 谓水火土为行则可，如以金木为元行，则不知何义矣。试观万物之成，多不以金木焉，如人虫鸟兽诸类是也，则金木不得为万物之达行也。又，谁不知金木者实有水火土之杂乎？杂则不得为元行矣。设杂者可为行，则草石等皆可置之于行之列，不独五行也，何独取金木耶？（《四元行

论》,《乾坤体义》卷上）

他讲的意思，大略是认为，金木是由水火土混合而成的（杂），相当于所谓后世化学上说的化合物，跟水火土气等元素所代表的纯净物不一样。从这个意义上说，利玛窦的讲法有点科学思维的意思。利玛窦对中国哲学的"气"论也做了批评。我们可以看到，《荀子》原话是认为，天地万物最基本的构成是气，从最低等级的水、火一直到最高等级的人，都有气。这就是我们刚刚讲到的中国哲学的气论。

> 水火有气而无生，草木有生而无知，禽兽有知而无义，人有气、有生、有知，亦且有义，故最为天下贵也。（《荀子·王制》）

可是利玛窦不接受中国哲学的"气"。朱子用"生气流行"来解释万物发生的原因，就是刚才陈来先生文章里讲的"一气流行"。朱子引"无极二五，妙合而凝"一句，就涉及刚才我们讲的周敦颐的《太极图说》。

介绍以上两篇文章，主要就是给大家看一下，作为气的五行以及中国哲学的气论思维。关于气论，日本人很早就编了名叫《气的思想》（小野泽精一、福永光司、山井湧著，李庆译，上海人民出版社，2007 年）的书，专门对中国从古到今的气论做了研究，很重要，是相关研究的基本参考书。

总之，中国哲学的气具有连续性，中国哲学用"一气流行"来解释天道和人道。但传统中国哲学有关五行的讲法，站在中国哲学之外，并不容易接受，像利玛窦，就站在西方哲学的角度对五行说提出了一些质疑。这些质疑，我们今天讲五行或气论，要予以注意。

附问答：

师：今天讲的，你们有没有什么疑问的地方？可以稍微讨论一下。

于昊甫：老师，刚才您说，从中国哲学的气论来看，《太极图说》和《太极图》之间可能不存在断裂，特别是可以把气论的"一气流行"作为理论基础，从天道推衍出人道的部分。但这样说，是不是也没有解释，为什么周敦颐最后还是没有画出来人道的部分？《太极图》终究还是结束在"万物化生"这里。

师：我们对周敦颐的《太极图》可以提出这样的质疑。从理论上来讲、从思想上来讲，我们了解了气论在中国哲学当中的重要性，以及，气论在理论上的贡献，其实就是打通了所谓的天道和人道——因为它用"一气流行"来解释天、人和万物。而且，周敦颐也分享了这样的气的思维。于是我们就可以理解，为什么周敦颐《太极图说》里会再论述到人道的部分，因为这在《图》上也没有。我们一开始的困惑是：他这样做，到底是怎么想的？从某种意义上来说，我们现在明白了：哦，原来他是这样想的——原来在他那里，气就有这个作用，就是"一气流行"；从天道推到人道，说"惟人也，得其秀而最灵"和"三才之道"，就是很自然的。当然，你讲的这个问题，也没错，为什么他就没再多画一个图呢？我觉得，是不是这个原因：因为周敦颐的重点还是在太极；如果真要多画，那要画成"人极图"了。事实上，后来，刘宗周就有"人极图"，收在他的《人谱》一书；而方以智又提出"三极"说：无极、有极、太极。方以智一家三代都是研究《易》学的——方以智的父亲方孔炤（1590—1655）、方以智（1611—1671）、方以智的儿子方中通（1634—1698）、方中履（1638—1684），三代人合著了一本书，叫《周易时论合编》。这部书分为两个部分，前面是他们认为很重要的历史上有关《易》学的一些论述；后边是他们自己关于《易》学的一些解释，本来是方以智父亲的论说，方以智做了注释，他又让他的两个儿子去整理，然后他的两个儿子也会做一些说明。所以这本书是一本比较特别的书：既有前人资料的编辑，又有个人自创的部分。在这个书里，也谈到《太极图》和《太极图说》的问题。我自己也还在研究。方以智的文献比较难懂，因为他用了很多特别的用语。而且这个人还多才多艺，非常博学，儒释道、三道九流什么都会，包括医学，他们家都懂中医。这一点，相信大家可以理解，到明末的时候，中国文化已经到"烂熟"的程度，他们是书香门第，所以中国传统文化各方面的修养都非常好。方以智还和松江的陈子龙有关系。

吴国梁：如果宇宙是"一气流通"的话，那么存在物之间的差异性是从哪里出现的呢？包括人和万物的区别、人和动物的区别，还有人与人之间的区别。

师：这是一个很好的问题。朱子后来是用"理"和"气"的差异来解决了你的这个问题。因为光有"气"很难解释这个问题——你会说，天地万物都是"气"构成的，就不应该有差别。朱子给出了一个"理气"的解释的模型：万物共有一个太极，其实就是性、理，所以万物之间是相通的，因为具有共同的本性。但是为什么大家又各有不同呢？因为他们的气不一样。但是，我们对此可以进一步追问：事物之间的差异究竟意味着什么？如果大家的"理"都是相同的话，那么还有什么差异呢？在什么意义上可以说万物是相互差异的、是不一样的？这其实是朱子的理论当中的一个困难的地方。因为到最后，他必然不得不承认说，理其实也有两种理，既有一种"总"的理，也有一种"分"的理——所谓"分"的理，其实就是变相地承认说，事物之间还是不一样的，而且这种不一样还不仅仅是因为彼此的气不一样。因为人们会问：为什么同样的理会生出不一样的气呢？所以，从理论上来讲，你的问题是可以问的，也是应当问的。理学当中，还有一个非常困难的问题，就是解释"人物性同异"的问题，就是人和物的差别在哪里。如果你讲，大家的理都一样，那么人和畜生的差异到底在哪里？所以朝鲜的儒者丁若镛（1762—1836）至死也不能接受这一点。他的这种立场和基督教的传教士是一样的，而基督教恰恰非常反对所谓气论、理论。因为按照理论来推，最后不要说人和物，就是人和上帝都是一样的。道理很简单，"物物一太极"。而在基督教看来，上帝（神）和人怎么能是同一个级别的呢？他们要坚持人和神的差异，而且觉得人和物也不能是一样的。如果按照朱子的这种讲法，甚至是豺狼那些动物，也只是"气之得其偏"。因为理学家用得气的偏、正、多、少来解释具体的人和物的不同。如果你对这个问题有兴趣，我有一篇文章① 讲到为什么利玛窦不能接受朱子所谓的"理同气异"的讲法，因为利玛窦感到，它动摇了基督教的基本立场。他们认为，上帝是神圣的，不能和人是同一个级别；其次，人是万物之灵，不能和其他的物（动物、植物以及各种物）是同一级别。在这个地方，周敦颐说"惟人也，得其秀而最灵"，于是引出问题：人和物在性上有没有差异？朱子是用"理同气异"来解释人和物的差异。这个说法的具体变化以及它所遭遇到的质疑，我那篇文章讲得比较详细，你们可以去看。我文章的意思是说，朱子自身的说法虽然有变化，但一直到最后，他也没有改变"理同"这一点——在所谓"万物同源"这一点上，朱子一直没有改变。但恰恰在这一点上，遇到了基督教传教士以及受传教士思想影响的丁若镛的质疑。中国哲学内部，到戴震出来的时候，对这个问题也有反思。

① 方旭东：《当朱子遇到传教士——从利玛窦的改编看朱子的"理有偏全"说》，载《江南大学学报（人文社会科学版）》2020 年第 5 期。

第八讲

朱子《太极解义》通常附在周敦颐《太极图》《太极图说》之后，但它并不只是一本注释之作，更应视为朱子表述自身哲学思想的原创性作品。周敦颐《太极图》《太极图说》所要表述的主要还是一种宇宙论学说，而朱子的《太极解义》则自觉地将"太极"作为本体论的核心概念，使它成为动力因和万物之性的根据。无论是"太极"还是《太极解义》，在朱子思想发展过程中都是至关重要的。《太极图》第二层图的中心小圆圈，朱子也赋予它"太极之本体"的意味，这就使得周敦颐《太极图》与道教的一些太极图相区别。

我们先回顾一下前面讲的内容。《太极图》有五层图，朱子在《太极图解》里做的工作，是对这五层的图逐一地进行解剖。在这个过程当中，他一方面充分地照顾到了周敦颐的《太极图说》，另一方面又加入了很多个人的见解。所以，综合这两方面，我在《太极图说析评》①里一方面指出朱子《太极图解》用了哪些周敦颐《太极图说》的资源，另一方面也指出哪些内容是他自己的发

---

① 此部分内容，可参见本书附录一"太极图解与太极图说"。

挥。这就可以把《太极图解》梳理得更清楚一些。统一之后的格式是：出自周敦颐原文的内容，我都加上了双引号。

"○，此所谓'无极而太极'也"这句话还是比较重要的。虽然周敦颐《太极图说》的第一章就是讲"无极而太极"，但是，不同的《太极图》，有的在第一层图的上面就没有"无极而太极"这几个字，包括我们已经看到的宋刻本。所以"此所谓'无极而太极'也"，朱子讲的这句话绝不是没有意义的——他要对《太极图》的第一层图的圆圈先做一个认定，说它是"无极而太极"。"所以动而阳、静而阴之本体也"，这是他加上去的话。"动而阳，静而阴"，其中有些值得玩味的地方。我在《析评》上的按语是：

> 太极图第二图文字，从左到右，为"阳动""阴静"。《图说》第二章云"太极动而生阳，动极而静，静而生阴，静极复动。"朱子的添加在于引入"本体"之说以解太极，即：将太极视为"所以动而阳、静而阴之本体"。周敦颐自始至终没有用"本体"乃至"体用"这样的词语解说《太极图》。

我们可以看到《宋元学案·濂溪学案》所载《太极图》之标准式（这个图唯一的缺陷就是第四层、第五层图连得太紧）。《太极图》第二层图的文字，从左到右，为"阳动""阴静"。朱子"所以动而阳，静而阴"的讲法，我们当然可以认为它是从《图说》的第二章来的，所谓"太极动而生阳，……静而生阴。"但如果细看的话，这里面还是有问题的：如果说的是"生阴"和"生阳"的话，这显然是在强调生成的结果，即，太极通过动、静生出阴、阳；甚至说，

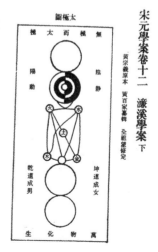

《宋元学案》太极图

"太极动而生阳"、"静而生阴",阴、阳因此是太极的动、静的不同状态——有这样的一种语境。但是,如果仅仅从图上看,有文字"阳动"、"阴静",包括后面朱子讲:"阳之动也,○(太极)之用所以行也","阴之静也,○(太极)之体所以立也。""阳之动"和"动而生阳",叙述的侧重点是不一样的。这样侧重点的不同带来的麻烦在于,朱子讲"动而阳,静而阴",虽然是从《太极图说》的第二章"太极动而生阳,动极而静,静而生阴"这句话来的,但这个问题,周敦颐自己也可能没有意识到,正如"无极而太极"这句话,周敦颐自己也可能没有意识到它是会产生一些歧义的。

我们不妨先说说"无极而太极"可能引起的歧义。我们知道,由于后来陆九渊和朱子的辩论,"无极而太极"的问题得以凸显出来。我们一开始也说了,在以《宋元学案》为代表的、标准版的周子《太极图》里(与此相对,以国图藏宋刻本为代表的《太极图》则是不标准的),有"无极而太极"这行字,但在其他版本里,要么《太极图》上没有这行字,要么《太极图说》的首句"无极而太极"有不同的写法,比如所谓"国史本"。而朱子在世的时候,就看到了周敦颐《太极图》《太极图说》的不同版本——周敦颐是北宋人,朱子是南宋人,他们之间已经隔了至少百年以上的历史;所以,朱子其实是通过自己的理解,认为当时流行的其他几种本子是错误的,比如把《图说》首句写成"自无极而为太极"。朱子的这种主张,其根据是他对《太极图说》整体或周敦颐"太极"理论本身的理解。之所以他认为应当是"无极而太极",而不是"无极而生太极"或者"自无极而为太极",最重要的理由是:朱子将无极和太极作为了同一个本体。说得更准确一点,作为本体的只有太极,无极不是一个实体概念,无极只是用来形容太极的"无声无臭"。

但是,我们现在要参这个公案,其实很难从文献上有所突破。即便我们找到一个在朱子之前的本子(实际上本来是有这样的本子,如所谓国史本),它就写着"自无极而为太极"或"无极而生太极"。假如我们完全只从文献的角度来讲,朱子的这个版本其实是他的改定本——这一点,我们在分析陆九渊和朱子的无极而太极论辩的时候,就已指出过。一般而言,陆九渊是心学的代表,但在关于比如古本《大学》、关于"无极而太极"的问题上,陆九渊倒是比较保守的,或者说,比较经学式的。而朱子则是比较革新的,有一种哲学式的理解。两人持论最大的分歧在于:"无极而太极"这句话,文字上到底是什么样的? 更重要的是,从义理上讲,太极和无极之间是什么关系? 这个世界的本初是先有无极后有太极吗? 陆九渊反复说,一个讲"无极而太极"的《太极图说》不可能是周敦颐成熟时期的作品。陆九渊这样讲,是因为他把"无极而太极"读为"先有无极而后有太极",有一个先后关系。同理,对于《太极图》而言,五层图之间是不是存在先后的关系? 我们怎么来看这五层图?

前面我讲,照我看,按照朱子的理解,《太极图》的五层图,每个图其实都是对太极的解释。它不是在描述一开始有一个像太阳一样的"太极",后面再慢慢地生成别的元素,好像太阳从升起到下落的过程。但是,这个问题的复杂性就在于,周敦颐《太极图说》里,先是"无极而太极",然后是阴阳、五行,然后又是"成男成女"、"化生万物"。——这就给人造成一种印象,似乎他是在讲一个由少到多的发生、生成过程。一般的理解,周敦颐的《太极图》就是一个宇宙论模型。而宇宙论模型,比如所谓宇宙大爆炸理论,是要解决"先后"问题的。朱子解释的最大特点在于,我反复强调,它是一种本体论思维。朱子是用本体来解释太极,他要把太极以及"道"、"理"都说成是本体或本根。如果朱子的解释就是如此,那么,朱子的《太极解义》,实际上就应当看作是他很重要的一个原创作品。一直以来,人们的看法是,周敦颐的《太极图》《太极图说》虽然经过了朱子整理,并且通行本都附了朱子的解,但不管怎么说,周敦颐的《图》《图说》应当为主,而朱子的《解义》应当为辅,因为后者只是对前者的"解"。但现在，经过我们的分析，我们已经发现：朱子在他的《太极解义》(即《太极图解》和《太极图说解》)当中，已经提出了周敦颐可能还没有那么明确的一种本体论的模式，这是朱子最大的贡献。

所以，讲到这里，我要特别指出，这是朱子著作的一个特点，甚至是中国古人著作的一个特点。朱子最重要的著作，我们现在公认是《四书章句集注》。然而，朱子的《太极解义》是不是他重要的工作呢？对此，学界并没有形成共识。多年之前，我曾经写过一篇文章，叫《朱子太极思想发微》[1]，其中有一条就是检讨陈荣捷和日本学者山井涌有关太极对于朱子究竟是否重要的争论。山井涌是东京大学的教授，主要研究明清思想，他写过一篇文章(《朱子哲学中的"太极"》，收入所著《明清思想史研究》，东京大学出版会，1980 年)，据他统计发现，在朱子的著作、文集里，"太极"出现的次数并不多，在这个发现的基础上他进一步做了考察，最后他认为，太极对于朱子思想来说并不是重要的、关键性的概念，太极可能对周敦颐来说很重要。——其实，这一点也是有争议的，比如陆九渊就说，"太极"在《通书》里面没有什么反映，"太极"在二程那里就更没有任何踪迹，当然，这是另外一个话题了，即，太极在周敦颐的思想当中究竟占有什么位置。这个问题我们暂且不提。——山井涌的研究提出了一个有意义的问题：太极在朱子哲学或朱子思想当中，究竟是一个什么样的地位？对于他的观点，陈荣捷先生写文章回应，题目叫《太极果非重要乎？》。他对山井涌的看法是不赞成的，但是他同时也承认，山井涌注意到的那些文献上的情况，是无法否定的——因为山井涌做的，是一个实证的工作。我觉得，陈荣捷对山井涌的回应，非但没有从根本上撼动山井涌，反而，在某种意义上印证了山井涌的观点。现在北师大的许家星教授，他的书《经学

---

① 方旭东：《朱子太极思想发微》，载《湖南大学学报(社会科学版)》2014 年第 3 期。

与实理：朱子四书学研究》（北京：中国社会科学出版社，2021 年）今年出版了，找我们去讨论。我发言时讲到这个问题。因为他主要研究朱子的《四书》，但他在这本书里，其实还是在重申或者重复陈荣捷当年的观点。陈荣捷的基本思想是：的确，太极很重要；但朱子的思想重心，主要还是在《四书》提供的人性修养工夫上。许家星基本上继承了这个观点，没有做更多发挥。陈荣捷的观点无异于说，太极在朱子那里当然重要，但它的确没有那么重要，如果跟"理"比起来。那么，太极对于朱子而言到底具有什么意义？我觉得，即便是陈荣捷也没有给予应有的估价。我想，这跟朱子《太极解义》的贡献和重要性还没有被充分认识有关。当然，这个状况是可以理解的，因为朱子这篇文献采用做解的行文方式，很容易被认为是附属于它所解释的原文文本的。在某种意义上，我们对《太极图解》分析得越深入，我们就越能认清这一点：至少，对周敦颐来说，他还没有明确的要把太极当作本体的意识。我们在前面的讨论当中不厌其烦地反复提到这一点。

现在给大家看我这篇旧文 ①，从中，你们可以了解当年陈荣捷与山井涌之争的具体情况。相比"理"和"气"这些词，"太极"在朱子的整个论述中，的确没有那么突出。山井涌因此认为，太极一词在朱子理论体系中并不重要。我们看一下这里的注释，山井的原话是："朱子并没有将太极纳入到自己的理论体系中而赋予其固有的地位，也没有把太极当做自己的哲学术语来使用。"（山井文章的中译，后来收在吴震、吾妻重二主编的《思想与文献——日本学者宋明儒学研究》[上海：华东师范大学出版社，2010 年] 大家可以找到。）对此，陈荣捷撰文予以回应。在这篇《太极果非重要乎?》的文章中，陈荣捷表示，山井的结论在文献上是没法推翻的，因为山井在做了非常详细的文献调查

---

① 方旭东：《朱子太极思想发微》，载《湖南大学学报（社会科学版）》2014 年第 3 期。

之后有两大发现：一，除极少数外，朱子《文集》《语类》所言太极皆与《太极图说》和《系辞》有关；二，朱子《四书章句集注》与《四书或问》都不用"太极"。山井遂认为，相对于理、气等名词，太极在朱子的整个论述中并不是那么重要。陈荣捷对山井的这个结论有所保留，他提出商榷，说："即使从哲学观点视之，太极对于朱子之理论体系亦为不可无。"这话值得玩味——什么叫"亦为不可无"？这里的语气相较前面的标题"果非重要乎？"已有所减弱。作为反问的"果非重要乎？"，蕴涵着"当然重要"这样一种毫不迟疑的看法。但是现在，他退到说："难道这是可有可无的吗？"所以，他的辩护，最大程度上也不过是说：太极对朱子来说不是可有可无的，或者说，是"不可无"的。——但是，就算你证成了这一点，这和你一开始想要证成的"果非重要乎"（"当然很重要"），还是差了一大截。我自己的看法是，陈荣捷并没有真正指出太极之于朱子的意义，当然，这和陈先生在这方面没有做更多的研究有关。陈先生的文章在某种意义上附和而不是拨正了山井涌。陈先生说，"太极"在朱子哲学上"并非不可无"，他主要是从"太极同于理"这一点论证太极观念对于朱子哲学的重要。但这个说法，难道不是在重复山井涌吗？山井涌本来就说，相对于理、气，太极在朱子那里不重要。现在陈荣捷说太极同于理，由此论证太极重要，终究转了一手，正中山井涌下怀：太极不是朱子爱用的词语，相对于理，朱子显然并不青睐太极。承认这一点，岂不是说：在朱子那里，太极已经为理所取代？所以，你这样讲，在何种意义上对山井能形成决定性的反对呢？至于许家星，他引用了陈荣捷"太极同于理"、"太极即理"诸如此类的话，他的意思其实还是这样的：朱子在自己的哲学体系当中主要用的是理、气，而不是太极。在陈荣捷的基础上，许家星更加强了这一点：朱子的《四书》更重要。《四书》当中更多的内容是有关工夫论的，而传统来讲，太极是和所谓本体论有关。

在评许家星这本书的时候，我就把这一点挑明。太极对于朱子是否重要？这是一个山井涌提出来的老问题，陈荣捷虽然做了回应，但他的回应，细看就会发现，不无自相矛盾的地方，至少，也是不彻底的。许家星旧话重提，在陈荣捷的基础上没有做什么推进。而我想说的是：太极对于朱子的确重要。重要到什么程度呢？我认为，太极是作为朱子本体论建构的一个核心概念。①

因为长久以来《太极解义》没有得到像《四书章句集注》那样同等的重视，所以大家认为太极对朱子不重要，这个思路是不对的。你在《四书章句集注》里找太极，这根本就是缘木求鱼：因为它们本来就是朱子做的两个不同的工作。《四书章句集注》的主要面向是《四书》，而《太极解义》的主要面向则是太极。甚至，我们可以说得更宽泛一点，《太极解义》的面向是《易》学。也不仅仅是《易》学，因为太极在《周易》和《尚书》当中都有。

我提出这个看法，是对传统观点的一个纠正。传统上，学者都比较重视朱子的《四书章句集注》，因为它的体量大，而且对后面的人影响广。关于《四书》，朱子还做了更多工作，比如《四书或问》，《朱子语类》当中还保留了很大一部分内容。《四书》本身体量就大。但我们不能因为《太极解义》的篇幅小，就理所当然地认为，《四书》占了朱子思想话语的主要部分，而《太极解义》则无足轻重。文字数量上，当然《四书章句集注》是更大的部头，毕竟《太极解义》就这么短，但《太极图说》本身也只有252个字啊，朱子的《太极解义》已经发挥得够多了，但还是没有超过2000字，这和《四书章句集注》根本不可同日而语。但是，文字数量上的多寡，与哲学上的重要性并不成正比。如果要讲朱子的本体论思想，尤其是他的体用论思想，当然只能去《太极解义》当中寻找。在周敦颐那里，应该还没有所谓"体用"，还没有一个明确

---

① 关于太极对于朱子究竟有多重要，笔者2022年发表的论文《太极果非重要乎？——接着陈荣捷说》（载《国际儒学》第2期）可以参看，现收为本书附录二。（2023年3月补记）

的本体思想。周敦颐的《太极图》《太极图说》，充其量，只是一个宇宙论学说。甚至，他所谓的"无极而太极"，可能原义就是：先有无极，后有太极，再有阴阳。因为《易传》本来就是这样讲的："易有太极，是生两仪。"周敦颐就是顺着这个"生"的思路讲。这就是现在我们常说的"生生论"、生成论。你看，周敦颐后面讲"万物化生"、"成男成女"，都有一个所谓"生成"的意思在其中。周敦颐原文，几乎每一步都在讲生成：《太极图》的第一层图和《太极图说》的首句，是太极的出现、太极的生成，某一版本把它写作"无极而生太极"，生成的意思就更清楚了。一上来它就是生。所以，从这个意义上来讲，《太极图》和《太极图说》要回答的问题，就是宇宙是怎么生出来的——太极是怎么生出来的，阴阳是怎么生出来的，五行是怎么生出来的，男女人类是怎么生出来的，万物是怎么生出来的。每层图、每一章都是在讲生的问题。生的问题，用西方哲学的术语来说，就是宇宙论问题。朱子却把太极讲成了本体，讲到体、讲到用。与"本体"概念相关联的，是本体论思想。当然，本体论和宇宙论也并非区别得那么清楚，但在理论上，我们还是可以把它们分析为二的。

简而言之，如果要问：朱子《太极解义》对周敦颐原有的思想添加了什么？答曰：他引入了本体之说，把太极视为"所以动而阳、静而阴之本体"。《太极解义》第一句如是说："○，此所谓'无极而太极'也，所以动而阳、静而阴之本体也。"本来，周敦颐已经有"无极而太极"的话了——我们在校阅了不同版本后确认《太极图》的第一层图上应该有"无极而太极"这句话，关键的问题就变成怎么去理解它——朱子说，太极（这个圆圈○）是本体，而且是"所以动而阳、静而阴之本体"。但是，在《太极图》《太极图说》里，周敦颐从来没有讲本体，更没有讲体用。而朱子在《太极图解》里再次明确讲："中○者，其本体也。"

可以认为，朱子在图解当中提出了第二层图的"三分结构说"：

◉，此○之动而阳、静而阴也。中○者，其本体也。☾者，阳之动也，○之用所以行也。☽者，阴之静也，○之体所以立也。☽者，☾之根也。☾者，☽之根也。

依朱子之意，《太极图》的第二层图，系由三部分构成。中间的小圆圈○，代表太极；左半边的☾，代表阳之动；右半边的☽，代表阴之静。那么，这个"三分结构说"，有什么意义？

朱子对这一层图的解说次序是：先讲中间，后讲外面，由里而外。先解释中心的图形○的意思，然后再解释包着中心图形○的外面的图的意思，又把这个外围图案分成两部分☾、☽。三部分的关系又如何？中间的○，是作为本体的太极，左边是它的用，右边是它的体，于是，这个本体向左，实现了其用；向右，确立了其体。这都是周敦颐原《图》及其《说》没有说到的意思。而且，周敦颐说"动而生阳"、"静而生阴"，他的问题意识一直在"生"上面，所以，《太极图》《太极图说》的每一步都会产生新的实体：第一步的实体就是太极，第二步的实体就是阴和阳，第三步的实体就是五行，第四步的实体就是男女、乾坤，第五步就是万物——这些所有都是实体。按照这种实体思路去理解朱子所讲的"☾者，阳之动也，○（太极）之用所以行也"、"☽，阴之静也，○（太极）之体所以立也"，是比较困难的。关于这一点，我们上次也讨论过：朱子好像并不是说，☾（阳）就是太极的用；他只是说，"阳"可以把太极的用、太极的功能予以发动、使之出动。所以这就涉及太极的动静问题：太极和动静是什么关系？或者说得更直白一点：到底是阴阳在动、还是太极在动？

这个问题并不容易回答。所以到了元、明，从吴澄那时候开始，就一直有学者在追问这个问题。太极的用就是它的动。我觉得这个意思应该是可以从朱子的解释里读得出来的。但另一方面，这也是造成混乱的原因。既然朱子强调太极是作为本体、作为理、作为道的一种存在，那么，它应该是静的，因为本体无所谓动。这就给人一个印象，似乎朱子反对以动静言太极。这样一来，问题又被推到阴阳那里，好像只能说阴阳才有动静。但在这里，朱子的意思很清楚——朱子的意思并非不可理解——太极作为本体，它具有"用"，即具有某种功能；它的这个功能，就是它能够动。如果再讲到"体"，我觉得在这一点上，朱子其实继承了程颐。

我们前面有过这样的说法，也许大家会存疑，我说周敦颐本人并没有本体的思想，对太极作本体式理解是朱子提出来的。对我这种讲法，理论上可以提出这样一个疑问：如果真是这样，那么朱子为什么要借一个和本体不相干的东西来讲本体呢？周敦颐的《太极图》也好，《太极图说》也好，到底因为什么，使得朱子看上了它们？

要回答这个问题，可以看周敦颐《太极图说》里面的一句话："圣人定之以中正仁义而主静，立人极焉。"我认为，这句话是朱子后来把"静"作为"体"，说"阴之静"是"○（太极）之体所以立也"的很重要的依据，或者说，是他当初受到启发的一个要点。朱子在这一章的《解》里面云："盖必体立而后用有以行。"

总结一下，朱子讲的本体论的内容，并非和周敦颐的《太极图》《太极图说》毫不相干。他应当是受到其中某些语句的启发或激发。但是，他的体用论模式，是从二程那里来的，具体来讲，是程颐用了这样一种模型。当然，体用思想的渊源可以追溯到二程之前，不过，就朱子本人而言，他所直接受到的理论启发，其源头是在程颐那里，这是没有什么疑问的。

我们继续看。朱子把《太极图》的第二层图分成了三个部分，先讲中心的部分，先把它确认为本体，这个本体是动静的根据和来源，即所谓"所以动而阳、静而阴之本体"。"所以"本身就是朱子所说的"理"的意思。讲到自然问题，理是所以然之故；讲到价值问题，理是所当然之则。对朱子而言，理有二义："所以然之故"与"所当然之则"。在这个地方，朱子通过"所以动而阳、静而阴"的"所以"，已经把"理"的意思放进去了。

传统上，学者们都认为：在朱子那里，"太极同于理"、"太极即理"。陈荣捷如是观，许家星亦然，而且他讲得更直白：在朱子有关《四书》的文本当中，太极完全被理取代了。他以此证明《四书》更重要。我的看法是，其实，朱子讲的理，在《太极解义》当中，恰恰是通过作为本体的太极〇而得到说明的。而他们从《四书》的角度讲，则说：在朱子关于《四书》的那么多论述里面，几乎没怎么讲到太极，而讲理、讲气却比较多。甚至推而广之，说朱子成熟时期的人性论也都是用理气来讲的。这是学界一个基本看法。所以陈荣捷当年这么讲，许家星今天还这么讲，这是可以理解的。我现在要指出的是：从朱子思想自身的发展过程来看，《太极解义》是非常重要的。周敦颐的《太极图》《太极图说》为朱子的"理"提供了其作为"所以然"的模式。因为《太极图》是一个非常直观的图，尤其在第二层图当中，太极在中间作为本体、发而为体用，它有用有体。这是太极的第一个意义：作为"所以然"、根据的意义。太极的第二个意义，跟"理一分殊"有关。朱子喜欢讲"理一分殊"，这是从程颐、李侗那里受到的启发，得到的思想。我们可以看到，在《太极图解》当中，朱子用"各一其〇（太极）"的形式对此做了说明。因为，周敦颐的《太极图说》只是讲"五行之生也，各一其性"，是朱子第一次明确地讲："各一其〇（太极）。"他还讲："☾，乾男坤女，以气化者言也，各一其性，而男女一太极也。☾，万物化生，以形化者言也，各一其性，而万物一太极也。"如此论述的太极，就是本体。

何谓本体？朱子后来借助"理一分殊"、"月印万川"来解释。月印万川的比喻涉及普遍和具体、普遍和特殊的关系。因为在存在物之间，有两种关系：一种是全体和部分的关系，另一种是普遍和特殊的关系。普遍和特殊的关系，用冯友兰喜欢讲的词，就是共相和殊相的关系。冯先生讲朱子哲学，就主要是从所谓实在论，从共相和殊相的意义上来讲，他这样讲也是有道理的。因为我们看《太极解义》，朱子已经明确地把太极作为所有存在的"性"的根据了。

刚才说，"所以"是运动的根据、原因。这就是所谓动力因问题。要讲本体论，需要处理的一个问题就是动力因问题。宇宙论讲到最后，就不能不讲到"动力"上去。大家知道，亚里士多德所说的"第一推动者"，到基督教那里就被认为是上帝。利玛窦等传教士来到中国之后，看到中国人大讲"太极"，他不能理解，在《天主实义》当中对此有很多批评。后来他说，"太极"只有在一种意义上才是可以接受的，即，理学所谓的太极，就是我们讲的上帝。为什么像利玛窦这样的传教士会如此理解太极？他的意思是说，既然太极是"所以动"、"所以静"之根据（其实"所以动"更重要，因为在西方人看来，"静"谈不上"所以"的问题，只有动才会有动力问题），而宇宙的第一推动力，在基督教哲学（神学）当中，就是上帝。亚里士多德的"第一推动者"，在基督教这里早已变成了上帝、造物主、神。可是，在朱子这里，充当第一推动者、充当基督教所谓上帝的动力因的，却是太极。也就是说，如果要讲本体，太极作为本体，相比于理，它更加直观。虽然现在大家注意比较多的，是朱子用理、气来解释这个世界，但是如果我们要考察朱子的思维，我们有理由说：朱子其实是从太极的模式当中得到启发的。否则，朱子以理、气言本体的思想，怎么会产生呢？

在《太极解义》当中，朱子对太极给出了两方面的说明：第一，太极作为动力因；第二，太极作为所有事物的"性"的根据。（这个时候，他实际上已经把"各一其性"的"性"用太极○替代了。）周敦颐虽然讲了太极，但其实他还没有像朱子这样彻底和自觉，因为周敦颐《太极图说》的原文是"五行一阴阳"、"阴阳一太极"、"太极本无极"，太极只是众多实体当中的一个，只是一个中间环节，其上更有无极。而朱子则是把所有实体都归结到太极上来讲了："男女一太极"、"万物一太极"。这种讲法，在周敦颐那里是没有的。周敦颐只讲过"阴阳一太极"，他并没有把太极的思想贯彻到底。这可能和他骨子里还没有自觉地把太极作为本体的思维特点有关。通过这些表述，我们有理由认为：在周敦颐那里，太极还并没有成为本体式概念。

　　前面说了这么多，大家一定看得出来，我非常强调朱子和周敦颐的差异，强调《太极解义》当中的本体思想，其"发明权"要归于朱子。在这一点上，朱子的确是一位具有创造性的哲学家，而不仅仅是周敦颐的注释者。

宋刻《元公周先生濂溪集》太极图

　　我们再讲一点具体问题，即周敦颐所讲的"一动一静，互为其根"的问题。刚才我已经强调，朱子明确讲，第二层图的中间部分是一个太极小圆圈○，而绝对不是像宋刻本那样一分为二，一半黑、一半白（如宋刻《元公周先生濂溪集》太极图）。但麻烦就在于，我们并没有看到周敦颐对中间的这个小圆圈有任何明确的宣示。而且，关于宋刻本的画法，我们现在是根据朱子的讲法推论说第二层图的中间部分应该是个小圆圈，而宋刻本画成了黑白对半，于是就认为宋刻本的刻工或编者水平不高，把周敦颐的意思理解错了。但逻辑上也存在另一种可能：可能周敦颐本人的意思就是宋刻本画的那样。我觉得，这种可能性也并非不存在。为什么呢？因为周敦颐讲："一动一静，互为其根"。"互为其根"的意思就是说不需要其他中介。（于昊甫：中间没有别的东西。）这也就是为什么太极图后来会变成一个

"阴阳鱼"的图案。关于阴阳鱼的样子，可参见郑吉雄《易图像与易诠释》（上海：华东师范大学出版社，2008 年）第 146 页"坎离交媾之图"。

坎离交媾之图
《金丹大旨图》

照着《太极图》第二层图的原图，大家不妨想象一下：白色代表阳爻，黑色代表阴爻。一边是两个阳爻夹中间的一个阴爻，是离卦的卦象；另一边是两个阴爻夹中间的一个阳爻，是坎卦的卦象。离卦在六十四卦当中象征着火，坎卦则象征着水，于是有"坎离相抱"或"水火互济"，后面变得更具象了，坎、离贴在一起，就成了"阴阳鱼"。（如郑吉雄书第 148 页的《太极图》）

以"水火互济"、"坎离相抱"来理解《太极图》，这个图就演变成了后世的"阴阳鱼"图案。原图中间的小圆圈其实没有任何重要性可言。所以，在后世的"阴阳鱼"图形当中，它被画成了两个"眼睛"。我们可以比对，在"坎离交媾之图"里，中心的小圆圈还是在的。但到了"阴阳鱼图"的时候，它就已经变成两个"眼睛"了。"阴阳鱼图"，就是现在韩国国旗"太极旗"的图案。（于昊甫：感觉从《太极图》原图，到"坎离交媾之图"再到"阴阳鱼图"，演化得有点太快了。）你这样来想，就容易理解了：古人，到了后世，不光道教，儒家也一样，多用"比附"思维，比如，把坎、离理解为雌、雄，而它们阴阳爻组合的样子又像鱼。从《太极图》原图，到"坎离交媾图"再到"阴阳鱼图"，是从抽象到具象的过程。按我的理解，《太极图》第二层图分为三个部分，中间是一个独立的小圆圈，外围是一左一右的黑白相间的半圆，一个是坎卦、一个是离卦。那么，你现在可以脑补想象一下，把这三部分看作是两部分——把白色的部分都连成一片，同样地，再把黑色的部分

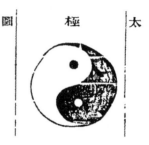

《心传述证录》太极图

也全部连成一片，这就变成两条鱼了；然后，中心小圆圈，就变成两条鱼的眼睛了。但既然已经变成鱼了，它们的两个头、两个眼睛重叠在一起肯定就不对了——于是把它们的头都重新挪开了。而且，这种阴阳鱼互抱的姿势，类似阿拉伯数字的6、9，其实是房中男女交媾的一个经典姿势。道教的很多图案，很多就与男女交媾有关。因此，"阴阳鱼图"在道教里，本身就有性交的意味。毕竟，"坎离交媾之图"，本来用的就是男女交媾之意。你完全可以通过想象，把它想象成"男女（人体）交媾之图"。类似的还有"阴阳互藏之图"（郑吉雄书，第146页）（见下图）。

阴阳互藏之图
《金丹大旨图》

看了这些图，刚才我们讲到的问题应该就更加清楚了。从古到今争论不休的问题是周敦颐《太极图》的来源。有人说它是从道教来的，还有人说它是从佛教来的。尤其是，周敦颐和道教的关系，一直讲不清楚。在这样的争论当中，最主要的一点是：如果第二层图的中心小圆圈，本来并没有像朱子解释的那样具有特殊含义，那么，对第二层图，还可以像有些古人那样把它看做"坎离相抱图"或"水火互济图"。但我认为，这些讲法都是不对的。如果你接受朱子的解释，那么，第二层图中间的小圆圈，绝不可以搭到坎卦和离卦上面去、搭到阴阳鱼上面去。

联起来，今天我们主要明确了以下几点。第一，朱子以太极作为本体的思想，与周敦颐关注"生"的宇宙论思想之间的区别。第二，就第二层图来讲，经过朱子解释，中心太极小圆圈的意义和重要性在于：它使得《太极图》和道教的"水火互济图"、"坎离相抱图"区别开来。第三，太极作为本体，有两个体现：第一，作为动力因——"所以动而阳、静而阴之本体"，以及，后面我们还要讲到的，作为万物的"性"，即万物的"所以然"、成立的根据。万物之性，用亚里士多德的话来说，就是性质、本性，"一事物之所是"，就是我们现在讲的最本质的属性，而这个最本质的属性其实就是它之所以然、一事物之所以成为这样的原因、根据。事物的"所以然"、其所是，在朱子这里，就是太极——"各一其性"、"各一其太极"。这一点，我们后面会继续讲。在《太极图》《太极图说》上面，我们慢慢去琢磨，会有很多新东西出来。

第九讲

　　周敦颐《太极图说》与朱子《太极图解》有关"五气布、四时行"的说法，涉及中国古代思想中的"五行"与"四时"关系。中国古代哲学文本当中的"五行""四时"搭配方案五花八门，《管子》《礼记·月令》等各不相同。周敦颐《太极图》以及朱子《太极解义》所载之图，不同版本差异甚大，要解决这个问题，一个新的思路是从朱子文献的版本系统入手，而不再局限于周敦颐文献的版本系统。理论依据是：我们可以根据朱子《太极图解》的文字及其包含的义理去推定正确的图该当如何。关于"五行之生，各一其性"，周敦颐的本义或许只是说五行各自的性质（气质之性）不同，并未言及太极本体和五行的关系。朱子对此做了发挥，认为五行的性质（气质之性）虽然彼此有异，但它们各自都具有太极本体。之前他将"无极"解释为"无声无臭"从而取消了其实体性质。通过这些工作，朱子成功地把周敦颐的太极学说改造为一个本体论叙述，真正确立了太极的本体地位。

　　上次，我们讲到了第二层图，主要讨论了中间的太极小圆圈，以及这个图和坎、离卦的关系。今天，我们再来看第三层图。

朱子《太极图解》："此阳变阴合，而生水、火、木、金、土也。"接下来的话，主要交代了水、火、木、金、土排列方位的讲究："阴根阳，阳根阴"，然后"水而木，木而火，火而土，土而金，金而复水"。从水开始，五行相生，这叫"如环无端"。这里值得注意的是它后面的"五气布，四时行也"这句。说五气就是五行，这没什么问题。但"四时"又是怎么回事？"四时"是怎么来的？

可以看到，周敦颐《图说》有"五气顺布，四时行焉"这样的话，所以，我们明白"五气布、四时行"其实是周敦颐的原话。但朱子对这一章的《说解》，没有具体解释"四时"，他只是提了五行的排布："以质而语其生之序"，"以气而语其行之序"云云。"四时"就是四季，春、夏、秋、冬。但《太极图》上面并没有表现四季的内容，周敦颐、朱子也都没有解释为什么把"四时"和"五行"并提。朱子好像完全不理会这里的"四时"问题。

吴国梁：朱子《太极图说解》也有一句提到了四时："盖五行异质，四时异气，而皆不能外乎阴阳。"是在解释"五行，一阴阳也"这一章。

国梁找出这句话是有意义的，让我们了解到朱子关于"四时"的其他的表述。但这话也很"没头没脑"，什么叫"四时异气"？是说春、夏、秋、冬的"气"各不相同吗？"五行异质"还可以理解，因为水、火、木、金、土，是五种物质，所以叫"异质"。可是，说"四时异气"，也就是，春、夏、秋、冬都是不同的"气"，这如何理解？

于昊甫：在解释"五气顺布，四时行焉"的时候，朱子区分了"质"和"气"，并认为，"质"和"气"还有阴和阳的属性的不同："以质而语其生之序，则曰水、火、木、金、土，而水、木，阳也，火、金，阴也。以气而语其行之序，则曰木、火、土、金、水，而木、火，阳也，金、水，阴也。又统而言之，则气阳而质阴也；又错而言之，则动阳而静阴也。"前面又说："然五行者，质具于地，而气行于天者也。"这里所谓"气行于天"，是不是就是在说"四时"？国梁引到朱子说"四时异气"，"四时"所异的"气"是不是就是五行"行于天"的气？

如果是这样，麻烦在于如何处理"五"和"四"的关系："五"怎么生出"四"？因为"五气布，四时行"，给人感觉，似乎四时是从五行里出来的。当然，它们之间也可能没有这种联系。四时明显是表示时间的概念。如果用康德的语言，也许我们可以问：在《太极图》里，时间是怎么产生的？《太极图》对时间是怎么理解的？按照周敦颐提供的这种宇宙论，最开始是"无极而太极"，是混沌一团的元气，然后从中慢慢分化出阴、阳，也就是两仪。从阴、阳两仪再到五行，勉强还可以说得通，因为朱子告诉我们：水生木，木生火，火生土，土生金，金生水，"如环无端"，勉强可以解释过去。那么，这个时候，四时是怎么突然冒出来的？

于昊甬：对于四时，我们是不是可以这样理解：五行并不是所有的五种元素都在平均地起作用。按照传统的看法，除了"土居中"之外，其他四行则分别在一个时间段内发挥主导作用，于是各形成一个季节。五行在时间上的主导力量的改变，恰恰就是"万物生生"的背景——万物并不是在五行的平均作用下诞生的，而是在五行的分次主导的"四时"的背景里，才有了所谓的"万物生生，而变化无穷焉"。

你是说春、夏、秋、冬与水、火、木、金对应？这样讲的根据是什么？为了弄清这个问题，我们需要回到汉代阴阳家的思想去看看，在那里，五行与四时之间是否存在对应关系，如果是，具体又是怎么搭配的。

于昊甬：查到一篇论文，逯宏的《论原始五行与四时的整合》[①]，其中说到

---

① 逯宏：《论原始五行与四时的整合》，载《中国矿业大学学报（社会科学版）》2011年第3期。

早期中国思想对五行与四时的搭配，也许可以参考。

我们来看这篇文章，文章说，最早试图将五行与四时相配合的是《管子》。其中，《四时篇》将东、南、西、北四方与木、火、金、水四德及春、夏、秋、冬四时对应，余下的土德则被放在火德之后，认为它"实辅四时"。《吕氏春秋·十二纪》《礼记·月令》等文献，采取了类似的处理方式，都把"中央土"附于季夏之后。《礼记·月令》：

> 先立春三日，大史谒之天子曰："某日立春，盛德在木。"
>
> 先立夏三日，大史谒之天子曰："某日立夏，盛德在火。"
>
> 季夏之月，……中央土。（郑玄注：火休而盛德在土也。）其日戊己。（《正义》曰：夫四时五行，同是天地所生，而四时是气，五行是物。气是轻虚，所以丽天；物体质碍，所以属地。四时系天，年有三百六十日，则春夏秋冬各分居九十日。五行分配四时，布于三百六十日间，以木配春，以火配夏，以金配秋，以水配冬，以土则每时辄寄一十八日也。虽每分寄，而位本未宜处于季夏之末、金火之间，故在此陈之也。）
>
> 先立秋三日，大史谒之天子曰："某日立秋，盛德在金。"
>
> 先立冬三日，大史谒之天子曰："某日立冬，盛德在水。"

可以看到，它的搭配方案是：春—木，夏—火，季夏—土，秋—金，冬—水。《淮南子·时则训》的配法跟《吕氏春秋·十二纪》《礼记·月令》大同小异。

逯宏《论原始五行与四时的整合》还提出，招摇（斗柄）指向对整合两大系统的作用不容忽视。根据《淮南子·时则训》，孟春之月，招摇指寅，其位东方，盛德在木；孟夏之月，招摇指巳，其位南方，盛德在火；季夏之月，招摇指未，其位中央，盛德在土；孟秋之月，招摇指申，其位西方，盛德在金；

孟冬之月，招摇指亥，其位北方，盛德在水。逯宏认为，五行与四时的整合，既是战国以来文化走向一统的必然趋势，也是长期以来古人观测北斗经验累积的结果。而季夏的特出，主要是为了调合五行与四时两大系统的不平衡，它本身并无特别的时令意义。

以上，我们大略了解了古人对五行和四时的搭配。古籍上的说法不尽统一，比较难安顿的是土，所以最后发明出季夏这么一个东西。季夏之说，实际上反映了古人在整合五行与四时过程中遇到的困难。

周敦颐也好，朱子也好，五行和四时的搭配，对他们来说，可能就是一个常识，他们从传统那里继承过来。周敦颐对于五行四时的问题没有多谈，也可能是因为他不想让自己陷进这个泥潭。之所以说是泥潭，是因为，在同一本《管子》书里就出现了两种不同的说法。比如，《四时篇》这样说：

> 东方曰星，其时曰春。其气曰风。风生木与骨，其德喜嬴而发生节。
>
> 南方曰日，其时曰夏，其气曰阳，阳生火与气，其德施舍修乐。
>
> 中央曰土，土德实辅四时，入出以风雨，节土益力，土生皮肌肤，其德和平用均，中正无私。实辅四时。春嬴育，夏养长，秋聚收，冬闭藏。大寒乃极，国家乃昌，四方乃服，此谓岁德。
>
> 西方曰辰，其时曰秋，其气曰阴，阴生金与甲，其德忧哀、静正严顺。
>
> 北方曰月，其时曰冬，其气曰寒，寒生水与血，其德淳越，温怒周密。

这是把东、南、西、北和春、夏、秋、冬以及木、火、金、水对应，而土则是位居中央，起到辅助的作用。《五行篇》则把一年三百六十天分成五份，每份七十二日，分别与木、火、土、金、水匹配。

所以，《管子》实际上提供了两种四时与五行的对应方案，一种是《四时篇》的，一种是《五行篇》的。在《五行篇》里，五行与一年完全对上了。

《礼记·月令》和《管子·五行篇》的分配方案稍微有点区别，但也相当于是一种五季的划分。因为，即便"春夏秋冬各分居九十日"，它们各自的九十日实际上也并不全都属于自己，其中都要割出十八天给土；凑起来土也有七十二天，四个季节也都分别只有七十二天。所以也相当于是"五季"了。只不过，这里没有像《管子·五行》讲得那么明确。而且《管子·五行》也是木、火、土、金、水的排列，和《礼记·月令》是一样的。

于昊甫：相当于土在每个季节都有一个"飞地"。

但孔颖达后面的话也有点奇怪，他为了解释"中央土"，这样说："虽每分寄，而位本未宜处于季夏之末，金火之间，故在此陈之也。"

于昊甫：我怀疑孔颖达的说法并不是《礼记·月令》本身的想法。可能《礼记·月令》本身就是在中间抽出来季夏和土单独相配，而孔颖达要把它解释成土在四时里都有分配。他说"在此陈之"，可能仅仅是出于疏不破本文的考虑。

这个地方，孔颖达《正义》的解释显然是参考了《管子》的《五行篇》（或《黄帝内经·太阴阳明论》）。

接下来还是要再找找有关五行、四时的论文。周敦颐的《太极图》，用我们现在的话来说，不是一个所谓科学的产物，而是头脑当中思辨的成果。说它科学与否，主要是讲它和自然现象能不能合起来。如果说它是思辨的，那我们还是要搞清楚他的理论根据是什么。周敦颐毕竟不是瞎想，在他那里还是有自己的一些讲究，我们现在就是要把这方面东西搞清楚。当然，在周敦颐这些讲法里面，有一些继承自古代的常识，就像我们现在看到的关于五行和四时的搭配。

于昊甫：我注意到，在 2020 年 12 月 12 日举办的"四时五行与琅琊徐福"研讨会上，曲阜师范大学研究员林桂榛发表了《阴阳五行说的源起及其衍化考》一文，其中说："阴阳"概念的实质指水分与热量，"四时"是四季大分之历数概念，"五行"是五节十月制小历数概念。中国古人尤其是孔子易学一派以"阴阳"概念与时历性的"四时五行"概念描述天道运转或大地生息，并统一于《周易》之"易"字（易字为云遮日而雨落，即变天之"变"义），实为一种相当科学性的天人自然哲学观。他认为，以阴阳变迁赅论天道变迁，以四时五行变化赅论阴阳变化，这是原始阴阳五行说的思想内涵，是中国先秦天道哲学之精华。曲阜师范大学教授姚春鹏的《五行学说的三层意涵》则指出，成熟的五行学说基本内涵是以四时（或五时）、五方为时空架构的本源论哲学。木火土金水之"五行"已经不是西方哲学意义上的物质元素概念，而是关于宇宙本体也是关于现实世界的机能性、结构性的学说。①

林桂榛、姚春鹏的论文和我们今天讨论的问题可能都有些相关。我还看到，2013 年 1 月 7 日《光明日报》第 13 版"国学"栏，林桂榛发表了一篇文章：《"五行"说源于天道历数考》。他在文中说：五行本是天文学历数概念，而非金、木、水、火、土所表示的五种材质概念。

这个讲法也许可以自成一说，但也有未尽之处。首先，他始终没有说，作为天文历数的五行，既然不是金木水火土，那么，具体是哪五种"行气"呢？其次，就算我们接受他的说法，五行本来不指金木水火土五种材质，这也不能证明周敦颐以及朱子所说的五行用的是本来义。毕竟，朱子是按照"金木水火土"的讲法来理解五行的，而且明明白白地在说材质（"质"）。林桂榛讲"五行"本来是天的时节，是指季节性的东西，相当于历时，这是可以解释五行怎

---

① 陈传照：《四时五行与琅琊徐福研讨的新成果》，载《临沂大学学报》2021 年第 5 期。

么会和四时联系起来，但这没有回答我们关心的问题。因为按照他的理解，与"四时"联系的本来就不是作为五种材质的五行。而我们的问题恰恰是：作为五种材质的"五行"是怎么和"四时"搭配起来的。

林桂榛此文为我们提供了一些新的信息，如"五行"的"行"是指"运行"，翻成英文，比较确切的应该是 five agents，而不是 five elements。但林桂榛似乎矫枉过正，把"五行"的"五材"之义与天道运动之义分得过于开了。朱子和周敦颐在《太极图》这里讲的肯定是"五材"意义上的"五行"，但与此同时，也把五行看做气，所谓"五气顺布"。就此而言，作为"五材"的五行，与"气之运行"的"五行"也许并没有那样截然的区分。更重要的是，林文的重点和我们的关心不太一样，他其实是想讲，最初的"五行"相当于"五时"，是一种历数，后来才变成"四时"。但现在我们要解决的问题恰恰是"五材"意义上的五行和四时相匹配的问题。所以我们还需要去找更多的文献。

于昊甫：找到一篇新的文献：王子剑的《阴阳与政教：关于四时五行合流何以可能的再考察——重读〈管子〉中〈幼官〉〈四时〉〈五行〉诸篇》，发表在《管子学刊》2020 年第 1 期。

总而言之，以上我们主要讨论了"五气顺布，四时行焉"、"五气布，四时行"，或者五行和四时的关系，我们也看了很多文献，但这个问题的复杂性还是很可观的。关于这一问题我们暂且搁置，接下来继续来看《太极图》的第三层图及其文内插图。需要注意，中华书局《周敦颐集》的本子是以清代贺瑞麟的本子为基础的。与此同时，可以对照着看宋刻本和明代周木本。这三个本子的图都有不一样的地方。

我们先从宋刻本看起：宋刻本的特点是：《太极图》第二层图的中心小圆圈被剖判成阴阳两半，以及第三层图少画了从水到下方太极小圆圈的线，如宋

刻《元公周先生濂溪集》太极图。以及，在《太极图解》的
"五行一阴阳，五殊二实，无余欠也；阴阳一太极，精粗本
末，无彼此也；太极本无极，上天之载，无声臭也。五行
之生，各一其性，气殊质异，各一其〇，无假借也"句前插
图，宋刻本（被截断成了两部分），在第二层和第三层图之
间没有交叉线——它们是各自独立的。而且，木和金直接连
起来了，水和木相连也经过了土，实际上就形成了一个交叉
的 X 形。但正确的画法，水和木不能直接通过土，而是绕
过去的，如中华书局本。因为水生木，水和木有"上下线"
的关系，而土则是火和金的中介，火生土、土生金。这反映
的是五行相生原理。由此可知，断然不会发生水通过土、再
到木的情况。显然，宋刻本此处的画法肯定是不对的。我猜想，这个错误可能
主要还是画图的人不懂义理而致。

宋刻《元公周先生
濂溪集》太极图

宋刻《元公周先生濂溪集》
"五行一阴阳"句前图

《周敦颐集》"五行一阴阳"
句前图

　　再来看明代周木本。两相比较，它们共同的问题就很清楚了，都是出在第
三层图的五行之间的连线。周木本的这个图，五行之间是光秃秃的。而贺瑞麟
的本子（也就是中华书局所用底本），它的线是最多的：不光有五行之间的线，

还有第三层的五行和第二层的黑白相间之圆的交叉线。

明刻《濂溪周元公全集》　　　　《周敦颐集》
"五行一阴阳"句前图　　　　"五行一阴阳"句前图

如果我们去找更多的版本，比如《朱子全书》中的《太极解义》（它是一种元刻本），会看到，那个本子已经和贺瑞麟本比较接近了。但是，周木本又是什么来头呢？

耐人寻味的是：按我们的理解，宋刻本的图是错的，到了明刻本，这个图的五行之间的线都消失了，再到了贺瑞麟的清刻本，这个图的五行之间的线又全部恢复了，而且，线画得很多、很全。所以，这个过程里面到底发生了些什么？这些版本之间到底是什么关系？是很值得探究的。我们今天首先要对这个图做一个讨论和判定——这个图到底应该是什么样子的？

要达到这个目的，我们当然还是要回到相关的文字说明上去。由于这个图是朱子在《太极图解》中画的图，所以，我们的工作实际上是要确定，朱子当年所做的《太极图解》的这个图的原图，到底是如明代周木本，还是如宋刻本，还是如清刻本的呢？

这里，复杂的地方在于，周敦颐文集有自己的一套版本系统，而朱子的著作也有自己的一套版本系统。与此同时，周敦颐的《太极图》《太极图说》，又往往与朱子的《太极图解》《太极图说解》刻在一起。

宋刻《元公周先生濂溪集》　　　明刻《濂溪周元公全集》　　　《周敦颐集》"五行一阴阳"
"五行一阴阳"句前图　　　　　　"五行一阴阳"句前图　　　　　　　　句前图

我们可以看到，《性理大全》本的这个图，和贺本是一样的。但《性理大全》是明代的，贺瑞麟的本子肯定是在它之后。明代周木本是五行之间一根线都没有的图，而《性理大全》以及贺瑞麟的《周子全书》本就开始出现了这么多线。最早的宋刻本的这个图，五行之间有线，但画得比较奇怪。

那么，《朱子全书》的《太极解义》又如何呢？之所以要了解这一点，是因为我们的思路是这样：现在涉及的文本是《太极解义》，而《太极解义》是朱子的著作，所以，实际上，我们是在探究朱子当时究竟怎么画的。如果是这样的话，借助于周敦颐或者其他人的文本，终究隔了一层，还不如直接去找朱子文集的版本系统。假设我们找到了最早的朱子《太极解义》的版本，就可以说明：对这个图，朱子当时是那样画的。因此我们首先要参考的就是《朱子全书》当中的《太极解义》。

我们可以看到，《太极图说解》的"校点说明"这样说：

> 现校点《太极图说解》，以国家图书馆所藏元刻《朱子成书》本为底本，以明初刻《朱子成书》本对校，以明嘉靖郑氏崇文堂①刻《性理大全》本、明万历徐必达刻《周张全书》本参校。(《朱子全书》第十三册，第66页)

---

① 崇文堂应为宗文堂之误。

《朱子全书》本的此处插图和贺瑞麟本一样。

好，我们稍微捋一下：在周敦颐文集的版本系统中，宋刻本的图是第三层的五行和第二层图不相连，五行之间的木、金相连，水、木通过土相连。明代周木本则是不仅第三层的五行和第二层图不相连，第三层五行之间也毫无连线。也许我们可以再找一下清乾隆二十一年江西分巡吉南赣宁道董榕编辑进呈本《周子全书》。上次我和杨柱才教授交流，他比较重视这个本子。此外，也不知道明嘉靖五年吕柟编的《宋四子抄释·周子抄释》是什么样子？其实，最好是把中华书局本"校点说明"当中提到的几个本子都去看一下。所以，现在的情况是这样：周木本很特别，因为它那里的图，在五行之间都没有画线。那么，周木本又是什么来头？从现有的相关研究来看，它是一个比较好的本子。但它的图却让人狐疑。

我们要想各种办法来解决这个问题，我现在的想法是这样：我们已经看到了朱子的版本系统里的《太极图解》，比如《朱子全书》所收的元刻《朱子成书》本。朱子的单独的《太极解义》，和周敦颐文集系统的《太极图说》，应该略有不同。因为《太极解义》是朱子的作品，其传本必然在朱子身后，而《太极图说》是周敦颐的作品，在朱子之前就有。我们希望找到较早版本的周敦颐《太极图说》，寄希望于找到朱子之前的版本，再不济，也应该是宋刻本。但我们现在看到的宋刻本并没有那么早。我的文章《朱子与濂溪诗〈读英真君丹诀〉》[①]，讨论了周敦颐早期版本的问题，其中，引用了粟品孝的说法，他认为，这个宋刻本《元公集》"当刻于宋度宗咸淳六年（1270）后不久，但必在恭帝德佑元年（1275）之前"，"亦非周敦颐文集最早宋刻"，因此它不在朱子之前。

---

① 方旭东：《朱子与濂溪诗〈读英真君丹诀〉》，载《朱子学刊》2016 年第 1 期。

《朱子全书》"五行一阴阳" 　宋刻《元公周先生濂溪集》　明刻《濂溪周元公全集》
句前图　　　　　　"五行一阴阳"句前图　　"五行一阴阳"句前图

而后来朱子还让他的学生，包括度正，对周敦颐的文献做了很多搜集的工作。所以，即便这个宋刻本，也是在南宋的朱子之后，还不是最理想的版本。最理想的情况是，我们找到了一个朱子之前的周敦颐文集的本子。这是从周敦颐文集的版本系统下手的思路。但假如从朱子的文献的版本系统下手，那么，最好就是能找到朱子《太极解义》的单刻本。

　　所以，现在布置你们分头去做这个工作：一个人去捋一下周敦颐《太极图》《太极图说》的版本系统及其演变，既包括单刻本或单行本，也包括收录它的周子文集的版本，两方面都要看；另一个人，去捋一下朱子《太极图解》《太极图说解》的版本系统及其演变。毕竟，我们现在已经有一些相关资料，不是从头做起，"从地起高楼"，否则，对你们来说难度太大了。就目前的研究现状而言，学界对这个问题并没有理得十分清楚，还大有研究空间。比如，以朱子的《太极图说解》来说，我们刚才看了元代的《朱子成书》本。但这个是不是我们现在能找到的最早的版本呢？尤其是，有没有单行本？要知道，这个只是收在《朱子成书》（相当于朱子的文章汇编）里面的。这就必然涉及两个问题，一个是朱子《太极解义》的成书过程。朱子当年写《太极图说解》，是有一个过程的。关于这一点，陈来先生的文章《朱子〈太极解义〉的成书过程与文本修订》①做过考察。朱子当年在写《太极解义》的时候，他是和张栻、吕祖谦有过一些讨论和修改的。另一个问题是朱子《太极解义》的刊刻过程。成书过程的问题落到最后，其实就是问：定本《太极解义》最原始的样子是什么？要讨论朱子的《太极图说解》，我们的根据就是原刻本。所以要看有没有可能找到朱子《太极图说解》的更早的版本。甚至，即便只是找到与《朱子成书》本不同的版本系统的本子，也可以起到参考的作用。因为我们现在只看到一个元刻本，没办法知道其他的本子是不是也是这个样子的。一条已知的线索是，台湾"故宫博物院"藏了一个朱子生前刊刻的宋本朱子文集（淳熙本《晦庵先生文集》），我们要去看，那里有没有收《太极解义》。这个淳熙本，说来很有意思，它是朱子在世的时候被人盗刻的一个本子，所以，其中收有很多朱子的未定之稿。陈来先生在《"一破千古之惑"——朱子对〈洪范〉皇极说的解释》②一文中，就根据这个本子，对朱子《皇极辨》的初本和最后定本做了比较。我们今天看到的《朱子全书》本，是朱子去世之后才编刻的。但朱子在世的时候，就有书商出于盈利的目的，把他的文章悄悄拿去刻了。朱子当时还想把这些盗刻的书收回来销毁。但总归还是有一些"漏网之鱼"，有一些本子留了下来。也幸亏留下来了，才使我们知道，他的一些文章的早期版本是什么样的。

如果研究周子文集的版本系统，还有一个问题。按道理，在周子的文献系统里，应该有《太极图说》的单行本一支。只不过，我们目前看到的都是被纳入了《周子全书》系统的《太极图说》。如果能找到一些线索，还是很有意义的。

我上次提到粟品孝的《历代周敦颐文集序跋目录汇编》(上海古籍出版社，2020年)。粟品孝可能是国内收集、经眼周敦颐文集版本最多的学者。但非常遗

---

① 陈来：《朱子〈太极解义〉的成书过程与文本修订》，载《文史哲》2018年第4期。
② 陈来：《"一破千古之惑"——朱子对〈洪范〉皇极说的解释》，载《北京大学学报（哲学社会科学版）》2013年第2期。

憾，他也不知道中华书局本校记所说的"吴兴费氏本"到底是什么情况。所以，我们需要把中华书局校点本依据的几种明清的本子，也尽量地去找一下。现在要做的，好比是对着这个插图整理出周子文集历代版本的树形图：宋代的（国图藏本）有，元代的还空着，明代的有几种，但是周木本是不是明代最早的本子？嘉靖年间吕柟的《宋四子抄释》本是什么情况？清代的有几种，比如康熙年间的张伯行本，乾隆年间的董榕本。都尽量去找一找，可能会有一些新发现。

我们研究《太极图》，又遇到朱子《太极图解》的问题，所以要做的工作，逻辑上应该包括两方面：一个是从周敦颐的文献的版本系统去找，另一个是从朱子的文献的版本系统去找。

在所有这些图找齐之前，我们先在文字、义理上着手研究。就是说，像这里的插图，五行之间到底应该是有线还是没线，以及应该画什么样的线，对于这些问题，我们先在文本上，从文字包含的义理去推究。朱子画的这些图，一开始我们是注意到下一句"此无极二五所以妙合而无间也"的插图的差异，之后又发现"五行一阴阳，五殊二实，无余欠也"那一句当中的插图，诸本也有差异。如果我们不是这样仔细地一句一句、一个一个地看，可能不会注意到有这么多异同，有这么多复杂的情况。很多研究周敦颐的学者，基本上只看宋刻本，而不管后面的版本。但是，就我们现在看到的情况来说，宋刻本肯定是有些不太对的地方。而且，说到宋刻本，其实周敦颐文集有两三个宋刻本，那么，它们是不是都一样呢？我们现在看到的只是其中一种，依据这种宋刻本的影印本和标点本已知有五部 [①]，但粟品孝书提到的宋刻本却有好几种。

---

① 周敦颐：《元公周先生濂溪集十二卷附濂溪先生周公年表一卷》，北京图书馆古籍珍本丛刊第88 册，书目文献出版社 1988 年版；《元公周先生濂溪集》，中华再造善本"唐宋编·集部"，北京图书馆出版社 2003 年版；《元公周先生濂溪集》，四川大学古籍所编，宋集珍本丛刊第 8 册，线装书局 2004 年版；《元公周先生濂溪集》，湖南省濂溪学研究会整理，岳麓书社 2006 年版；《周敦颐集》，湖南省濂溪学研究会整理《湖湘文库》，岳麓书社 2007 年版。

明刻《性理大全书》
"五行一阴阳"句前图

这个图下面的文字是:"五行一阴阳,五殊二实,无余欠也;阴阳一太极,精粗本末,无彼此也;太极本无极,上天之载,无声臭也。五行之生,各一其性,气殊质异,各一其〇,无假借也。"而"五行一阴阳"、"阴阳一太极"、"太极本无极"、"五行之生,各一其性",都是周敦颐《太极图说》当中的话(第四章)。朱子在这里主要就是要解释这几句话。问题在于:把《太极图说》的第四章画成图,是不是就是这个图?

我们现在一句一句来看。不妨先提出一个假设:"五行一阴阳"是倒推,由第三层的五行倒推到第二层的阴阳,意思是:五行是"阳变阴合"而来的,所以可以说是"五行一阴阳"。"阴阳一太极",则是说:第二层的阴阳,是根据"太极动而生阳,……静而生阴"这些话来的。因此,这几句话,"五行一阴阳,阴阳一太极也,太极本无极也",应该是一个回溯的过程,相当于在推衍(倒推)第三层五行和第二层阴阳、第一层太极之间的关系。如果是这样的话,那么,第三层五行与第二层阴阳之间的交叉线应该是要有的。我们现在试着要解决的第一个问题,是有线还是无线的问题,因为周木本已经向我们展示了一种完全无线的可能。

但这里面又出现了一个新问题:"五行之生,各一其性"怎么理解?我们现在是中国人读中文,不会涉及翻译的问题,但假如要翻成英文,"五行一阴阳"怎么翻?我们来看一下陈荣捷《中国哲学文献选编》(*A Source Book in Chinese Philosophy*, Princeton University Press, 1969),他在第 28 章 "The Neo-Confucian Metaphysics and Ethics in Chou Tun-I",翻译了周敦颐的《太极图说》(An Explanation of the Diagram of the Great Ultimate),但好像没有同时翻译朱子的《太极图解》。《太极图说》第四章,陈荣捷的英译是这样:

The Five Agents constitute one system of yin and yang, and yin and yang constitute one Great Ultimate. The Great Ultimate is fundamentally the Non-ultimate. The Five Agents arise, each with its specific nature.

可以看到，陈荣捷把"五行一阴阳"的"一"理解为"构成（constitute）"的意思，也就是说，五行构成了一个阴和阳的系统（"The Five Agents constitute one system of yin and yang"）。而对于"各一其性"的"一"，他又采用了另外一种翻法："The Five Agents arise, *each with* its specific nature"。

说"五行构成或者组成一个阴阳的系统"，是什么意思？这跟我刚才的理解是不一样的。我认为，周敦颐的原话是讲，五行可以还原到阴阳，用英语表达，好比是"The Five Agents *are due to* one system of yin and yang"，而不应该是"constitute"。（于昊甫：阴阳是五行的"源头"。）没错，我的意思是说，五行可以归结为阴阳，它是由阴阳变化而来的。我觉得我的这种理解似乎更准确，因为"阳变阴合，而生水、火、木、金、土"这句话，明显包含了这样的意思：五行是由阴阳变化生成的。

一开始我们就说过，《太极图》的五层图，每一层图都回答了一个生成的问题。阴阳是由太极生成的，太极是由无极生成的（假设我们用"无极而生太极"来理解），等等。五层图，每一层都有生的问题。第三层图讲五行是怎么生出来的，"阳变阴合而生水、火、木、金、土"；第四层"乾道成男，坤道成女"，讲男女是怎么生成的；最后一层图是"万物化生"，讲万物是怎么生成的。"生"和"成"这两个字的意思是相通的。由此来看，"五行一阴阳"这句话，应该是在说，五行是由阴阳生成或变化而来的；"阴阳一太极"则是在说，阴阳是由太极演化而来的。这样理解，决无可疑。

"太极本无极"，陈荣捷的翻译是"The Great Ultim-ate is fundamentally the Non-ultimate"。用 fundamentally 强调"本"。但这句话到底是什么意思，这样

翻之后，好像也不是很清楚。而且，他造了一个词："the Non-ultimate"。这恐怕是有问题的。因为朱子一直强调"无极"不是一个固定名词，而是一个形容词。现在陈荣捷把无极翻成"the Non-ultimate"，就把它作为一个和太极并列的名词了。朱子的理解是，并没有一个名为"无极"的专门的东西，无极只是用来形容太极的"无声无臭"。所以，无极其实是一个形容词。既然它是形容词，翻成"the Non-ultimate"这种名词形式，那就是把朱子的意思改变了。

既然"五行，一阴阳也；阴阳，一太极也"可以理解为：五行是从阴阳变化而来的，阴阳是从太极变化而来的。那么，"太极本无极"，按照相似的模式去理解，就应该是：太极是由无极变化而来的。这个意思实际上就是在说"无极而生太极"。关于《太极图说》首句的异文，前面说过了，有两种：1）"无极而生太极"，这是临汀杨方（字子直，号澹轩，朱子门人）所得的九江故家本（九江周敦颐家传本）；2）"自无极而为太极"，这是洪迈《国史》本（国史馆所存档案本）。①

中华书局 1986 年标点本
《宋元学案》太极图

我感觉，"自无极而为太极"应该是"无极而生太极"的一种传走样了的版本。我个人意见比较倾向，周敦颐原文应作"无极而生太极"。当然，如果真是这样，那么，周敦颐和朱子的差异就非常大了。

中华书局 1986 年标点本《宋元学案》的《太极图》，从"土"那里往下方的太极小圆圈连了一条线。但我们前面看过的《黄宗羲全集》本《宋元学案·濂溪学案》（《黄宗羲全集》第三册，杭州：浙江古籍出版社，1992 年）的图就不是这样。如果像《宋元学案》

① 详杨柱才：《道学宗主：周敦颐哲学思想研究》，人民出版社 2004 年版，第 27 页。亦可参考李申：《易图考》，中央编译出版社 2018 年版，第 4—5 页。

那样画，"此无极二五"上面"眼睛外加眼睫毛"的图形，当中的"眼睫毛"就变成五根了。

《宋元学案》的中华书局标点本，和《黄宗羲全集》收的《宋元学案》，出自不同的版本系统。这就好比，朱子文集版本系统的《太极图解》《太极图说解》与周敦颐文集版本系统里的《太极图》所附朱子《解义》不是一回事。后者的样貌并不能代表或说明朱子原文的样貌。同样道理，《宋元学案》的中华书局标点本（虽然我们现在还不太清楚它的具体版本来源），和《黄宗羲全集·宋元学案》的《太极图》，因为出自不同的版本系统，它们有所差异是不足为怪的。

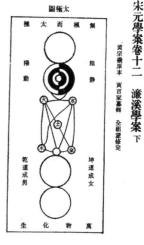

《宋元学案》太极图

实际上，像黄宗羲、刘宗周这些古人文集的版本情况，确实挺复杂的。我们做研究，要特别注意这一点。黄宗羲的《宋元学案》，后来还由全祖望（全谢山）、黄百家等人不断地增补修订。其传本与黄宗羲本人最初的原本之间有很大差异。关于这方面，学者已经有很多研究了。严格说来，《宋元学案》应该叫"黄、全《学案》"，而不是"黄宗羲《学案》"。黄宗羲本人做的工作，和我们今天看到的《宋元学案》，面貌差别相当大。如果你要研究黄宗羲的思想，最好还是要去找黄宗羲自己最初的原本。但是，克实而言，现在做思想史研究、哲学史研究的学者，很多人已经没有这个概念，没有这个意识了。我们这个课，反反复复跟大家强调这种意识。我们现在研究朱子的《太极图解》，如果没有弄清楚朱子当年的原本到底是什么样，那就完全是在瞎讲。我们这一次是因为比较了好多版本的图，发现了差异，才了解：原来朱子的《太极图解》不是那么简单的事，完全有必要搞清楚，到底哪一个才是所谓原本。假如我们都不知道朱子当年的《太极图解》到底是什么样的，然后根据随便找来的一个什么本子，就说朱子当年是这样理解的，那是要不得的。

话说回来，本来我们就不应该根据《宋元学案》的《太极图》来判定周敦颐的原图，它最多只是一个参考。而且，将其列为参考，还会产生很多新的问题，因为《宋元学案》有自己的版本系统，它本身经历了多次刊刻。再者说，《宋元学案》上的图，和黄宗羲当时看到周濂溪的图，未必就是一回事。黄宗羲已经是明代人了，即便我们找到黄宗羲《宋元学案·濂溪学案》的原本，也只能说，这是黄宗羲自己画的图，我们甚至都不能说这是黄宗羲看到的图。因为，完全有可能，黄宗羲画错了。这就是顾颉刚说的"层累地造成"。古籍流传过程中，只要多了一手，多了一个因素，就会多出一种错误的可能。你们一定要记住这一点。就好比，老师给学生讲课，学生记了笔记。但一记笔记，就有可能出问题。甚至，往事经过一个人自己的回忆的"过滤"，也有可能出差错。如果你们听音乐，就会知道，现场的演奏是最原始的，视频、录音都会有所失真。录音还涉及录音技术、器材和录音材质的问题：CD、磁带以及最早的黑胶唱片，由于介质不同，最后还原出来的声音都不一样。还有，最后播放时使用什么播放器，播放器装的是什么喇叭，乃至，喇叭和播放器之间用是什么连接线，等等，所有这些因素，都会影响声音的质量和效果。听音乐这事，说简单也简单，说复杂也很复杂。正是考虑到层层失真的可能，我们对古代文本一定要搞清楚它的版本。

刚才我说"五行一阴阳"是"阳变阴合，而生水、火、木、金、土"的一种表达。翻过来，是阴阳生五行；翻过去，可以说五行是阴阳之所生，所以叫"五行一阴阳"。陈荣捷的翻译，让它变成"五行构成了一个阴阳系统"，这完全是一种字面翻译，在道理上讲不通。他又说"阴阳构成了一个太极"（"yin and yang constitute one Great Ultimate"），这也讲不通。我认为，"阴阳一太极"，是说阴阳是由太极而来。同理，"太极本无极"，是说太极是由无极生出来。为了证明我这个说法并非个人想象，刚才我们又回顾了《太极图说》首句不同版本的异文。今天我们看到的《太极图说》，是经过朱子整理之后的所谓标准本或者通行本，其首句为"无极而太极"。但是，我们要知道，在朱子之前，正如刚才我们看到的那样，九江周敦颐家传本，是作"无极而生太极"。如果九江家传本是原本或比较接近原本的传本，那我的理解就不全是逻辑推演了。

如果这个说法没有问题，我们再进一步来考察"五行之生，各一其性"。因为这句话里，同样出现了一个"一"字。陈荣捷的翻译是"each with"（"The Five Agents arise，each with its specific nature."），基本上就是字面译法。这句话的关键是，前面有一个"各"字，是"各一其性"，而不是"五行一其性"。所以"各一其性"，说的是五行当中的每一个都有其性，可以翻译成"Each of the Five Agents has its nature"。（于昊甫：老师，那么"各一"的"一"该怎么理解？如果"一"没有意义，为什么不说"各有其性"？）"各一其性"实际上是说，五行的每一个都有同一个太极（"one Great Ultimate"）。你看，朱子在《太极图解》里，把"其性"的"性"直接写成太极的圆圈○了。按照周敦颐的讲法，"五行之生，各一其性"，我刚才试着做了一种英译，就是"Each of the Five Aagents has its nature"。再倒回中文，就是"五行当中的每一个都有它自己的性"。但朱子的讲法，实际上是要强调说，五行的每一个都分享了太极，五行当中的每一个都各自拥有一个太极。这个"各自"的意思就体现出来了。（于昊甫：老师，这个"各一"的"一"，是不是应该和"五行一阴阳"、"阴阳一太极"的"一"是同一个意思？）对，刚才我试图把它们都用同一个意思联系起来，但从周敦颐的"各一其性"来看，不能说"五行一其性"，这讲不通。这几句话的差别是，没有"五行一其阴阳"、"阴阳一其太极"的说法，而说"五行之生，各一其性"。这个"其"，当然是反身、反指，它是指五行的，所以"其性"的"性",是从属于五行的;而"五行—阴阳"里,阴阳却不是从属于五行的。所以,这几句话不是同一种表述的格式。"五行之生,各一其性"这句话,周敦颐原本是想说,五行生出来之后,每一行各自的性质是不一样的。"五行,一阴阳也;阴阳,一太极也;太极,本无极也"都是倒推,五行可以推到阴阳、阴阳可以推到太极、太极可以推到无极。再往下说,意思一转:五行生出来之后,它们各自有各自的性质,彼此是不一样的。正是在这一点上,朱子强调五行的差异,叫"气殊质异,各一其○,无假借也",说五行各自的"气"和"质"都是不同的。但是,说五行"气"和"质"不同之后,我觉得就是朱子在发挥了,朱子讲"各一其○(太极)",和周敦颐讲的"各一其性",其实是不一样的。可以认为:"各一其性"的"其性",是互不相同的;而"各一其○(太极)"的"○(太极)",其实是相同的。所以这两句话,表面看是同一句式,但实际上意思差别很大。至少,就这句话来讲,周敦颐自己的讲法并没有包含那样的意思:五行都可以包含太极。当然,我们可能会觉得朱子的讲法可能比周敦颐的讲法更好。为什么?因为既然周敦颐说"五行—阴阳、阴阳—太极",那我们可以把它简而言之,像数学上的合并同类项,就得到"五行—太极"这个式子。五行也可以还原为太极,太极也可以生出五行。但显然,在周敦颐的"五行之生,各一其性"的讲法里,他想要表达的意思其实是:五行各自的性质是不一样的。他并没有强调五行和太极之间的关联。

于昊甫:我觉得后面的《太极图说解》可以支持您的这种说法,因为朱子在解释"五行之生,各一其性"的时候说:"然五行之生,随气质而所禀不同,所谓'各一其性'也。"后面又补充道:"各一其性,则浑然太极之全体,无不各具于一物之中,而性之无所不在,又可见矣。"似乎朱子既表达了周敦颐的原义,又对此作了发挥。

这样连起来看会更好。实际上,朱子也明确地了解到,五行"气殊质异"、彼此性质不同；他在这里把"各一其性"的"性"具体理解为"气质"，也就是所谓"气质之性"。但这样一来，这与朱子自己关于"性即理"的理解又不能相合了。你们都知道理学家有关人性二元论的讲法，所谓"气质之性"、"天地之性"（"义理之性"、"性即理"的"理性"）。这实际上是从二程那里来的。《二程遗书》讲："性即理也，所谓理性是也。""理性"就是理的性，以性为理，以理为性。如果我们的理解是对的，那么，在"五行之生，各一其性"这句话里，周敦颐理解的"性"很简单，就是气质或气质之性。但朱子不满足于把性只理解为气质之性，因为如果是这样的话，周敦颐讲得这么辛苦，从太极讲起，讲到五行，最后却只讲到了气质之性。

当然，我们这种理解也是基于前面我们做的分析。前面，我们分析认为，朱子经过他的理解，把周敦颐的《太极图》《太极图说》改造成了一个本体论叙述，变成了一种本体论话语，但这是否就是周敦颐本人的原意，其实是可以存疑的。朱子自己讲"各一其性，则浑然太极之全体，无不各具于一物之中"，"则"之后的话，实际上就是他自己新加上的内容。"浑然太极之全体，无不各具于一物之中"，"太极"就成了"体"，就有"理一分殊"的意思在里面了。"体"居于"物"之中，即共相和殊相之间的关系，这其实就是本体论的话。从这个意义上来讲，"五行构成一个阴阳系统"、"阴阳构成一个太极"，陈荣捷把"一"翻译成"构成"，肯定是不对的。

总体来说，"五行，一阴阳也；阴阳，一太极也；太极，本无极也"，周敦颐的原意应该是：阴阳是由太极变化而来的，五行是由阴阳变化而来的；同样的道理，太极又是从无极变化而来的。讲完这些之后，周敦颐又想说"五行之生也，各一其性"，五行彼此之间的气质是不一样的。但对朱子而言，这样的讲法其实还欠一句，即：没有把太极作为本体的意思突出出来，没有讲到太极本体和五行的关系。欠了这一句，对"五行之生也，各一其性"的讲述就没有一个收煞。那么，要怎么收呢？解释为五行"各一其〇（太极）"就把整个意思收回去了。这个讲法实际上和后来朱子"万物同源"的理论是有关系的。我们一方面说，这是朱子的发挥；但是另外一方面，我们也应该认识到：朱子的发挥，并不是完全强加在周敦颐身上的；甚至可以说，朱子是周敦颐的功臣——因为周敦颐苦心孤诣地从太极画出这样一个图、造出这么一个说，到最后，显然最理想的结论应该是，太极是最基础、最重要的东西。但周敦颐的问题在于，首先他没有明确地讲"无极"其实就是用来形容太极的，而这是朱子得出来的。朱子说，你不能有两个本体，更不能把无极做为本体，否则就不对了；你应该把太极作为本体。于是，朱子苦心孤诣地要把太极确立为本体。他是怎么做到的？第一步，把无极解释为"无声无臭"，把它变成一个形容词，取消了它的实体性，取消了它的名词词性。第二步，又在周敦颐讲"五行之生，各一其性"的时候，有力地给"各一其性"再补了一句：五行的气质虽然是彼此各有差异的，但是，在五行当中，我们都能找到太极本体。朱子通过这两步工作，才把周敦颐没能明确的太极之为本体的意味彻底落实下来。这是朱子的一个贡献，也是朱子超越周敦颐的地方。

第十讲

周敦颐的《太极图》《太极图解》，自朱子做注后，就与朱子文献的版本系统发生关联。研究周敦颐太极图，不应只关注周敦颐文献的版本系统，还应注意朱子文献的版本系统。比较诸本，朱子《太极解义》"五行一阴阳"句与"此无极二五"句插图的正确图案应为《性理大全》本所示。考察《太极解义》"此无极二五"句及其插图，可知朱子似乎认定《太极图说》前五章文字在《太极图》上都可以找到下落。从朱子《太极图说解》来看，"五行之生，各一其性"与"无极之真，二五之精，妙合而凝"两章都在表达"性无不在"之意，则通行本《太极图说》将其分为两章的做法可能不无问题。

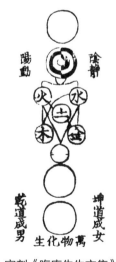

宋刻《晦庵先生文集》
太极图

你们先报告一下布置给你们做的题目的进展。在你们报告的基础上，我们再一起研究如何推进。

于昊甫：我找到了台北"故宫博物院"藏的淳熙本《晦庵先生文集》，跟我们前面看的中华再造善本的宋刻本有很多不一样的地方。淳熙本被认为是"现存最早的朱子文集刊本，也是唯一流传至今的朱子在世时刊刻流布之本"。① 朱子的《太极解义》，因为有单行本，后面的朱子文集都不再收了，但这个淳熙本《文集》却收了。②

好，我们来看看这个本子。首先是《太极图》。虽然缺了木、金到太极小圆圈的连线，但和国图藏宋刻本相比，还是能知道后者的错误在第二层图中心小圆圈不应该是黑白对半的——这是很重要的一个确认。

那个中华再造善本的宋刻本，是现在周敦颐研究者一致公认的宋刻本。之前跟你们提到四川大学粟品孝教授的新书：《历代周敦颐文集序跋目录汇编》（上海：上海古籍出版社，2020年）。他研究周敦颐时间比较久，把周敦颐文集所有版本的版刻和图录都收在这本书里面了。书里提到了几个宋刻本，不晓得有没有包括这个淳熙本。但我知道，湖南省濂溪学研究会的一些学者，一直都是以国图藏宋刻本《元公周先生濂溪集》收的《太极图》《太极图说》为定本的。所以，现在的问题是，这两个宋刻本的时间前后关系如何。我的文章《朱子与周濂溪〈读英真丹诀〉诗》曾引到粟品孝的说法，认为国图藏宋刻本《元公集》"当刻于宋度宗咸淳六年（1270）后不久，但必在恭帝德佑元年（1275）之前"③。朱子逝于宋宁宗庆元六年（1200），而这个台北"故宫博物院"藏的宋刻本《晦庵先生文集》，被推断刊刻于淳熙（1174—1189）、绍熙（1190—1194）间。所以，显然台北"故宫博物院"藏的宋刻本要比国图藏的宋刻本更早。它是朱子大概六十岁的时候，书坊为牟利而盗刻的。④

---

① 参见郭齐、尹波：《论宋淳熙、绍熙椠本〈晦庵先生文集〉》，载《文献》1998年第3期。据他们研究，这个本子实际上是宋淳熙、绍熙刊，宋元明递修，明印本。

② "前集卷四《西铭》《太极图》二解义本为单行，后集卷十二《河图》以下五图系取自《易学启蒙》，今本文集皆未收入，也不宜收入。"郭齐，尹波：《论宋淳熙、绍熙椠本〈晦庵先生文集〉》，载《文献》1998年第3期。

③ 粟品孝：《现存两部宋刻周敦颐文集的价值》，载《四川大学学报》2010年第3期，第62—63页。

④ "如就该集本身流传而言，可知其为迄今为止编刻最早的朱子文集。大约系坊贾为牟利而盗刻，收文未备，写刻不精，因而流传不广。"参见郭齐、尹波：《论宋淳熙、绍熙椠本〈晦庵先生文集〉》，载《文献》1998年第3期。

为什么大多数周敦颐的研究者没有注意到这个本子？恐怕还是思路的问题。他们的思路主要就是找濂溪《太极图》的不同版本，所以主要顺着濂溪文集的版本系统去研究。但其实，濂溪的《太极图》自从朱子做注之后，就变得与朱子文献的版本系统有关了。如果粟品孝对国图藏宋刻本的年代判断不错，那么，这个台北故宫藏本就妥妥的是"宋刻第一"了。这个本子太有参考价值了。

把台北故宫藏淳熙本和国图藏宋刻本对比一下，可以看到，它们在第三层图画法上颇有异同：台北故宫藏淳熙本没有木、金到太极小圆圈的连线，而国图藏宋刻本有；火到太极小圆圈的连线，两个本子都有；水到太极小圆圈的连线，台北故宫藏淳熙本有，国图藏宋刻本没有。

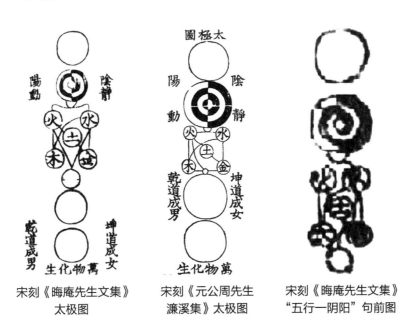

宋刻《晦庵先生文集》太极图　　宋刻《元公周先生濂溪集》太极图　　宋刻《晦庵先生文集》"五行一阴阳"句前图

再看《太极解义》文内"五行一阴阳"句前的插图，也缺了木和金到太极小圆圈的线，以及"此无极二五"句前插图：凵。这个"眼睫毛"有四根线，一方面说明第二层图少画了两根，另一方面也说明，后来的"吴兴费氏本"的一大堆线的图⊗是没道理的。而且，既然"此无极二五"句前插图，台北故宫藏淳熙本凵和国图藏宋刻本凵都是一样的，就说明：它们把《太极图》的第二层图都画错了，否则，从太极小圆圈向上就画不出四根线。

而明刻周木本是对的：第二层图下方太极小圆圈和除了土之外的木、火、水、金四行都相连，"此无极二五"句前插图也作凵。

另外，《太极解义》中"此以上引《说》解剥《图》体，此以下据《图》推尽《说》意"这句话，明刻周木本也有，在"万物一太极也"句下，为双行小注；而台北故宫藏淳熙本也有，也是在"万物一太极也"句下，不过是空两格另起了一段，而且不是双行小注，而是单行正文的体式。

现在看来，台北故宫藏淳熙本《太极解义》与明刻周木本的重合度更高，所以，有理由推定，周木本应该是受到了淳熙朱子文集本的影响，而没有受到宋刻元公集本的影响。值得注意的是，台北故宫藏淳熙本"此○之动而阳、静而阴也"句前的插图◉，实际上，虽然刻得有些差误（右半边的黑色描得过重），但还是可以看得出它的本意，是要把第二层图理解为中心有空白小圆圈。国图藏宋刻本则彻底将中心分成一半黑、一半白了◐，而且右半边的最外环应该是黑色阴爻，现在画得反而像白色阳爻。就像它画的《太极图》第二层图，国图藏宋刻本完全是在瞎画。

有一点可能是台北故宫藏淳熙本特有的，那就是，《太极图》题目下面有小字注："濂溪周先生作，以授二程先生。"这应该是盗印的时候，书商加上去的。朱子本人没写过这样的话。在《周敦颐集》上也绝对不会有。

下方还写"朱子解义"，这必然是后来加的，因为淳熙年间，朱子还活着，还没有到被人称"朱子"的地步。——事实上，这个所谓淳熙本，是一个宋元明递修本。

还有，台北故宫藏淳熙本《太极图》，最上面没有"无极而太极"。那么，有"无极而太极"字样的标准图，是从什么时候开始出现的呢？这个问题我们暂时放到一边，先往下看，一点点来确认。

"此以上引《说》解剥《图》体，此以下据《图》推尽《说》意"这句话，之前我推测，宋刻本没有，到明刻周木本才有。现在淳熙本上有，不知道它是从朱子《太极解义》成稿一开始就有了，还是在递修过程中加上去的。

回来看《太极解义》文内"五行一阴阳"句前的插图，在这个地方，明刻周木本还是五行之间没有线的图。这有点奇怪。我们现在需要确认，这个图的五行之间，到底应不应该有线？国图藏宋刻本也是有线的。我觉得，应该还是有线吧。我们先把问题摆出来，再做考量。

宋刻《晦庵先生文集》
"五行一阴阳"句前图

宋刻《元公周先生濂溪集》"五行一阴阳"句前图

明刻《濂溪周元公全集》
"五行一阴阳"句前图

"此无极二五"句前插图，两个宋刻本、和明代周木本是一样的，都是一个眼睛加四根眼睫毛的图案。而周木本和两个宋刻本不一样的地方，主要是"五行一阴阳"句前插图，在五行之间有线还是没线，以及，若是有线，哪一个画法（台北故宫藏淳熙朱子文集本）（国图藏宋刻周元公集本）才正确。

我现在的看法是：第一，应该有线；第二，这两个宋刻本的图，有线的画法都不对，都有点问题。理由是，我是这样来反推的：既然三个本子在"此无极二五"句前插图都是一样的，说明一个眼睛加四根眼睫毛的图案应该可以确定没问题。反过来，我们也可以由此论证，中华书局《周敦颐集》校记里所谓依据"吴兴费氏本"改的图⊗应该就不能作数了。既然一个眼睛加四根眼睫毛的图案没问题，那么，它在《太极图》上应该可以体现出来才对——我们得给这四根"眼睫毛"的线找到各自的连接点。那么，毫无疑问，它们分别是从五行的木、火、水、金出来的。它们只能这样着落，因为不可能有别的着落方式。如果这个推论正确，这一点应该就可以确认。

现在有一个新的问题，在这个图里，该不该像台北故宫藏淳熙本那样出现第二层图的下方太极小圆圈？我觉得，不应该出现，否则，就和"此无极二五"句前插图重复了。因此，这个图最正确的版本应该是《性理大全》本或者中华书局本。国图藏宋刻本要是没有金和木的连线，就完美了。这条横线从理论上讲是不对的。

宋刻《晦庵先生文集》"五行一阴阳"句前图

《周敦颐集》"五行一阴阳"句前图

那么，第一次出现这个正确的图的本子，最早是什么时候呢？中华书局本，是以清光绪十三年贺瑞麟编辑《周子全书》为底本，参照明嘉靖五年吕柟《宋四子抄释》本、清康熙四十七年张伯行编正谊堂书院刻《周濂溪先生全集》、清乾隆二十一年董榕编辑进呈本《周子全书》和清道光二十七年邓显鹤根据《道州濂溪志》编辑《周子全书》本点校的。也就是说，中华书局本的底本用了时代最晚的贺本。关于这个问题，就要拜托国梁课后去查一查，确定一下。看看在周敦颐文集的明清刻本里，朱子《太极解义》"五行一阴阳"句前的插图到底是什么样的，朱子到底是在用哪一种图来表达自己对"五行，一阴阳也；阴阳，一太极也；太极，本无极也。五行之生，各一其性"

这句话的理解。

上面这几个本子，粟品孝老师在他的书里都提到了，包括明代周木本。对这几个本子的刊刻时间先后和传承关系，要参考粟品孝老师的书排列梳理一下。但在一些细节上，他没有研究到我们现在这个程度。应该说，我们花了这么大力气，还是做了一些工作的。事实上，在前人研究的基础上往前迈一小步，都很困难。但不管怎么样，我们总算迈了一小步。

总之，按照我现在的理解，朱子《太极解义》"五行一阴阳"句前的插图，应该就是中华书局本的图。以及，"此无极二五所以妙合而无间也"句前，应该就是这个图。我们现在做的工作相当于，根据四个图来考虑这两个图的正确的画法应该是什么。

我个人认为，就这个图而言，问题已经解决。虽然我们还要再做最后的落实的工作，明确正确的画法最早出现在什么时候，是在什么版本上出现的。因为中华书局本的底本是清光绪十三年贺瑞麟的本子，而这个本子是年代最晚的。所以我们很好

明刻《濂溪周元公全集》　　　宋刻《晦庵先生文集》
"五行一阴阳"句前图　　　　"五行一阴阳"句前图

奇，不禁要问：正确的画法最早是什么时候有的？因为明刻周木本是不对的："五行一阴阳"句前的插图，它画成了（如上图）。周木本的问题也很复杂，它就在这个地方和台北故宫藏淳熙本不一样，其他都和后者高度重合。

于昊甫：按照您的思路，即认为"五行一阴阳"句前插图应该是可以和"此无极二五所以妙合而无间也"句前插图拼合在一起的，那么，中华书局本校记里所谓"吴兴费氏本"的图，刚好可以和周木本的图拼在一起。是不是

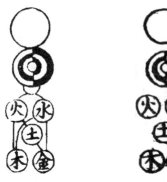

明刻《性理大全书》
"五行一阴阳"句前图

明刻《濂溪周元公全集》
"五行一阴阳"句前图

《太极图》在后世刊刻的过程中，逐渐演化成了两种版本：一种是（明刻《性理大全书》）和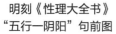，一种是（明刻周木本）和。再因为版刻疏忽，彼此重新组合，结果越变越复杂。

你讲得很有道理。现在我们就是在讨论这两个图的拼合。一种拼合的方案，就是刚才我们讲的，不带下面眼睫毛图的明刻《性理大全书》和下面的眼睫毛图；另一种拼法是中华书局本所谓"吴兴费氏本"的，我觉得你的观察很仔细，这个图恰恰正好可以和明刻周木本完全无线拼起来。所以，现在我们可以看到两套方案，还都能自圆其说。

刚才，我本来想讲，第一种拼合方案是比较合理的。但是，看到图下面这句话，又觉得有点不太放心："此无极二五所以妙合而无间也。"如果这句话的插图是眼睫毛的话，它怎么能表达"无极二五"、"妙合无间"呢？

这实际上涉及怎么理解"无极二五"的问题。一种可能的理解是，第三层图下面的小圆圈是"无极"。但似乎也不对，因为这种空心小圆圈一般都是代表太极的。我觉得，如果要说"无极二五"、"妙合而无间"，应该把《太极图》从第一层、第二层再到第三层整个都画出来，因为第一层是"无极而太极"，第二层是阴、阳，第三层是五行，分别是"无极"、"二"、"五"。那么，眼睫毛图的四根线，是连到了上面的五行，相当于把第一层、第二层、第三层图都连串来了吗？

再仔细看，我觉得又有一个新的问题发生了。朱子《太极图解》："五行之生，各一其性，气殊质异，各一其〇（太极），无假借也。"似乎就应该是在讲眼睫毛图〰。刚才，我们是在单纯地研究图，现在我们把朱子的文字和他画的图结合起来看。"此无极二五所以妙合而无间也"这句话，怎么能够和眼睫毛图〰或者"吴兴费氏本"图✦合起来理解？我觉得可能都有点困难。国梁有什么意见？

吴国梁："此无极二五所以妙合而无间也"，是不是指的插图里所画的线？是说无极、二、五不是分开的，而是通过线串起来、合在了一起，没有间隙。

我同意你的这个讲法，但唯一可以发生疑问的地方在于，"吴兴费氏本"图✦，没办法把"无极"囊括进来。因为这个图里的线，顶多就是从第二层图"阳变阴合"的"二"下来的，然后连起来了"五"。关键是"无极二五"这句话。

关于"无极二五"，周敦颐《太极图说》第五章是这样说的："无极之真，二五之精，妙合而凝。"朱子《太极图说解》对这句话的解释是：

> 夫天下无性外之物，而性无不在。此无极、二五所以混融而无间者也，所谓"妙合"者也。"真"以理言，无妄之谓也；"精"以气言，不二之名也；"凝"者，聚也，气聚而成形也。

再往后，则是解释"'乾道成男，坤道成女'，二气交感，化生万物"了。所以，我们现在来好好研究这一段话。他把"无极之真，二五之精，妙合而凝"理解为这个意思："天下无性外之物，而性无不在。"

于吴甫：这种理解怎么在《太极图》上体现出来？感觉朱子在写《太极图说解》的时候没有边看《图》边讲，而只是就着文字在讲。

《图说解》当然主要是就《图说》来讲的。不过，你这个说法也提醒了我：朱子有一个想法，就是要把周子的《太极图说》在周子的《太极图》里全部落实下来。他之所以画出诸多小插图，就是为了达到这个目的。但现在我们有疑问的地方是，这个小眼睫毛图〽怎么能解释为"无极二五"？好像讲不通。朱子在《说解》里讲"无极二五"，是解释为"性无不在"。"无极"是理，"二五"是气，理气凝结和这个眼睫毛的小圆圈〽有什么关系？昊甬的那句话，可能反过来讲更准确。刚才昊甬说，朱子在解释《说》的时候，只看文字不看图。我倒觉得，朱子在解《太极图》的时候，可能是不看《太极图说解》的。换句话说，朱子《太极图解》的图和他在《太极图说解》当中的说法，很难对应起来。就像刚才我提的问题：怎么才能把小眼睫毛图〽讲成是"无性外之物，而性无不在"呢？以及，无极是理、二五是气，这个小眼睫毛图〽又怎么能表达所谓理气融合无间的意思呢？这太难理解了。对此，唯一合理的解释是：当他在写《太极图解》的时候，他要做的工作，就是把周敦颐《太极图说》的文字在《太极图》上一一地找到下落。但是，如果我们跳开这一层，周敦颐的《太极图说》可能和他的《太极图》并没有这样一种完全对应的关系。

我现在觉得，"五行之生，各一其性"，如果非要落实在图上的话，其实就是这个小眼睫毛图〽。其中的太极小圆圈就是"性"。因为，"各一其性"，朱子的解释就是："各一其〇（太极），无假借也。"

我现在终于明白了，为什么这些不同版本的图，有的是眼睫毛〽，有的是一大堆线🌀，其实，这里最难处理的问题就是，要不要把第三层图下面的小圆圈也画进来。因为，如果按照朱子讲的，"各一其性"就是"各一其〇（太极）"，那么，这个〇（太极）在哪里？如果不把小圆圈画进去，怎么会说到这个〇（太极）呢？所以我前面提出过一种解释，即，为了找到此处"各一其〇（太极）"的太极小圆圈〇的下落，我认为，它指的是第三层图五行的每一个外围的圈，但这只是其中的一种解释。还存在一种解释，就是认为不能过于穿凿，金、木、水、火、土的外围小圈也许只是为了表示各个五行而画出来的，但并没有太极的意思。因为这种讲法也可以成立，如果把眼睫毛的小圆圈认为就是朱子提到的太极小圆圈○，不就好了吗？

可能你们没有太听明白，我把自己刚才的恍然大悟展开来和你们说一下。首先，朱子的《太极图解》是分为两个部分的：以"此以上引《说》解剥《图》体，此以下据《图》推尽《说》意"这句话为分界，"五行一阴阳"句和"此无极二五"句还都属于"引《说》解剥《图》体"的前半部分。这一部分朱子"引《说》解剥《图》体"，其背后有一个潜在的认识，即认为周敦颐《太极图说》从第一章"无极而太极"一直到第五章"万物生生而变化无穷焉"的每一章的文字，都可以在《太极图》上找到下落。以上是朱子《太极图解》的基本思路。这个思路当然无可厚非，但是，我们现在看到了不同版本的插图，这些插图显示出，它们对《太极图》和《太极图说》的理解不同，出现了歧异，所以需要确认这些版本的插图哪一个才是正确的。在这个过程当中，我突然想到：为什么这个问题如此纠结、难以解决？可能是因为朱子过于刻意地要把《太极图说》的文字全都下落到《太极图》上，所以他一定要给"无极二五"、"妙合而凝"找一个图。但是这个做法太机械了。实际上，《太极图说》第一章"无极而太极"，对应的是《太极图》第一层图；第二章"太极动而生阳"，对应第二层图；第三章"阳变阴合"，讲的是从第二层图到第三层图的过程，对应第三层图的五行；而第四章"五行，一阴阳也；阴阳，一太极也；太极，本无极也。五行之生也，各一其性"，其实就应该对应第三层图的下方小眼睫毛图。因为到了第五章"无极之真，二五之精"，就有了"乾道成男，坤道成女"，就应该对应第四层图了。如果这样的理解是正确的话，朱子把"五行之生，各一其性"的"性"理解为"太极"，就使得我们有理由认为，这个小眼睫毛图其实就在表示"五行之生，各一其性"这句话。由于朱子认为《太极图说》前五章是严格地对应《太极图》的五层图的，所以，对《太极图说》

的每一章，他都要在图上找到下落，于是就把第四章"无极之真，二五之精，妙合而凝"对应成了小眼睫毛图，或者"吴兴费氏本"上的一大堆线图。因为第四章后面的"乾道成男，坤道成女"和"万物生生"，在《太极图》上都标有相应的文字，它们分别对应着第四层、第五层图的空心大圆圈，这是没有任何疑义的。

刚才讲到这里，我突然有一个省悟："无极之真，二五之精，妙合而凝"，其实应该放到上面的第四章去。这里涉及断句问题。按照朱子《太极图解》，他还是在第三层图上来解释"无极之真，二五之精，妙合而凝"的。这样的话，在《太极图说》里，"无极之真，二五之精，妙合而凝"应该放在"五行之生也，各一其性"后面，和第四章连在一起。

于昊甫：朱子在《太极图解》里既然已经把"无极之真，二五之精，妙合而凝"和前三层图一起讲了，他为什么又要在《太极图说解》里把这句话断到后面一章去？他为什么不把这句话直接合到上一章去，再给它做解？

这个地方，我觉得是朱子处理的问题。因为你看，《说解》的意思其实是一样的：第四章"五行之生也，各一其性"，朱子的《说解》是"各一其性，则浑然太极之全体，无不各具于一物之中，而性之无所不在，又可见矣"；第五章"无极之真，二五之精，妙合而凝"，朱子的《说解》是"夫天下无性外之物，而性无不在，此无极、二五所以浑融而无间者也"。这不还是在讲"性无不在"的意思吗？从段意上来看，"无极之真，二五之精，妙合而凝"应该是和"五行之生，各一其性"放在一起的。所以，这又回到我们一开始讨论的问题：我们现在看到的通行本《太极图说》的分段，到底是谁定的？

我们可以看到，台北故宫藏淳熙本把现在通行本《太极图说》上的第四章和第五章完全合为一章了："五行，一阴阳也"一直到"万物生生，而变化无穷焉"。而且，相应的《太极图说解》的文字也放在了同一段，但有些句子好像跟我们现在看到的版本是不一样的。比如，《太极图说》第四章的《说解》的第一句话："此据五行而推之，明无极二五混融无间之妙，所以生成万物之功也。"而通行本则作："五行具，则造化发育之具无不备矣，故又即此而推本之，以明其浑然一体，莫非无极之妙；而无极之妙，亦未尝不各具于一物之中也。"

于昊甫：关于台北故宫藏淳熙本《太极图》的部分异文，可以参见郭齐、尹波的《论宋淳熙、绍熙椠本〈晦庵先生文集〉》①。

我现在感觉，研究周敦颐《太极图》的人没有充分结合朱子方面的文献，跟研究朱子的人，互不通气，各搞各的。这对研究不利。你想，如果没有看到台北故宫藏淳熙本《晦庵先生文集》，我们根本不知道原来《太极解义》其实还有另外的本子。从中可以引出一个新的问题：现在通行本的《太极解义》和淳熙《文集》收录的版本，是不是后者为初稿而通行本为定稿呢？

于昊甫：陈来先生的《朱子〈太极解义〉的成书过程与文本修订》②一文中，对这个问题有一个结论：淳熙本《晦庵先生文集》所载《太极解义》是定本，而通行本《太极解义》则是朱子晚年最终改定本。

陈来先生的结论是不是就可以终结此案，可能还需要再考虑。对了，郭齐、尹波的看法是怎么样的？

于昊甫：他们只是说淳熙本《晦庵先生文集》所载《太极解义》"应为最早付梓者之一，其异文具有重要参考价值"。

今天我们来不及仔细推敲这两篇文章了。我现在简单讲一下自己大概的直觉。通过台北故宫藏淳熙本《晦庵先生文集》及其相关的研究，并且通过比对不同版本的图和文字的匹配关系的时候，我有一个看法：通行本将《太极图

① 郭齐、尹波：《论宋淳熙、绍熙椠本〈晦庵先生文集〉》，载《文献》1998 年第 3 期。
② 陈来：《朱子〈太极解义〉的成书过程与文本修订》，载《文史哲》2018 年第 4 期。

说》和《太极图说解》的第四章、第五章分为两章，这个分法，尤其在对第五章首句"无极之真，二五之精，妙合而凝"的处理上，是有问题的，因为从义理上讲不通。因此，我们现在看到的通行本的第四章、第五章各为一章的这种分章，是不是朱子自己最后的定本（刚才昊甫提到，陈来先生认为，通行本是朱子晚年定本）？我现在倾向于认为，这个关于晚年定本的论断是值得怀疑的。为什么呢？因为把"无极之真，二五之精，妙合而凝"和"乾道成男，坤道成女"放在同一章，是不合适的；在义理上讲，它和"五行之生也，各一其性"都表达"性无不在"的意思。朱子对这句话的理解就是这样的。这是我的直觉判断。如果我的这一直觉判断能够被证实的话，那实际上也是对陈来先生观点的一个推进。

不管怎样，台北故宫藏淳熙本的确为我们研究《太极解义》提供了非常好的材料。但是，如果我们没有一开始做了这些研究，即便拿到淳熙本，因为没有具备相应的问题意识，可能也不会知道这个本子的价值到底在哪里。不是说这个本子就完全是对的，实际上我认为，有些图它画得也不对，甚至说，它对《太极图说》的文本安排是不是绝对合理，可以再讨论。但是，它至少为我们的研究提供了一种新的可能性。所以，说到底，逻辑可能比材料更重要，因为材料不会说话，你还是得再去思考现象背后的成因。

第十一讲

淳熙《文集》本《太极解义》是否为朱子晚年最终定本，尚存疑问。考虑到淳熙《文集》本是盗刻本，其所收《太极解义》未经朱子首肯，同时，朱子《太极解义》从乾道九年癸巳（1173）定稿到淳熙十五年戊申（1188）刊布，中间有十五年之久，朱子完全有可能对癸巳稿再做调整，因此淳熙《文集》本所收《太极解义》是否就是乾道九年所定本，实有可疑。咸淳末年宋刻本周敦颐文集虽年代较早，但刊刻质量不高。"五行一阴阳"句前插图，明周木本与宋刻本不同，二者当属不同版本系统。周木本《太极图说解》显示，《太极图说》的分章在通行本之外存在另一种方案。董榕本周敦颐文集的小字注，承自张伯行本，实出张伯行之手。诸本《太极图解》"五行一阴阳"句前插图，可分有连线和无连线两种，有连线者又存在线条数量和复杂程度的差异。

粟品孝一直在研究周敦颐文集的版本，《历代周敦颐文集序跋目录汇编》（上海：上海古籍出版社，2020 年）是他长期研究的结晶。之前他也写了好多单篇的文章。所以，他可能是国内对周敦颐文集的版本源流掌握得最系统的人。这本书相当于周子文集刊刻源流的一个重要指南。这两天我一直在看这本书，按照他对各个版本的说法大概梳理了一下。

我们现在研究《太极图解》，在这个过程中看到了不同版本的图，我们不知道哪一个版本才最接近原本的面貌。这里涉及一个很复杂的问题，即所谓原本问题。这个原本，既包括周敦颐《太极图》《太极图说》的原本，也包括朱子《太极图解》《太极图说解》的原本。我希望你们顺着这两方面思路分别去做研究，昊甫从朱子文集版本系统的角度下手，国梁从周敦颐文集版本系统的角度下手。昊甫，你有没有去看《朱子成书》的版本？有没有新的发现？

于昊甫：我现在初步的思路是这样的。首先，现在基本能确定，《朱子文集》的版本系统中，除了淳熙本文集之外，后面的通行百卷本文集，是没有收录《太极解义》的，因为它是朱子的单篇文献。根据陈来先生的研究，淳熙本文集所收的《太极解义》是"定本"，但还不是朱子去世之前的"改定本"。最终的改定本，即现在的通行本，最早应该是收在《朱子成书》里面的。我现在找到的《朱子成书》，是元朝至正元年日新书堂刻本，是此书最早的刻本。但

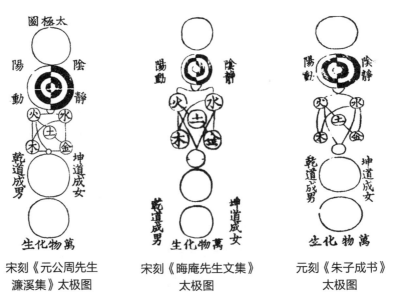

宋刻《元公周先生　　　宋刻《晦庵先生文集》　　　元刻《朱子成书》
濂溪集》太极图　　　　　太极图　　　　　　　　太极图

这个本子的《太极图》和淳熙本文集的《太极图》一样，也是缺第三层太极小圆圈向木和金的两根连线。我觉得特别惊讶的是，如果《朱子成书》的确是朱子晚年的最终定本，为什么它的图和淳熙本文集的错误一样？而且，《朱子成书》的元至正元年本子之后的几个明代刻本里的《太极图》，也都同样缺这两条线，都没有改过。后来，可能又以《朱子成书》本为底本，把《太极图》吸纳到了《性理大全》里面，而《性理大全》最早的明内府刊本，《太极图》第三层太极小圆圈向木和金的两根连线又出现了。我觉得这个变化非常有意思。

我们理一下，先从《朱子成书》说起。日新书堂本《朱子成书》的刊刻年代是 1341 年。用国图藏宋刻本《太极图》、淳熙本文集比对，可以发现，《朱子成书》本和淳熙本的《太极图》是一样的。前段时间，我跟陈来先生通话，还和他聊了聊这个问题。我现在提出一个说法：淳熙本有可能是最终改定本，而通行本反倒有可能是未定之本。为什么这样认为？待会儿我慢慢跟大家讲。先说我一个新的发现，那就是，我发现明刻周木本有一点，以前我们没有注意。上次我们讨论到，《太极图说》第四章末句"五行之生也，各一其性"和第五章首句"无极之真，二五之精，妙合而凝"应不应该分开，要不要归在同一章。我们现在看到的通行本是分开的。但淳熙本则是没有分开的。而且，与这两章相应的朱子的解说（《太极图说解》）文字，也与通行本有明显的不同：淳熙本不分章，此处首句"此据五行而推之，明无极二五混融无间之妙，所以生成万物之功也"，从五行一直讲到万物生成；通行本分章之后，首句则作"五行具，则造化发育之具无不备矣，故又即此而推本之，以明其浑然一体，莫非无极之妙；而无极之妙，亦未尝不各具于一物之中也"。两种讲法似乎都能自圆其说，孰是孰非，还需要综合其他因素才能判定。

刚才我提出关于淳熙本与通行本先后的一个假设，现在说明我的根据。淳熙本所收，据陈来先生判断，就是乾道九年（1173）定本。综合陈来先生的文章（《朱子〈太极解义〉的成书过程与文本修订》[①]）和粟品孝的书，我大概捋了一下《周子全书》（《太极图》《太极图说》）和朱子《太极解义》的不同版本源流。

首先，乾道二年（1166），"朱子首次校订周子著作，是为长沙本"。[②] 早期流传的周敦颐著作，不是现在所见的《太极图》《太极图说》在前《通书》在后，而是《通书》在前《太极图》在后。是朱子把《太极图》放在《通书》前面的。当然，在朱子之前，已经有一些周敦颐文集的本子了，包括所谓九江本、舂陵本，等等。我们从朱子介入周子文集的校订整理开始，把朱子之后的周子文集版本系统梳理一遍，这对我们了解淳熙本的地位以及它和通行本之间的关系是有意义的。

乾道四年（戊子，1168） 朱子和汪应辰通信，谈到《太极图说》的问题。

乾道五年（己丑，1169） 朱子还是跟汪应辰通信，同时推出了建安（福建建阳）本。

乾道六年（庚寅，1170） 朱子已经把《太极解义》的初稿写出，并立刻和他的朋友、门人，尤其是吕祖谦、张栻，以及他门下的几个学生讨论。

乾道七年（辛卯，1171） 至乾道八年（壬辰，1172） 朱、吕、张等人还在不断地通信。

乾道八年（壬辰，1172） 张栻也把自己的《太极解义》推出来，而且刊刻了。朱子很不满意，让他把刻版收回。另一方面，这期间，朱子也

---

① 陈来：《朱子〈太极解义〉的成书过程与文本修订》，载《文史哲》2018年第4期。
② 杨柱才：《道学宗主——周敦颐哲学思想研究》，人民出版社2004年版，第10页。

在根据吕祖谦、张栻等人跟他通信当中提出的意见进行修改。

乾道九年（癸巳，1173） 朱子做了一个《太极解义》的定本，陈来先生在那篇文章里面也讲到了，即所谓"癸巳定稿"。

注意，我们今天看到的宋刻本，其实是在朱子酝酿其《太极解义》一百年后刊刻的。国图藏宋刻《元公集》本，大约刻于咸淳六年（1270）后不久，这是我们现在所能够看到的最早的宋刻周敦颐文集之一。另一宋刻是国图藏宝祐四年至景定五年间宋刻残本，但关于其版刻来源，暂无确实证据。

这里面，有几个重要的时间点。第一，乾道九年（1173），朱子推出了《太极解义》的定本，这是有各种文献证据的。第二，庆元六年（1200）朱子谢世。陈来先生正是基于以上时间节点认为，朱子在过世之前，可能对乾道九年的癸巳定稿做了改动。他还以此来解释为什么我们现在看到的通行本和淳熙本有差异。但我认为，这种解释，只是逻辑推演的诸多可能之一。因为，他接受了一个先入为主的观念，即认为我们现在看到的通行本应该是"后出弥精"，所以才解释说，通行本之所以和乾道九年癸巳本不同，是因为朱子后来做了改动。其实，这只是逻辑上的一种可能。第三，还要再补充一个时间点：淳熙十五年（1188），距离朱子《太极解义》定本已经过去十五年。乾道九年（1173），朱子把《太极解义》定本，但并没有公布。直到淳熙十五年（1188），朱子鉴于时人对濂溪著作有很多的误解，觉得应该正本清源，决定把《太极解义》正式刊布。相关材料可以证明，朱子的确是在淳熙十五年刊布了乾道九年的癸巳定本。

接下来，我们讲淳熙本《晦庵先生文集》的问题。这个淳熙本的准确刊刻时间是淳熙、绍熙之际。现在有一个环节，需要我们把它补上。因为我们是在分两头做研究，一个是从朱子的《太极解义》的版本系里找线索，另外一个是直接去找周子文集的版本系统的线索；最后再把这两条线索合在一起，应该就会得到比较切合实际的结论。现在的问题是，我们看到的淳熙本朱子文集，是一个盗印本，我们怎么能确定，盗刻的淳熙本文集所收的《太极解义》，就是朱子乾道九年的癸巳定本？陈来先生如此断定，是因为，逻辑上，淳熙、绍熙年间刊刻的本子，只可能是朱子在此之前写好的乾道九年的癸巳定本《太极解义》。但证据能不能更多一点？否则，就还只是逻辑上的推断。因为相关的时间点非常重要。直到淳熙十五年，朱子才把他乾道九年的癸巳本《太极解义》公布出来。"淳熙"在纪年上，只有十六年。对于这个淳熙本朱子文集，我们也不能确定它最确切的刊刻时间，只能大致判断在淳熙末、绍熙初。朱子乾道九年定稿、淳熙十五年刊布的《太极解义》，我们今天已经看不到了。我们只能通过其他文字记录，间接地知道淳熙十五年他做了这么一件事，却看不到这个版本到底是什么样的。我们手头现在只有一个淳熙、绍熙之际盗印的《晦庵先生文集》收录的《太极解义》。于是，我们只能推测，这里面其实是两个推测：第一，淳熙末盗印的朱子文集所收的《太极解义》，就是朱子淳熙十五年推出的定本；第二，淳熙十五年朱子刊布的《太极解义》，就是他乾道九年癸巳完成的《太极解义》定稿。但推论终究是推论。我们对此可以质疑的是：首先，乾道九年（1173）《太极解义》定本，和淳熙十五年（1188）刊布的本子，真的是同一个本子吗？在字句上没有任何改动吗？从1173到1188年的十五年间，以朱子一贯追求精益求精的风格，很难想象他不做一点改动。

我们有理由可以提出这样的问题，正如陈来先生可以根据淳熙本《太极解义》和通行本的差异合理推测说，朱子淳熙末年到他去世的十二年间可能对文本做了改动，并认为，这一改动的最终结果，可能就是我们今天看到的通行本《太极解义》。既然这个逻辑可以成立，为什么乾道九年到淳熙十五年的十五年间，朱子就没有可能对乾道九年本做任何改动呢？

不妨把这个疑问放到一边，暂时不管朱子乾道九年定本的问题，我们先接受第一个推论：淳熙末盗印的《晦庵先生文集》所收的《太极解义》，就是朱子淳熙十五年推出的定本。虽然这中间还有疑问，我们怎么知道淳熙本文集用的就是这个本子？只能说可能性比较大吧，毕竟是朱子公开刊布了，盗印者才比较容易拿到。但我们的线索也只能到这个地方了，即淳熙十五年定本的《太极解义》可以通过淳熙本文集所收者看到。

接着，我们可以看另一条线索。根据粟品孝的研究，淳熙十六年，有一个叫叶重开的人编了《濂溪集》，他写的《舂陵续编序》（收在宋刻本《元公周先生濂溪集》卷八）使我们知道他做了这个工作。序中讲，他把朱子、南轩的《太极图说解》都收纳进来了（"并以南轩、晦庵二先生《太极图说》，复锓木郡斋矣。"可见粟品孝书，第1页）。因此，我们可以合理推测，淳熙十六年叶重开刊刻《濂溪集》的时候，他所收录的朱子《太极解义》，应该就是淳熙十五年朱子刊布的《太极解义》。如果我们能看到叶重开淳熙十六年编的《濂溪集》，至少就可以知道他在淳熙十六年的时候看到的朱子《太极解义》的面貌了。当然，我们也是假设它里面收录的就是朱子淳熙十五年公布的本子。于是，我们又回到《周子全书》的刊刻线索上来了。

这个过程，就像我们做数学证明题一样的，一环接一环。我们先找了朱子《太极解义》的刊刻线索，接着又找到叶重开编的《濂溪集》上面来了。然而，叶重开编的《濂溪集》本子早就没有了。线索到这里就断了。

没关系，我们继续找。庆元三年（1197，即朱子去世前三年），度正（他是朱子晚年的学生）拜访了朱子，谈到他在搜罗周子遗文的事。之前，他受朱子委托，去编一个更全的周子文集。因为度正是四川人，又在那边做官。事实上，度正后来真的访到了很多周子的遗文，但是到了庆元六年（1200年）朱子去世的时候，度正还没有把《周子全书》编好。到什么时候才编好呢？非常晚，到嘉定十四年（1221），度正才终于完成周子文集的编撰，此时，距离朱子过世已经二十一年了。他是从什么时候开始着手这个事情的呢？是庆元初年（1195）前后。这样说来，度正为了补充和完善周子的文集，前后大概花了二三十年的时间。度正在嘉定十四年（1221）撰写的《书文集目录后》，有这样的话：

> 正窃惟周子之学，根极至理，在于《太极》一图；而充之以修身齐家治国平天下，则在《通书》。吾先生既已发明其不传之秘、不言之妙，无复余蕴矣，其余若非学者之所急。（转引自粟品孝书，第2页）

因此，我们完全可以相信，度正《周子文集》本的《太极图说》，必然附有朱子的《太极解义》。而且，我们也完全有理由相信，度正《文集》本收的朱子《解义》，应该是一个比较完善的定本。

当然，所有这些都只是合理的推测，它们可以帮我们一点一点地建立、恢复线索。非常遗憾，度正的本子同样没有传下来。

嘉定十六年（1223）至宝庆二年（1226）间，度正《文集》本出来后，萧一致刻了周子"遗文并附录七卷"，名之为《濂溪先生大成集》。卷一为太极图，有"说一篇"及"朱子全解"。所以，萧一致的《大成集》应该也收录了朱子的《太极解义》。而且，据粟品孝研究，它的编目次序和朱子淳熙六年（1179）的南康本是一样的。萧一致的《大成集》同样没有流传下来。

到了绍定元年（1228），易统在萍乡又刻了一个《濂溪先生大全集》（萧一致的叫《大成集》，易统的叫《大全集》），也是七卷。

到了淳祐元年（1241）、二年（1242）间，周梅叟"取《太极图》《通书》《大成集》刊于学宫"（粟品孝书，第9页），又刻《濂溪先生大成集》。

宝祐四年（1256）到景定五年（1264），出现了一个我们今天看到的国图所藏残本《濂溪先生集》（存一册，卷首至太极说）。

上述各本，我自己还没来得及仔细研究。我现在做的工作，是把朱子《太极解义》和《周子文集》刊刻过程当中的重要事件，大概地做了一个排序。为什么要这样做？前面我已经说过，应该注意两条线索，两个线索之间还可以相互参证。以上，我对这两个线索做了一个大致的勾勒，更详细的研究有待你们在自己的作业中完成。

接下来，讲《朱子成书》的问题。说话之间，我们已经从 12 世纪追到 13 世纪，现在又追到 14 世纪了。《朱子成书》是宋元之际的黄瑞节所编。元至正元年（1341），黄瑞节刊刻了《朱子成书》，其中收有《太极解义》。

刚才昊甬讲了《朱子成书》和后来《性理大全》的关系。现在我们来看一下国梁找到的嘉靖五年吕柟编《宋四子抄释》之《周子抄释》本。

我们知道，周木本是明代比较早的本子，编刻于弘治年间（1492—1495）。而吕柟的这个本子，则编于嘉靖年间，具体是嘉靖五年（1526）。两者相差约三十年。吕柟在《周子抄释序》里说，他的本子源于《周子全书》，但他没有说具体书名和版本。粟品孝认为，吕柟说的"全书"应该就是周木编的弘治本《濂溪周元公全集》，而且"吕柟本内容没有超出《全集》"。（粟品孝书，第 42 页）

那么，是不是这样的呢？我觉得是的。为什么？很简单。我们可以看朱子《太极图解》"五行一阴阳"句，这句之前的插图，吕柟本也是作完全没有连线的图，而这个图，诸本之中只有周木本是这样的。我们现在能找到的明代的最早的周子文集本就是周木本，因为是弘治年间（1492 年之后）。

周木本的版本源头又在哪里

明刻《周子抄释》
"五行一阴阳"句前图

明刻《濂溪周元公全集》
"五行一阴阳"句前图

呢？粟品孝认为，周木本应该"是在宋末刻本《元公周先生濂溪集》十二卷的基础上编纂而成"。（粟品孝书，第 31 页）意思是，从周木本可以上溯到宋末的一个本子。但现在的问题是，从"五行一阴阳"句前插图来看，周木本和在其两百年之前的国图藏宋刻咸淳末年（1270—1275 年间）《元公集》本不一样。当然，我们可以解释说，周木本对《太极图解》"五行一阴阳"句前的插图做了改动。但无论如何，周木本显然和咸淳末年宋刻本不一样，它们不是一个系统。

宋刻《元公周先生濂溪集》"五行一阴阳"句前图

今天我在看周木本的时候，还有一个惊讶的发现，觉得特别有意思。先提一句，嘉靖五年吕柟编《宋四子抄释》之《周子抄释》本有一个奇怪的地方：它的《太极图说》没有附朱子的《太极图说解》，只有周敦颐《太极图说》的文字本身，以及文末的一段按语：

> 释《易》言有太极者，著其本也。《图》言无极者，究其精也。《易》言四象、八卦而吉凶在大业之先者，以著卦而论，主后天也。《图》言阴阳、五行而吉凶在万物之后者，以道而论，本先天也。故读《易》，人惧为恶。玩《图》，人易从善。

这个按语应该是吕柟加的。但吕柟没有把朱子的《太极图说解》附在里面，不知道是出于什么考虑。

我们看周木本《太极图说解》，在"五行之生也，各一其性"句的《说解》"张曰"最后，有双行小注："正本，'五行之生各一其性'附在下段。"

这里所说的"正本"是指什么？也许它可以作不同的理解，但假设这里就是指度正本的话，那就太有意思了。那就意味着，在度正本那里，"五行之生，各一其性"是和"无极之真，二五之精，妙合而凝"连在一起的。

于吴甬：国图藏南宋宝祐四年（1256）到景定五年（1264）编《濂溪先生集》残本也收录了张栻的《太极解义》，不全，有缺页，《太极图说》第五章"无极之真，二五之精，妙合而凝。……万物生生，而变化无穷焉"下，有双行小字注：南轩将上文"五行之生也，各一其性"一句连"无极之真"解。由此可知，张栻的《太极解义》对于《太极图说》的分章是把"五行之生也，各一其性"与"无极之真，二五之精，妙合而凝"合在一起作为一章处理的。因此，周木本小注所说的"正本"，似乎应该是指张栻《太极解义》的原刻本。粟品孝对张栻《太极图说》的分章，专门有文章讨论。①

吴甬的补充很重要。我们来看粟品孝的这篇文章，他在里面还提到，张栻《太极解义》存在"初本"（又称"或本"）与后本之分。"后本"这个词是我取的，粟品孝原文只是说，明周木本所载张栻《太极解义》较之宋刻本《元公周先生濂溪集》所收的"初本"或"或本"更为"通达完善"。"后本"与"初本"的主要不同在于，前者有后者所缺的"惟人也"以下三章的解。②中华书局本《张栻全集》第五册收录了张栻的《太极解义》，题作《太极图说解义》，但因为直接移植了周木本的相关内容，并没有按张栻原来的分章加以恢复。③粟品孝做了复原工作，当以他的编排为准。

我们一直在讨论"五行之生也，各一其性"和"无极之真，二五之精，妙

---

① 参见粟品孝：《张栻〈太极解义〉的完整再现》，载《地方文化研究辑刊》第六辑，2013年，第107—111页。
② 粟品孝：《张栻〈太极解义〉的完整再现》，《地方文化研究辑刊》第六辑，2013年，第110页。
③ 张栻：《张栻集》，中华书局2015年版，第1605—1609页。按：陈来先生《张栻〈太极图说解义〉及其与朱子解义之比较》（载《周易研究》2019年第1期，第5—11页）第二部分"张栻解义之特有者"，没有涉及张栻对于《太极图说》的分章跟朱子不同这一点。大概就是因为他主要依据中华书局本《张栻集》所收张栻《太极图说解义》立论，遂为《张栻集》编者的这个做法所误，因此未能注意到分章问题。

合而凝"这两句该不该分开，该不该断为两章的问题。通行本的分章是，"五行之生也，各一其性"和"五行，一阴阳也；阴阳，一太极也；太极，本无极也"同属第四章，"无极之真，二五之精，妙合而凝"则分在第五章。淳熙本《晦庵集》是把通行本《太极图说》的第四章、第五章合并为第四章，即："五行一阴阳也，阴阳一太极也，太极本无极也。五行之生也，各一其性。无极之真，二五之精，妙合而凝。乾道成男，坤道成女。二气交感，化生万物。万物生生而变化无穷焉。"也就是说，"五行之生也，各一其性"和"无极之真，二五之精，妙合而凝"连在一起。现在又出现了第三种分章方案，即张栻提供的分章，它是将"五行，一阴阳也；阴阳，一太极也；太极，本无极也"作为第四章，然后"五行之生也，各一其性。无极之真，二五之精，妙合而凝。乾道成男，坤道成女。二气交感，化生万物。万物生生而变化无穷焉"作为第五章。到底哪个方案更合理，我们还需要进一步研究。

粟品孝曾经写过一篇论文《周敦颐文集三个版本的承续关系》[1]，把明刻周木本和宋刻《元公集》本做了比较，发现宋本有些不好的地方，比如"宋本在卷一《太极图说》部分只列朱子（晦庵）的解义，去除了张栻（南轩）的解义，而且在载录张栻《太极解义后序》的半段时误将下面的《延平师生问答》的一段内容掺入。明本则克服了这两大不足"。下面是他的解释："这一情况可有两种解释，一是周木发现了宋本的不足，主动加以改动完善；二是今天所见的宋本是后来的翻刻本，张栻解义被故意删除，《太极解义后序》的后半段为误刻，周木所见是原版而非翻刻本。"这就很有意思了。根据粟品孝的这个推测，周木所见的有可能就是宋本原版，而我们现在所见的所谓宋本，有可能是后来的翻刻本。无论如何，这两种解释，都指向同一个结论：我们现在看到的

---

[1] 粟品孝：《周敦颐文集三个版本的承续关系》，载《宋代文化研究》2013年第二十辑，第301—314页。

宋刻《元公集》价值不高。从文本角度说，它有一些不可否认的缺点。

我的这个说法，其实是隐含了一个判断。因为我们通过各种版本的图的比较，发现宋刻《元公集》虽然号称是我们现在能找到的《周子全书》系统里面的最早的版本，但如果把淳熙本《晦庵集》包括在内，它所收录的《太极图》《太极图说》和《太极解义》文本就不是最早的了。而且，它虽然年代很早，却有很多问题。我们刚开始发现它有问题，是从它的图开始的。它的《太极图》有画得不对的地方。如果粟品孝的研究是可靠的话，那么我们可以进一步对宋刻《元公集》的价值作出判断。我们完全有理由怀疑，尽管宋刻《元公集》比较早，却未必是所谓标准本。至少，我们可以说，或许是编刻者或刻工的原因，这个本子做出来的结果是比较差的。比如，刚才引到粟品孝说，这个本子"在载录张栻《太极解义后序》的半段时误将下面的《延平师生问答》的一段内容掺入"，说明刊刻者是比较粗心或水平不高的。由此便可以解释，这个本子为什么把《太极图》画错了，尤其是它为什么把第二层中间的太极小圆圈画成了黑白对半的。当然，它不止这一处有问题。

现在来看《朱子成书》本。《朱子成书》是宋元之际的本子，它的刊刻是在元至正元年（1341），但因为黄瑞节是由宋入元的，所以我们可以认为他当时看到的本子必然是宋刻本。刚才昊甫提到，《朱子成书》和《性理大全》还有关联。

于昊甫：关于朱子文献版本系统的线索，我是在《朱子全书》所收《太极解义》的点校说明上看到的。朱子在淳熙十五年把《太极解义》公布出来之后，首先由宋人做了一本书叫《朱子三书》，把《太极解义》《西铭解》等都收在一起。但这本书现在看不到了。紧接着，就是元代黄瑞节的《朱子成书》。《朱子成书》一直到明代还在翻刻，到明成祖朱棣的时候，就以《朱子成书》为底本做了《性理大全》，《朱子成书》于是就进入到《性理大全》的系统。我

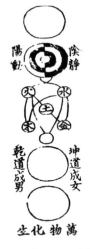

元刻《朱子成书》
太极图

现在就在追查这个线索。正如您所言，《性理大全》的《太极图》对《朱子成书》的图有所修正。

好，我们来看看黄瑞节的《朱子成书》本，它的《太极图》确实和淳熙本朱子文集的图（见下页）是一样的。那么，可不可以这样说：黄瑞节在编《朱子成书》的时候所看到的《太极图》，就是淳熙本朱子文集的《太极解义》的图呢？

于昊甬：就图而言，我觉得可以这样说。

由此比对，我们得到一个重要发现，就是《朱子成书》本和淳熙《晦庵先生文集》本之间具有相似性，由此增强了淳熙文集本的重要性。如果刚才我们的推断没错，即黄瑞节在编《朱子成书》时，根据的是他看到的宋代的本子，而这个宋代的本子很有可能就是朱子《太极解义》的最终改定本。

这样，对两方面线索的搜寻，我们目前取得的进展是：基于粟品孝的研究，宋刻《元公集》本与明刻周木本相较，宋刻《元公集》有很多错误，其价值要打上大大的折扣。

现在我们检验的是什么问题？陈来先生在他的文中有一个基本看法，是认为我们今天的通行本《太极解义》就是朱子的最终改定本，但陈先生没有说宋刻《元公集》是《太极解义》最后的定本。所以陈先生讲的是朱子最终改定本的通行本，肯定不是指宋刻本，一个可能是指中华书局本。

宋刻《晦庵先生文集》
太极图

于昊甬：陈来先生文中所说的"通行本"不是指中华书局本，因为他说，"今传通行本如《朱子全书》所载的《太极解义》，是朱子晚年最后改定本。"

如此说来，陈先生是从朱子文集版本系统出发来讲"通行本"的，而不是从周子文集版本系统来讲的，否则，所谓"通行本"，一般就会认为是指中华书局本了。

我们知道，中华书局本《周敦颐集》的底本是贺瑞麟本，而贺本是从张伯行本来的。（参见粟品孝书，第 246 页）中华书局本还参考了董榕本，董本其实也是在张本的基础上重新编辑的。（参见粟品孝书，第 199 页）

说到这里，顺便跟你们提一句。我这两天在看资料的时候，有一个疑惑终于解决了。前一段时间，我和杨柱才老师碰到，讨论起这个问题，他和我说，他用的是董榕的本子。他还提到，董榕的本子里面有很多小字注，他不知道这个注到底是谁的，是董榕加的？还是朱子原来就有的？

最近因为比对董榕的本子和张伯行的本子，我把杨柱材老师的问题算是解决了：董榕本的小字是张伯行加的。因为，在张伯行本之前，没有这样的内容，而张伯行的本子又是他自己做的。根据粟品孝的研究，董本刻于乾隆二十一年（1756），是在康熙四十七年（1708）张本的基础之上重辑的，而张本又是在明刻周木本的基础上重辑的。把张伯行本和周木本做一个比对，我发现：张伯行本上面的小字注，周木本并没有，所以只能说这是张伯行加的。再把张伯行本和董榕本进行比对，又可以发现，董榕本的小字注是直接抄的张伯行本的。不过，董榕也做了一些工作，他采用了新的体例，即：在《太极图说》每章之后，添了"朱注"、"集说"这些字，这是张伯行本原来所没有的。董榕本还新加了一些条目。总而言之，

宋刻《元公周先生濂溪集》
"五行一阴阳"句前图

明刻《濂溪周元公全集》
"五行一阴阳"句前图

董榕本、张伯行本的小字注，其实是张伯行做的。这些小字注对我们理解朱子的《太极解义》是有用的。这个问题我们暂时放在一边。

回到宋刻《元公集》。朱子《太极图解》"五行一阴阳"句前的插图和明刻周木本的图不一样。

我们重新排比一下：清代最早的本子是张伯行本。而从朱子《太极图解》"五行一阴阳"的句前插图来看，明刻周木本提供了一个系统，嘉靖五年吕柟编《宋四子抄释》之《周子抄释》本与之相同。其他明代的本子，如国梁从国图找到的万历四十年（1612）顾造校刻的《周子全书》本，是以万历三十四年（1606）徐必达刻本为底本的（粟品孝书，第127页）；顾造本的"五行一阴阳"句前插图已经和周木本不一样了。那么，我们能否再往前追一下，看看徐必达本的情况？要知道，日本国立公文书馆藏、昌平坂学问所旧藏的日本延宝三年（1675）重刻本，"五行一阴阳"句前插图正与顾造本相同，《四库全书存目丛书》子部第二册所收国图藏万历三十四年原刻本，图亦如此。

国梁，接下来你需要做的工作是这样的。我们已经知道，明弘治年间的周木本和后面嘉靖五年的吕柟《抄释》本是一个系统的。而万历年间的徐必达本、顾造本，已经和周木本不同了。现在我们就是想知道，最早是从哪个本子

明刻徐必达本《周子全书》
"五行一阴阳"句前图

明刻顾造本《周子全书》
"五行一阴阳"句前图

日本重刻本《周子全书》
"五行一阴阳"句前图

开始出现这种不同的。在徐必达本、顾造本之前，明代还有好几个本子，可以先按照粟品孝书的线索，把每个版本都尽量找一下。能找到的话，着重把"五行一阴阳"句前插图和"此无极二五"句前插图这两个地方看一下。粟品孝书罗列了《周子文集》的历代版本，这是它的好处，但粟品孝的关注点和我们不一样，所以我们还是需要具体查考各个版本。要留意一下嘉靖十四年周伦编、黄敏才刻《濂溪集》六卷本，粟品孝认为此本的底本应是宋末江州刻本《元公周先生濂溪集》。它有一个线索，卷首有绍定元年萍乡胡安之序，说明它是和绍定元年萍乡胡安之的本子有关联的。（参见粟品孝书，第49页）总之，我们现在就是想知道，从什么时候开始出现了明徐必达本、顾造本那样的图。

我们捋一下：现在可以看到的最早的本子，是淳熙本《晦庵集》的本子。但淳熙本《晦庵集》的《太极图》比较特别。接下来是宋末咸淳年间的宋刻《元公集》本。到了明代，有周木本，它比较接近于标准本，但它比较奇怪的地方在于，朱子《太极图解》"五行一阴阳"句前插图没有任何连线。而淳熙本《晦庵集》集上面的这个图是有连线的。讨厌的是，它把《太极图》第三层下方的小圆圈也画上去了。而且，下面的"此无极二五"句前插图又是小眼睫毛的图凸。实在不可理喻。那么，从道理上讲，根据朱子《太极图解》"五行一阴阳，五殊二实，无余欠也；阴阳一太极，精粗本末，无彼此也；太极本无极，上天之载，无声臭也。五行之生，各一其性，气殊质异，各一其○，无假借也"的原文，此句之前要不要把《太极图》第三层下方的小圆圈也画上去呢？

宋刻《晦庵先生文集》
"五行一阴阳"句前图

宋刻《元公周先生濂溪集》
"五行一阴阳"句前图

我们来看宋刻《元公集》，"五行一阴阳"句前的图是，没有画第三层图下方的小圆圈。

于昊甬：但是有可能是因为那个小圆圈太小，刻工没有刻上。正常刻的话，这个图应该是要刻上那个小圆圈的。因为，木和金之间的连线显然说明，它的本意是要把第三层图下方小圆圈及其与五行的连线都画进去的。就淳熙本而言——我们现在认为它是一个年代较早的本子——我觉得刻工最大的错误可能是少刻了，而不是多刻了。它上面的元素，很可能就是刻工当时所看到的朱子的本子的样子。

宋刻《元公周先生濂溪集》　　宋刻《晦庵先生文集》
"五行一阴阳"句前图　　　　"五行一阴阳"句前图

你的意思是说，刻工只可能少画、不太可能多画，比如宋刻《元公集》本，小图上少画了圆圈，大图上少画了水到小圆圈的连线。

那么，按照这个思路，即底本没错，只是刻工刻错了。宋刻《元公集》本"五行一阴阳"句前插图最好的可能，就是把第三层图下方的小圆圈一起包括在内，并以此图来理解"五行一阴阳"句。但麻烦的是，这个图是最完整的。

关于此处的插图，我们之前说过，主要可以分为两类：一类是有线，一类是无线，且包含了以下几种本子，呈递进关系：周木本把所有线都去掉了；徐必达本、顾造本，有第三层图五行之间的连线，缺其下方太极小圆圈和"眼睫毛"的四根射线；最复杂、线最多的，是宋刻《元公集》图（淳熙文集本的图，也包含不少的线），所有的线都有。那么，从理论上讲，到底哪个对呢？看来，我们还要继续研究。

第十二讲

比对《朱子成书》本、《性理群书句解》本、《性理大全》本可知，《太极图》第二层图的中心图案应是表示太极本体的空心小圆，宋咸淳本《元公集》此处有误；朱子《太极图解》"之根也"二句的插图，其正确形式应是单色半弧，表示"阴中之阳"、"阳中之阴"，通行本（如中华书局点校本）此处有误。朱子《太极图解》"气殊质异"句插图的含义，应是指五行各具太极。要理解朱子《太极图解》"此无极二五"句前插图的含义，必须联系宋代理学的"理气二元"人性论。这一理论的困难在于，如何在理本论的前提下解释不善之气的生成。关于宇宙生成的理论主要有三种：第一，基督教神学的神创论，世界由一个处于世界之外的"第一推动者"创造；第二，以《太极图》为代表的儒家思想，世界无需外部存在，仅凭自身就能够自我生成；第三，以《物种起源》为代表的进化论，生物由无机物而来，人类从单细胞生物经过亿万年进化而来，近于"无中生有"之说。

国梁新找到的版本，一个是日本早稻田大学收藏的未知版本的《周子太极图》，一个是明万历四十二年（1614）周与爵辑的《宋濂溪周元公先生集》本。

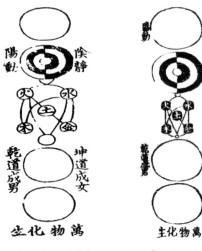

元刻《朱子成书》 元刻《性理群书句解》
太极图 太极图

我们接下来可以再看一下《性理大全》的本子。

于昊甬：老师，我还找到了南宋时朱子门人熊节和黄榦、蔡渊门人熊刚大编的《性理群书句解》本，这也是《性理大全》的底本之一。现在找到的最早的刻本是元代的。这个版本和《朱子成书》元至正元年本比过了，两者高度一致。《朱子成书》的《太极图》少了两根线，但《性理群书句解》的《太极图》，线则是齐全的。

不错，你们两人都有新发现。周与爵辑本的版本源流如何？

吴国梁：粟品孝书里说，它是万历三年王体、崔惟植本的翻刻，参见130页。

它和宋刻《元公集》本是比较像，《太极图》的第三层图也少了一道水到太极小圆圈的线，第二层的中心圆圈也是阴阳各半的。接下来我们再看看《性理群书句解》本。

于昊甬：我对几个版本的图案进行了对比。朱子《太极解义》"五行一阴阳也"句前插图，除了淳熙文集本是有太极小圆圈的之外，元至正元年《朱子成书》、元刻《性理群书句解》、

明刻《宋濂溪周元公 宋刻《元公周先生
先生集》太极图 濂溪集》太极图

明永乐十三年内府刻本《性理大全书》都没有太极小圆圈（见下页）。另外，"此无极二五"句前插图，淳熙文集本🙂、《朱子成书》🙂、《性理群书句解》🙂、《性理大全》🙂，都统一是眼睫毛的图案。至于周敦颐《太极图说》"五行之生也，各一其性"到"无极之真，二五之精，妙合而凝"的分章问题，《朱子成书》《性理群书句解》和《性理大全》全部都是不连的，都断为前后的两章，和通行本一样。

| 宋刻《晦庵先生文集》"五行一阴阳"句前图 | 元刻《朱子成书》"五行一阴阳"句前图 | 明刻《性理大全书》"五行一阴阳"句前图 | 宋刻《性理群书句解前集》"五行一阴阳"句前图 |

除此之外，昊甬还有哪些发现？

于昊甬：另外，非常有意思的是，朱子《太极图解》"中○者，其本体也"句，淳熙文集本○、《朱子成书》本○和《句解》本○全部都是小号的圆。直观地来看，虽然也不知道这个小圆是哪个圆，但《句解》本用小字注把它标出来了："中样小圈是即太极之本体。"这就跟您之前的理解是一样的，这个小圆圈是《太极图》第二层图中心的空心小圆圈。还需要补充的是，此处的小圆从宋刻《元公集》本开始，就已经与大的太极圆圈没有很明显的区别了。

这没有出乎我的意外，印证了我一开始的判断，即《太极图》第二层图的中心图案应该是太极本体的空心小圆，而不应该是宋咸淳本《元公集》那样的阴阳各半图案。按照《句解》的解释，后者显然是刻错了。很好。还有什么发现吗？

于昊甬：还有一处发现。中华书局本朱子《太极图解》，在"☽者，☾之根也。☾者，☽之根也"的图都是错误的。可见淳熙文集本："☽者，☾之根也。☾者，☽之根也。"显然，第一处图是《太极图》第二层右半的中心白色半弧，第三处图是左半的中心黑色半弧。同样，还可以看《朱子成书》本："☽者，☾之根也。☾者，☽之根也。"还可以再看《句解》本："☽者，☾之根也。☾者，☽之根也。"对第一处、第三处图直接标注为"阴中之阳"、"阳中之阴"。甚至《性理大全》本也与上面一致："☽者，☾之根也。☾者，☽之根也。"

这样说来，《句解》本加了很多注。

于昊甬：由于《性理群书句解》的编纂者是朱子门人熊节和黄榦、蔡渊门人熊刚大，能否认为这些注实际代表了朱子门人后学对周敦颐《太极图》和朱子《太极图解》的理解？

要达到这个结论，需要先搞清楚：第一，熊节和熊刚大的生平、学术渊源以及他们两个人之间的关系；第二，还要确认这个元代的《句解》本是否符合其原书初刻本的面貌。如果它本身就是宋代的本子，那么问题就简单得多。但因为它是元代的本子，所以从理论上说，它身上必然附有元代编刻者的痕迹。而且，我们现在还没有找到证据说，这个本子完全就是宋本的面貌，元代编刻者没有对它做过任何改编、增删的工作。

于昊甬：我明白您的意思。但就此处而言，我觉得淳熙文集本和《朱子成书》本可以作为《句解》本的旁证，因为前两者的图都符合《句解》本所谓"阴中之阳"、"阳中之阴"的说法。之所以说通行本画错了，是因为"☽者，☾之根也。☾者，☽之根也"的第一处和第三处图，不应该直接是《太极图》第二层图的右半☽和左半☾，而应该是右半的中心白色半弧☽和左半的中心黑色半弧☾。

这是非常好的一个新发现。因为你说的前面两点，只不过印证了我们前面的判断，所以对我们来说并不是新的信息。但你刚才讲的，是一个新的信息，纠正了通行本两个地方的错误，说明了"阴中之阳"、"阳中之阴"的图应该是什么样子的，这很重要。通行本既然刻错了，而淳熙文集本、元至正元年《朱子成书》本、元刻《句解》本和明永乐十三年内府刻《性理大全》本都一致，那么我们可以顺便再把它们和其他的几个周敦颐文集系统的本子比较一下，以便知道这个错误是从什么时候开始的。

宋刻《元公集》本："☽者，☾之根也。☾者，☽之根也。"

于昊甬：宋刻本的问题是，它把《太极图解》当中所有表示《太极图》第二层图右半部分的图案都画成了☽，如"☽者，阴之静也"和"形，☽之为也"。所以，"☽者，☾之根也。☾者，☽之根也"句的第一处图和第四处图画得一样，感觉是有些问题的。但宋刻本《太极图》第二层图左半部分的图案本来是☾，而此句第三图☾显然表示的是左半部分☾的中间黑色半弧，因此还是保留了部分的正确图案。

据粟品孝书，弘治年间的周木本是现在所能看到的最早的明代的本子。而周木本的情况是："☽者，☾之根也。☾者，☽之根也。"

于昊甬：周木本似乎延续了宋刻《元公集》本的错误。因为周木本也把所有表示《太极图》第二层图右半部分的图案都画成了☽，导致这句话中第一处和第四处图案一样，这是不对的。但表示第二层图左半部分的图案在周木本里本来是☾，但此句第三处图☾显然也表示的是左半部分☾的中间黑色半弧，所以也只是部分正确的。

在周木本之后的其他明代本子，我们已经看到的有吕柟本、徐必达本、顾造本和周与爵本；清代的，则有张伯行本、董榕本和贺瑞麟本。[1]

---

[1] 昊甬按：经初步查考，从吕柟本开始，此句的两处图案彻底错误。随后徐必达本、顾造本、张伯行本、董榕本都延续错误；但周与爵本与宋咸淳末年本很接近，且此处的问题一致，应不属于上述版本系统。吕柟本的情况是："☽者，☾之根也。☾者，☽之根也。"

于昊甬：还要报告的一点是，朱子《太极图解》"气殊质异，各一其〇，无假借也"句的小圆，淳熙文集本的图案〇，比"〇，此所谓无极而太极也"的太极之圆要小，但又比"中〇者，其本体也"的《太极图》第二层图的中心小圆要大。我觉得这个圆，很有可能指的是《太极图》第三层图五行的每一个的外圈小圆，如⊕。《朱子成书》本与之相同："气殊质异，各一其〇"，比"〇，此所谓无极而太极也"小，比"中〇者，其本体也"大，类似于五行外围之圆，如⊕。《句解》本对此图的注是"极（太极）"，且这个"极"字还是从本来的小注文字误衍为正文的：〇極，其下又有小字注曰："各其一太极。"但实际上，这个注文里有错误，把"具"字误刻为"其"字了。正确者可见明郑氏宗文堂嘉靖二十六年本《性理大全书》所录《句解》，图注曰"太极"，句解曰"言各具一太极"。由此根据《句解》，此处的这个小圆，很有可能即指金、木、水、火、土的外圈小圆，因为按《句解》的理解，"各一其〇"的句意就是说五行"各具一太极"，那么金、木、水、火、土各自的外圈小圆就应当表示是它们各自具有的太极。

明刻《性理群书句解》"五行之生"图

好，关于上面这个细节，我们有三个问题要分别来讨论：第一，是关于这个小圆圈的问题；第二，是关于"极"的问题；第三，是关于"各具一太极"的问题。

首先说"各一其〇"的小圆圈。在朱子《太极图解》里，或许可以分为大号、中号、小号三种不同大小的圆圈；中华书局本的"各一其〇"，用的是大号的圆圈；而你刚才说，淳熙文集本和《朱子成书》本，用的都是中号的圆圈。与之相区别的是，小号的圆圈代表了《太极图》第二层图最中心的空心圆，而大号的圆则表示《太极图》第一层图"无极而太极"的最大号的圆，所以中号的圆是介于大号的太极和小号的太极之间的圆圈。你把这个理解为各个五行的外围的圈。你这个思路要面临一个不利因素，那就是，淳熙文集本的"气殊质异，各一其〇"和"🤚，此无极二五所以妙合而无间也"，以及《朱子成书》本的"气殊质异，各一其〇"和"🤚，此无极二五所以妙合而无间也"① 的圆的大小很接近。只有前一句的圆比后一句的圆大一点，才存在一个所谓中号的圆。但实际上，这两个圆看起来都是同样大小的。

于昊甫：我说的最小号的圆，应该是《太极图解》里指代《太极图》第二层图最中心的空心圆，出现在"中〇者，其本体也"句中；而它的大小，与"🤚，此无极二五所以妙合而无间也"的小眼睫毛图中的圆，大小应当是不一样的。因此，纵使"气殊质异，各一其〇"和"🤚，此无极二五所以妙合而无间也"的圆的大小一致，它们也同属于中号的圆，而非小号的圆。因此，我认为还是存在一个中号的圆圈的。其次，我认为，"🤚，此无极二五所以妙合而无间也"句中的🤚，不当把下部小圆圈和四根眼睫毛拆开来看，它们应是组合起来共同表达"此无极二五所以妙合而无间也"的句义的。可以参考《句解》，因为《句解》对朱子《太极图解》每一个插图的图注，基本都是按照朱子《图解》的文本来的；而《句解》对此图的图注则是"真精妙合"。因此，我认为这个图表示的就是"真（无极之真）"、"精（二五之精）""妙合而无间"的意思。这个图上面所连接的部分相当于是各个元素的陈列，通过这四根连线下来，进入一个圆圈，指的是以上各个元素一起进入了某种"化学的熔炉"、"坩埚"里面，"妙合而无间"。因此，或许不能直截了当地说，眼睫毛图的小圆圈就是太极。我们或许应该把这个图看作是一个动态的过程，这四个连在线面所连接的几层图，由这四根相当于是箭头指示一样的连线，聚集在一起、"妙合而无间"，于是成为了这样的一个小圆。

---

① 插图采自中国国家图书馆藏元黄瑞节编、元至正元年（1341）日新书堂本《朱子成书》。

如果把这个圈理解为"妙合而无间"的意象的话，这其实是一个新的讲法。这个图是在"五行之生，各一其性，气殊质异，各一其〇，无假借也"句后面，我们还没有讨论到。这个图本来就是一个非常难的图，它究竟是什么意思？尤其是，最初我们有很多的困惑就发生在"无极"、"二五"的问题上。朱子的《太极图解》对于这个眼睫毛图Ⅶ，他的讲法是"此无极二五所以妙合而无间也"。一直以来，我们对这个话到底是什么意思，不是特别能够理解。我们再来看看朱子在《太极图说解》里对于"无极之真，二五之精，妙合而凝"的解释：

> 夫天下无性外之物，而性无不在，此无极、二五所以混融而无间者也，所谓"妙合"者也。"真"以理言，无妄之谓也；"精"以气言，不二之名也；"凝"者，聚也，气聚而成形也。盖性为之主，而阴阳五行为之经纬错综，又各以类凝聚而成形焉。

所谓"妙合"就是"混融而无间"。所以朱子对"凝"也有一个解释："气聚而成形"。顺着你刚才的解释，眼睫毛图Ⅶ的四根线，从第三层的五行当中出来，而五行又属于气；于是，五行的气汇聚到了这个小的圆圈里来。按照你刚才的说法，这个小圈其实没有具体的含义，只是相当于一个动作、一个过程，对吧？它就像一个巨大的球形反应器、一个化学实验室，各种元素在里面合成变化。但为了你的观点做进一步的合理化，一方面我们依然还可以坚持你的解释，但对于这个小圈的含义的理解可以稍微有点不同：如果按照我们刚才读的朱子的这一段话，他明确地讲，"凝"是"气聚而成形"，以及"阴阳五行经纬错综"的时候，是"性为之主"的。也就是说，朱子在《太极图说解》当中，对于"无极之真，二五之精，妙合而凝"的理解是理、气的凝聚，是理、气的

混融无间。所以，我们依然可以认为，这个小圈就是性，也就是理；而眼睫毛
Ⅷ的四根线就是指气，是从五行里出来的。因此，Ⅷ就是理气混融的表示。

回到我们刚才的讨论，Ⅷ的小圆圈的大小和五行（如⊛）的外围圆圈的大
小应该是一样的，因为五行"各一其性"，五行的每一个都分有了性，它们各
自的外围圆圈就相当于是它们各自分有的性。它们各自的性其实是一样的，是
同一个性。好比某一个组织叫"太极党"，其中的每个成员都有一个标记，就
是一个圈；大家对暗号的时候，就把这个标记都拿出来。最后大家一起"合
体"，就要用到各自的性和气了，因为需要气和性混合，才"乾道成男，坤道
成女"。

我觉得，无论是周敦颐也好，还是朱子也好，问题的复杂性在于，他们要
论证气的产生。这个问题，其实涉及宋代的二元人性论。

所谓二元人性论，是宋儒对先秦孟子性善论加以反思的产物。因为性善论
不能解释恶的问题，所以有必要引入性和气两种因素，如二程所言："论性不
论气，不备；论气不论性，不明。"如果像荀子那样只讲性恶，就忽略了最重
要的性或理，是方向性错误，这叫"不明"；但如果像孟子那样只讲性善，只
讲作为理的性，又是"不备"的，即不全面。所以，"理气二元"才构成宋代
理学的人性论的完整表达。这是简单的背景介绍。那么，人性论上的一元论、
二元论，对我们理解《太极图》有什么意义呢？

其意义就在于，无论周敦颐也好，朱子也好，都要通过《太极图》来表达
理气二元的意思，但问题是，理气之间的关系是什么？理气二元论遇到的最大
挑战，就是"气是从哪里来的"的问题。

从骨子里来讲，朱子也好，由朱子诠释出来的周敦颐也好，仍然是坚持理
的主导性的。一方面虽然讲理气二元，但另外一方面也坚持所谓唯理论或理本
论，即始终把理当作本体。在周敦颐的《太极图》当中，这个作为本体的理，

其实就是作为本体的太极。

由此，我们再来理解《太极图》和《太极图说》。最初就只有太极，也就是理。那么，气又是什么时候被带进来的呢？朱子、周敦颐的讲法是，"太极动而生阳，动极而静，静而生阴"，用太极本体的动静来解释气的发生。对理气关系而言，就是理在气先。但朱子会强调说，理气没有先后，理在气先是逻辑上的说法。实际上，我们无法想象某个纯粹只有理而完全没有气的存在或阶段。

尽管朱子做这样的解释，但我们从一个外在的立场还是可以提出这样的看法，即气还是从理当中产生出来的。以此为前提，我们就要问：既然气是从理当中产生出来的，这似乎就意味着，作为本体的理，还会产生出与自身并非完全一致的气。依照朱子的逻辑，这个推论是必须要承认的，如果气和理完全一样，那就无所谓理、气之分了。

无论如何，当你说"理生气"，在逻辑上就会得到两个推论：第一，气在骨子里和理具有同源的关系；第二，气和理不完全是一回事。由此，人们可能会追问：为什么全善、完美的理会生出有恶的、不完美的气？就像基督教神学所面临的问题：如果世界上的一切都是上帝造出来的话，为什么全善全知全能的上帝会造出恶来呢？基督教是用"神正论"来解释的，说上帝造出恶，是为了让人认识到神。但这种解释并没有真正解决这个问题。

和理气关系相类似的，是基督教所说的上帝造物的过程。本来，上帝先造出来的人是亚当，而夏娃则是随后上帝用亚当的一根肋骨变来的。在这个意义上，亚当和夏娃之间其实也有类似理气关系的麻烦之处。而其他的人类是亚当和夏娃共同生出来的。所以，追根溯源的话，我们会说：无论男女，源头上都是从"男"当中出来的。

我们完全可以把基督教的造人神话想象为当代的像克隆人一样的某种生物

技术。即：假设我们可以用亚当的一个肋骨来造人，甚至，如果技术再发达一点，就可以只用他的一根头发、一小块皮肤，乃至他身上的一个分子，就可以再造出一个和他本人还有些不一样的人，而这个和他本人有些不一样的人，还能跟他在一起再生出新的个体。联系《圣经·创世记》当中关于亚当、夏娃和人类产生的神话，可以看到，它和理学关于理气生成万物、关于《太极图》的讲法，是有相似之处的。比如，我们可以把太极理解为始祖亚当，把阴阳、五行所代表的整体的气，看作是夏娃，然后，亚当（太极）、夏娃（气）再一起生出人类男女，再生出万物。

如果我们继续深究这个问题，可以发现：亚当是世上第一个男人，他是上帝创造的；夏娃是世上的第一个女人，她是由上帝用亚当的一根肋骨变来的；而夏娃和亚当交合产生的第一个人类男人或第一个人类女人，与亚当和夏娃本人相比，完全是不一样的。因为，我们或许可以说，亚当是作为种子的那个男人，夏娃也是作为种子的那个女人；而由这两个种子再共同生育出来的人，已经属于是次一级的人了。这就像鸡生蛋、蛋生鸡古老的循环问题一样，在亚当、夏娃的神话当中，他们作为人类的第一个男人和女人，实际上并不是由人类的父母生出来的。否则，就要问，人类的第一个男人和女人，他们的父母又是怎么来的？《圣经·创世记》的解决办法，是搬出来了上帝的存在。

画到《太极图》当中，"无极而太极"，上帝其实就是太极。但上帝和理学的太极还不完全一样，它们最大的区别在于，太极仅凭自身就造出了全部世界，而且太极本身就在其所生成世界之中，就身处其创世的全过程之内，它就是这个世界的全部。但上帝是独立于其所创造的世界之外的，是独立于其创世的全过程的，如果按照《太极图》的比附，上帝还应该在太极之前。

所以，后来利玛窦在《天主实义》当中，对理学的理、太极，是有所质疑的，他们之间是有思想的碰撞的。因为基督教是神造物的一套理论，而"无极而太极"是自我演化论。但在这一点上，中西方哲学并非没有沟通交流的可能。利玛窦的基督教理论，也结合了亚里士多德的古希腊哲学的本体论、宇宙论的思想。我们知道，亚里士多德有所谓第一推动者的说法。第一推动者和上帝，几乎就是一回事。而中国哲学讲的太极，在某种意义上，也结合了魏晋的"独化论"问题。独化的理论，最早是从汉代的"或使"、"莫为"之争发展而来的。"或使说"推到最后，其实就是第一推动者，就是上帝，就是神。必须有一个神。"莫为说"则是从《老子》"无中生有"来的，是一种形而上学的讲法。《老子》所讲的无，在魏晋思想当中有所反映，比如所谓"贵无论"、"崇有论"。《老子》的无，在某种意义上，其实就是"莫为说"的原型。中国哲学并非没有要找第一推动者，"或使说"可以认为就是这种企图。但最后，儒家采用的解释的方式，是所谓生生。当代一些学者比较重视讨论生生的理论，它处理的一个主要问题是：世界是怎么生出来的？实际上，这是要解释：这个世界如何可能不需要一个外在的存在，仅凭自身就能够自我生成。

小结一下：《太极图》的这一套模式，在西学（包括利玛窦的基督教哲学，以及亚里士多德的古希腊哲学）看来，中国人讲的《太极图》及其太极生万物的理论，是不可思议的，是有问题的，在逻辑上讲不通的。但用亚当、夏娃的例子来比拟，也未尝不可以得到理解。亚当、夏娃是《圣经·创世记》当中有关伊甸园的传说。这个故事背后其实涉及一个理论困难，即如何处理诸如鸡生蛋、蛋生鸡的循环问题。我们现在有了一种新的讲法，即进化论。在西方，对基督教神学的上帝造物说提出最大挑战的就是进化论。所以达尔文的《物种起源》刚出来的时候，遭到了整个神学系统猛烈攻击，认为这完全是异端邪说。虽然耶稣会比较早地接受了进化论，但是到现在为止，传统的基督教神学仍然不能接受它。

宇宙生成论有时会遇到如鸡生蛋、蛋生鸡一样的连环难解的问题，因为必须要回答，第一对公鸡和母鸡或第一对男女，是怎么来的？对于这个问题，基督教是通过上帝造亚当夏娃的说法来摆平的。就好比，如果让基督教来解决鸡生蛋、蛋生鸡的问题，我们可以设想，他们会说：上帝先造了第一只公鸡，再从公鸡身上拔下一根毛变成母鸡，再由公鸡和母鸡交配，才生了蛋，于是开始蛋生鸡、鸡生蛋。这个讲法听起来有点搞笑，近乎一种戏论。可是，如果我们不去设想一种进化论模式的话，其实，摆在我们面前的关于宇宙生成的理论，无外乎两种模式或两种解释：《太极图》与《圣经·创世记》。现在加上进化论，就变成三种。但对于进化论，其实也还没有彻底搞清楚，我们只是理论上觉得进化论是有道理的，觉得我们人类是可以从一个单细胞生物经过亿万年慢慢进化而来的。

于昊甫：但进化论似乎也面临一个"第一推动者"的问题：地球上是如何产生第一个生命的？虽然通过科学研究已经证实了生命产生所必需的条件有哪些，但如何从那些无机的物质条件当中产生一个有机的生命，还是一个很困难的问题。我们可以在任何一个外太空环境里创造出一个符合一切生命诞生条件和指标的人工温室，但是毕竟那里的砂石、土壤、空气、水全部都是无机物，如何从中才能产生一个有机的生命呢？那个地球上的第一个单细胞生物，是怎么一下子出来的？进化论虽然把上帝从人类诞生的过程中踢出去了，但如果再追溯整个生命进化的链条，直到最初的起点，总有一个瞬间，这个世界从无生命迈进到有生命的状态；对这个瞬间，进化论怎么解释呢？

我自己不是这方面的专家，现在能想到的从进化论角度做的解释是：从无机物到有机物、从非生命体到生命体，固然是一个神奇的飞跃，但这个飞跃，或许并非如你所言地存在某种巨大的断裂。首先，我们人的身体，是由各种物质元素构成的。以前的人觉得人很神奇，把它想象为除了有中国人所谓的"血肉之躯"之外，还有所谓"Breath"（气）。这个气，其实就是人的灵。最初在抟土造人的传说里，还必须给泥人吹一口气，这个气其实就是"生气"。研究者对此有一个词源学的考察，关于灵、关于魂、关于生气和生命的关系。但这是一种想象，一种比较低级的、朴素的对于生命的理解。就好比说，以前的人不知道氧气燃烧的原理，便认为有一种所谓燃素的东西。你现在的讲法，我觉得，就有点类似于这种思维。

我想说的是，或许从无机化学到有机化学，并没有我们想象的那种决然的差异。所以，对于进化论而言，地球上第一个生命的产生，或许只不过是说，只要条件合适，无机的分子最后就会变成生命。进化论也会给我们解释，地球上的生命是如何从最开始的单细胞生物，再到多细胞生物，再到植物、动物、人。我们今天还面临着所谓"生物工程"的问题。当然，我们现在所做的事情，是以地球上已经存在生命为前提和基础的。

回过来讲，关于宇宙生成的理论，除了进化论，还有另外两种：一种，比较容易想到的，是以上帝造物说为代表的，设定第一因、第一推动者的"创世说"。它必然要求神的存在。与此同时，它也不能摆脱如何解释上帝／神是怎么来的问题，它只不过把这个问题的逻辑切断了：神就是神，神就是最终极的存在，神无所谓"被创造"。如果突破第一推动者的"阻拦"，而顺着造与被造的逻辑一直追问下去，那么，最后可能就要来到进化论的讲法上。进化论已经比较接近"无中生有"的意思了。刚才昊甬讨论到进化论面临的困难，即要回答生命是怎么从无机环境当中产生出来的。的确，对于生命的产生、对于万物的生成，人们比较习惯或者比较容易想到的，就是"神创论"，就是以神的存在来解释。就像爱因斯坦、牛顿等人。牛顿一方面是个大物理学家，但另外一方面也是坚定的神学的信徒。他越研究宇宙，就越觉得宇宙之巧妙：谁能把宇宙造得这么巧妙？那必然是因为有一位伟大的造物者。还有写《忏悔录》的奥古斯丁，他就去思考这个世界，观察一花一草，所有这些存在物，让他惊叹不已。人类最早是对大自然有一种崇拜的心理，后来便说，这一切是不是就是上帝、无所不在的神的创造和作为呢？从科学到神学，也只有一步之遥。不过，为牛顿理解的神，和一般的基督徒所理解的神可能还不太一样。一般老百姓会把上帝、耶和华人格化，认为祷告他就会听到，犯戒他就会发怒。但像牛顿这些科学家，他们如果相信神的存在的话，他们心目中的神，和牛头马面的神或者人格化的上帝完全不同。在某种意义上，你可以说，他其实是对宇宙最高和谐和秩序的相信与崇拜。

所以，归根结底，我们现在讲的《太极图》，也只不过是古代中国人对于宇宙、对于万物的一种想象，是当时的中国思想家通过思辨构造出来的一种系统理论。刚才我们讲到，按照朱子的解释，《太极图》是要用理、气来解释万物。理气产生万物的整个过程是这样：《太极图》第一层图，先有理，理即太极；第二层图，开始产生气，就是阴阳；第三层图，进而产生了五行，是更多的气；第三层图到第四层图之间（可以称之为三层半的眼睛毛图状的部分），就是理气融合的部分——用我们现在的话来说，就是做种的部分。理气融合之后，到了第四层图"乾道成男，坤道成女"，男、女，就是宇宙的种子了。在此之后，到第五层图，才是"万物化生"。

所以，在某种意义上来说，我们也可以认为，周敦颐《太极图》和《圣经·创世记》中的亚当、夏娃的故事，具有相类似的思路。只不过，《圣经》当中的上帝的角色，在《太极图》里，则是换做太极自身来完成的。所以后来利玛窦在《天主实义》中辩论来辩论去，辩到最后，就说：假设你们承认，你们所讲的理和太极就是我们所说的上帝，那么一切都没问题了。因为利玛窦的理论认为，创造者本身要高于创造物一个层级，创造者本身不能等同于创造物。在《太极图》里面也存在同样的问题，刚才已经讲到了：如果说气从理出，那么理为什么会生出气来呢？如果用气来解释恶的原因的话，所以后世的朱子学者，特别是朝鲜朱子学者，有所谓"四七之辩"。其主要问题为，既然让我们相信大家都有所谓的性，所谓"各一其性"，万物都"各一其太极"，那么，不好的因素，所谓"恶"者，又是怎么来的呢？回答是：恶是从气来的。于是又问：气又是怎么来的呢？回答是：气是从理生出来的。再问：善的理又为什么会生出不善的气呢？最后，必然要回答说：因为也有一个气的理，可以生出不善之气的理。于是，既有一个善的理，又有一个不善的理；既有一个理之理，又有一个气之理。说到这一步，再往下深究，就很困难了。就好比对上帝的追问：既然一切都是上帝造的，那么上帝为什么会造出恶呢？或者，为什么要有恶的东西存在？恶难道是上帝控制不了的？又或者，恶难道是上帝故意造出来的？所以西方人说上帝死了、奥斯维辛之后没有上帝了，因为上帝怎么能容许这种极端之恶发生呢？要么，这种恶的诞生超出了上帝的能力；要么，这种恶就是上帝故意放出来的。无论哪一种解释，对上帝都不利。所以，"上帝死了"，诸如此类。太极的讲法也存在类似的问题。当然，上述的问题是更加本源性的理论问题。

就《太极图》而言，回到刚才我们讲的眼睫毛图案〰的含义问题上来。周敦颐《太极图说》"无极之真，二五之精，妙合而凝"，大概的意思，按照朱子的解释，实际上就是理和气的融合。所以，昊甬刚才的讲法也有一定的道理，而这个眼睫毛状的图案，四条线连下来到小圆圈〰，其实就是气和理融合的示意图。

还有一个问题，这个"此无极二五"句前的插图，还应不应该像中华书局所谓"吴兴费氏本"〰那样，再加很多其他的线？而接下来的"乾道成男、坤道成女"的第四层大圈，应该可以理解为是由理气融合、交媾之后的受精卵〰所生成的胚胎，所谓"男女"，按现代基因理论，仿佛就是一个 XY 染色体，另一个是 XX 染色体。所以，昊甬，回到你最初提出的问题，如果我们的理解要保持一贯的话,《太极图》第二层图的中心小圆圈和第三层图五行外围以及下方四条连线的总共六个小圆圈,应当都是表示作为本体的,或者作为性、作为理的太极。它们的含义和画法都应该是一致的。

再顺便提一句:《性理群书句解》所收的朱子《太极图解》,给各个插图所加的图注以及给每句话做的注释,这些内容的作者是谁?

于昊甫:关于《性理群书句解》,可以参看程水龙和曹洁的文章《〈性理群书句解〉的价值探究》[1]。程水龙、曹洁也已经把《性理群书句解》点校出来了(上海:华东师范大学出版社,2018 年)。他们的文章里说到,《性理群书句解》"前集"是南宋熊节集编、熊刚大集解,前者是朱子门人,后者受业于朱子门人黄榦、蔡渊。按照您上节课所说的思路,从朱子门人用的本子,或许能够推断出来朱子晚年定本的样貌。而从《朱子成书》本和《句解》本如此相似来看,是否就能够判断出来,这两个本子就是朱子《太极解义》的最终定本?

我们再稍微理一下:根据你现在的考察,《朱子成书》本和《性理群书句解》本,在我们之前关心的《太极图说》分章问题,以及《太极图解》的几个插图的问题上,都基本是一样的吗?因此,你觉得现在的通行本可能就是朱子的晚年定本。

于昊甫:因为《性理群书句解》和《朱子成书》之间,应该不存在直接的版本源流关系,它们的出现时间也基本同时或者稍有先后;那么,如果两者用到的《太极解义》底本可以确定是同一个本子,那么是不是可以判定这个本子就是朱子的晚年定本?因为它们的《太极解义》版本的确基本一致。这就是我初步的看法。

对,我们要根据几个方面来判断淳熙本和现代通行本何者为定本,因为它

---

[1] 程水龙、曹洁:《〈性理群书句解〉的价值探究》,载《历史文献研究》2016 年第 1 期。

们之间存在分歧。现在我们是借助于第三方证据——即朱子门人所编的注解本或文集。话说回来，熊节和熊刚大都是宋人，比元人黄瑞节还要早。

我们的课限于时间只能到这个地方了，后面就期待你们在各自的作业当中解决我交给你们的问题。

附 录

附录一 《太极解义》简疏

太极图解

【疏】周子太极图自上而下凡五图，编号为笔者后加。

第一图

〇，此所谓"无极而太极"也，【疏】周子《太极图说》(以下简称《图说》)首句"无极而太极"。又，标准样式的周子太极图，其第一图，图上文字即"无极而太极"。所以动而阳、静而阴之本体也。【疏】周子太极图之第二图，其中文字，从左到右，依次为"阳动"、"阴静"。《图说》第二章云："太极动而生阳，动极而静，静而生阴，静极复动。"此朱子解说之所本。与周子原文比对，可知朱子亦有所增益，此即引入"本体"以解太极，太极被视为"所以动而阳、静而阴之本体"。而周敦颐本人自始至终没有用"本体"乃至"体用"这样的词解说太极图。然非有以离乎阴阳也，即阴阳而指其本体，不杂乎阴阳而为言耳。

第二图

◎，此○之动而阳、静而阴也。中○者，其本体也。【疏】从朱子将太极以圆圈之图形表示这一点可知，朱子实际是认为，太极图五层之图每一层图当中都包含了作为本体的太极，换言之，朱子是认为每一层图都是对太极的说明，因此，五层图彼此独立，而非自上而下地逐级演化。同时，由这句话可知，太极图第二层图中间那个图形是圆圈而不是宋刻本所画的那样黑白对半。朱子对这层图的解说，循着由里而外的次序，即：先解释中心那个图形的意思，然后再解释包着中心的外面的图的意思。

☾者，阳之动也，○之用所以行也。☽者，阴之静也，○之体所以立也。☽者，☾之根也。☾者，☽之根也。【疏】周子原图"阳动"二字在左，"阴静"二字在右。《太极图说》第二章又云"分阴分阳，两仪立焉"。据此，朱子对太极图第二层的图作如下理解：这个图由三部分构成，即：中间的那个小圆圈，代表太极；左边的☾，代表阳之动；右边的☽，代表阴之静。更值得注意的是，朱子还把第二部分与第三部分跟太极的用与体之成立分别对应。这样一来，三个部分的关系实际上就变成：中间是作为本体的太极之圆圈，这个本体向左，实现了其用；向右，确立了其体。这是周敦颐原图及图说没有说到的意思。至于第二部分跟第三部分互为对方之根，这是从周敦颐《太极图说》第二章"一动一静，互为其根"的说法而来。朱子将第二层图理解为三个部分，尤其是将第二部分理解为阳动，第三部分理解为阴静，跟传统上认为这层图是坎离相抱或水火互济的那种观点就区别开来。因为左边这个与离卦相似，右边这个与坎卦相似，而离卦的卦象是火，坎卦的卦象是水。坎离相抱或水火互济，乃至后世具象化的阴阳鱼图案，都是相互贴合，中间没有这个小圆圈，而这个圆圈，至少在朱子看来，非同小可，因为它是作为本体的太极。

第三图

，此"阳变阴合而生水、火、木、金、土"也。

ㄟ者，阳之变也。ノ者，阴之合也。水，阴盛，故居右；火，阳盛，故居左；木，阳稚，故次火；金，阴稚，故次水；土，冲气，故居中。而水火之ㄨ交系乎上，阴根阳，阳根阴也。水而木，木而火，火而土，土而金，金而复水，如环无端，五气布，四时行也。

，五行一阴阳，五殊二实，无余欠也；阴阳一太极，精粗本末，无彼此也；太极本无极，上天之载，无声臭也。五行之生，各一其性，气殊质异，各一其〇，无假借也。

ᵚ，此无极、二五所以妙合而无间也。(【疏】《图说》：无极之真，二五之精，妙合而凝。朱子解：夫天下无性外之物，而性无不在，此无极、二五所以混融而无间者也，所谓"妙合"者也。"真"以理言，无妄之谓也；"精"以气言，不二之名也。"凝"者，聚也，气聚而成形也。盖性为之主，而阴阳五行为之经纬错综，又各以类凝聚而成形焉。

第四图

〇，乾男坤女，以气化者言也，各一其性，而男女一太极也。

第五图

○，万物化生，以形化者言也，各一其性，而万物一太极也。

朱子原注：此以上引《说》解剥《图》体，此以下据《图》推尽《说》意。

惟人也，得其秀而最灵，则所谓人○者，于是乎在矣。

然形，☽之为也。神，☾之发也。

五性，火水土木金之德也。善恶、男女之分也。万事、万物之象也。此天下之动，所以纷纶交错，而吉凶悔吝所由以生也。

惟圣人者，又得夫秀之精一，而有以全乎○之体用者也。是以一动一静，各臻其极，而天下之故，常感通乎寂然不动之中。

盖中也，仁也，感也，所谓☾也，○之用所以行也。正也，义也，寂也，所谓☽也，○之体所以立也。【疏】朱子尝辨"或谓不当以仁义中正分体用"：仁义中正，同乎一理者也。而析为体用，诚若有未安者。然仁者，善之长也；中者，嘉之会也；义者，利之宜也；正者，贞之体也。而元亨者，诚之通也；利贞者，诚之复也。是则安得为无体用之分哉！

中正仁义，浑然全体，而静者常为主焉，则人○于是乎立。

而火水土木金天地、日月，四时、鬼神，有所不能违矣。

君子之戒慎恐惧，所以修此而吉也；小人之放僻邪侈，所以悖此而凶也。

天地人之道，各一〇也。

阳也，刚也，仁也，所谓☾也，物之始也；阴也，柔也，义也，所谓☽也，物之终也。【疏】朱子尝辨"仁为统体，不可偏指为阳动；仁义中正之分，不当反其类"云：所谓仁为统体者，则程子所谓专言之而包四者是也。然其言盖曰四德之元，犹五常之仁，偏言则一事，专言则包四者，则是仁之所以包夫四者，固未尝离夫偏言之一事，亦未有不识夫偏言之一事而可以骤语夫专言之统体者也。况此图以仁配义，而复以中正参焉。又与阴阳刚柔为类，则亦不得为专言之矣，安得遽以夫统体者言之，而昧夫阴阳动静之别哉。至于中之为用，则以无过不及者言之，而非指所谓未发之中也。仁不为体，则亦以偏言一事者言之，而非指所谓专言之仁也。对此而言，则正者所以为中之乾，而义者所以为仁之质，又可知矣。其为体用，亦岂为无说哉？

此所谓易也，而三极之道立焉，实则一〇也。【疏】"三极之道"之"三极"，从上下文可知，当指天极、地极、人极。

故曰：易有太极，◎之谓也。【疏】朱子用此图（周子太极图第二图）理解"易有太极"，重点在于阴阳分布左右，中间夹一太极。

太极图说解

【疏】周子《图说》原文凡十章，为便研究，今予编号。《说解》初稿，朱子曾呈张栻、吕祖谦等征求意见，后者有所献疑，朱子间采之，而亦自辩，今将其辩插入相关文字后。

第一章

无极而太极。

【解】上天之载，无声无臭，而实造化之枢纽，品汇之根柢也。故曰："无极而太极。"非太极之外，复有无极也。

第二章

太极动而生阳，动极而静，静而生阴。静极复动。一动一静，互为其根；分阴分阳，两仪立焉。

【解】太极之有动静，是天命之流行也，所谓"一阴一阳之谓道"。诚者，圣人之本，物之终始，而命之道也。其动也，诚之通也，继之者善，万物之所资以始也；其静也，诚之复也，成之者性，万物各正其性命也。【疏】朱子这里用"继之者善"、"成之者性"来疏解太极之动静，张栻尝不谓然，朱子自辩云："或谓不当以继善成性分阴阳"，夫善之与性，不可谓有二物，明矣！然继之者善，自其阴阳变化而言也；成之者性，自夫人物禀受而言也。阴阳变化，流行而未始有穷，阳之动也；人物禀受，一定而不可易，阴之静也。以此辨之，则亦安得无二者之分哉！然性善，形而上者也；阴阳，形而下者也。周子之意，亦岂直指善为阳而性为阴哉。但话其分，则以为当属之此耳。动极而静，静极复动，一动一静，互为其根，命之所以流行而不已也；动而生阳，静而生阴，分阴分阳，两仪立焉，分之所以一定而不移也。

盖太极者，本然之妙也；动静者，所乘之机也。太极，形而上之道也；阴阳，形而下之器也。【疏】朱子这里以道和器与太极和阴阳对应，张栻对此有疑，朱子曾自我辩护，其辞云：二辨"或谓不当以太极阴阳分道器"，阴阳太极，不可谓有二理必矣。然太极无象，而阴阳有气，则亦安得而无上下之殊哉！此其所以为道器之别也。故程子曰："形而上为道，形而下为器，须着如此说。然器，亦道也，道，亦器也。"得此意而推之，则庶乎其不偏矣。

是以自其著者而观之，则动静不同时，阴阳不同位，而太极无不在焉。自其微者而观之，则冲漠无朕，而动静阴阳之理，已悉具于其中矣。虽然，推之于前，而不见其始之合；引之于后，而不见其终之离也。故程子曰："动静无端，阴阳无始。"非知道者，孰能识之。

第三章

阳变阴合，而生水、火、木、金、土。五气顺布，四时行焉。

【解】有太极，则一动一静而两仪分；有阴阳，则一变一合而五行具。然五行者，质具于地，而气行于天者也。以质而语其生之序，则曰水、火、木、金、土，而水、木，阳也，火、金，阴也。以气而语其行之序，则曰木、火、土、金、水，而木、火，阳也，金、水，阴也。又统而言之，则气阳而质阴也；又错而言之，则动阳而静阴也。盖五行之变，至于不可穷，然无适而非阴阳之道。至其所以为阴阳者，则又无适而非太极之本然也，夫岂有所亏欠间隔哉！【疏】关于以质语其生之序与以气语其行之序、朱子答林子玉书曾有解释，"天一生水，地二生火，天三生木，地四生金。一三阳也，二四阴也。"这是说水木何以谓之阳、火金何以谓之金。关于木火何以谓之阳，金水何以谓之阴，是以四时而言。春夏为阳，秋冬为阴。(《文集》卷四十九) 又，水、火、木、金、土的次序是用《洪范》的五行说。木、火、土、金、水的次序是用五行相生的原理。前者是讲五行的创生，后者是讲五行的运行。

第四章

五行，一阴阳也；阴阳，一太极也；太极，本无极也。五行之生也，各一其性。

【解】五行具，则造化发育之具无不备矣，故又即此而推本之，以明其浑然一体，莫非无极之妙；而无极之妙，亦未尝不各具于一物之中也。盖五行异质，四时异气，而皆不能外乎阴阳；阴阳异位，动静异时，而皆不能离乎太极。至于所以为太极者，又初无声臭之可言，是性之本体然也。天下岂有性外之物哉！然五行之生，随其气质而所禀不同，所谓"各一其性"也。各一其性，则浑然太极之全体，无不各具于一物之中，而性之无所不在，又可见矣。

【疏】淳熙本朱子文集所收太极解义，此章与下一章合为一章，而开头"五行具"至"一物之中也"一段话作："此据五行而推之，明无极二五混融无间之妙，所以生成万物之功也。"另，张栻太极解义，将下一章的"无极之真、二五之精、妙合而凝"三句并到这一章。

第五章

无极之真，二五之精，妙合而凝。"乾道成男，坤道成女"，二气交感，化生万物。万物生生，而变化无穷焉。

【解】夫天下无性外之物，而性无不在，此无极、二五所以混融而无间者也，所谓"妙合"者也。"真"以理言，无妄之谓也；"精"以气言，不二之名也；"凝"者，聚也，气聚而成形也。盖性为之主，而阴阳五行为之经纬错综，又各以类凝聚而成形焉。阳而健者成男，则父之道也；阴而顺者成女，则母之道也。是人物之始，以气化而生者也。气聚成形，则形交气感，遂以形化，而人物生生，变化无穷矣。自男女而观之，则男女各一其性，而男女一太极也；自万物而观之，则万物各一其性，而万物一太极也。盖合而言之，万物统体一太极也；分而言之，一物各具一太极也。【疏】朱子这里言"一物各具一太极"，张栻亦曾置疑，朱子自辩，其辞云：辨"或谓不当言一物各具一太极"：万物之生，同一太极者也。而谓其各具，则亦有可疑者。然一物之中，天理完具，不相假借，不相陵夺，此统之所以有宗，会之所以有元也。是则安得不曰各具一太极哉！

所谓天下无性外之物，而性无不在者，于此尤可以见其全矣。子思子曰：

"君子语大，天下莫能载焉；语小，天下莫能破焉。"此之谓也。

第六章

惟人也，得其秀而最灵。形既生矣，神发知矣，五性感动，而善恶分，万事出矣。

【解】此言众人具动静之理，而常失之于动也。盖人物之生，莫不有太极之道焉。然阴阳五行，气质交运，而人之所禀独得其秀，故其心为最灵，而有以不失其性之全，所谓天地之心，而人之极也。然形生于阴，神发于阳，五常之性，感物而动，而阳善、阴恶，又以类分，而五性之殊，散为万事。盖二气五行，化生万物，其在人者又如此。自非圣人全体太极有以定之，则欲动情胜，利害相攻，人极不立，而违禽兽不远矣。

第七章

圣人定之以中正仁义，圣人之道，仁义中正而已矣。而主静，无欲故静。立人极焉。故圣人与天地合其德，日月合其明，四时合其序，鬼神合其吉凶。

【解】此言圣人全动静之德，而常本之于静也。盖人禀阴阳五行之秀气以生，而圣人之生，又得其秀之秀者。是以其行之也中，其处之也正，其发之也仁，其裁之也义。盖一动一静，莫不有以全夫太极之道，而无所亏焉，则向之所谓欲动情胜、利害相攻者，于此乎定矣。然静者诚之复，而性之真也。苟非此心寂然无欲而静，则又何以酬酢事物之变，而一天下之动哉！故圣人中正仁义，动静周流，而其动也必主乎静。此其所以成位乎中，而天地日月、四时鬼神，有所不能违也。盖必体立而后用有以行，【疏】：朱子此言"体立而后用有以行"，张栻有疑，朱子自辩，其辞云：辨"体用一源，不可言体立而后用行"：若夫所谓体用一源者，程子之言盖已密矣。其曰"体用一源"者，以至微之理言之，则冲漠无朕而万象昭然已具也。其曰"显微无间"者，以至著之象言之，则即事即物而此理无乎不在也。言理，则先体而后用，盖举体而用之理已具，是所以为一源也；言事，则先显而后微，盖即事而理之体可见，是所以为无间也。然则，所谓一源者，是岂漫无精粗先后之可言哉？况既曰体立而后用行，则亦不嫌于先有此而后有彼矣。若程子论乾坤动静，而曰："不专一则不能直遂，不翕聚则不能发散"，亦此意尔。

第八章

君子修之吉，小人悖之凶。

【解】圣人太极之全体，一动一静，无适而非中正仁义之极，盖不假修为而自然也。未至此而修之，君子之所以吉也；不知此而悖之，小人之所以凶也。修之悖之，亦在乎敬肆之闲而已矣。敬则欲寡而理明，寡之又寡，以至于无，则静虚动直，而圣可学矣。

第九章

故曰：立天之道，曰阴与阳；立地之道，曰柔与刚；立人之道，曰仁与义。又曰：原始反终，故知死生之说。

【解】阴阳成象，天道之所以立也；刚柔成质，地道之所以立也；仁义成德，人道之所以立也。道一而已，随事著见，故有三才之别，而于其中又各有体用之分焉，其实则一太极也。阳也，刚也，仁也，物之始也；阴也，柔也，义也，物之终也。能原其始，而知所以生，则反其终而知所以死矣。此天地之间，纲纪造化，流行古今，不言之妙。圣人作《易》，其大意盖不出此，故引之以证其说。

第十章

大哉易也，斯其至矣！

【解】《易》之为书，广大悉备，然语其至极，则此图尽之。其指岂不深哉！抑尝闻之，程子昆弟之学于周子也，周子手是图以授之。程子之言性与天道，多出于此。然卒未尝明以此图示人，是则必有微意焉。学者亦不可以不知也。【疏】：这里所说的"微意"，朱子有一个解释：熹既为此说，尝录以寄广汉张敬夫。敬夫以书来曰："二先生所及闻人讲论问答之言，见于书者详矣。其于《西铭》，盖屡言之，至此图，则未尝一言及也。谓其必有微意，是则固然。然所谓微意者，果何谓耶？"熹窃谓以为此图立象尽意，剖析幽微，周子盖不得已而作也。观其手授之意，盖以为惟程子为能当之。至程子而不言，则疑其未有能受之者尔。夫既未能默识于言意之表，则驰心空妙，入耳出口，其弊必有不胜言者。（近年已觉颇有此弊矣。——原注）观其答张闳中论《易传》成书，深患无受之者，及《东见录》中论横渠清虚一大之说，使人向别处走，不若且只道敬，则其意亦可见矣。若《西铭》，则推人以之天、即近以明远，于学者日用最为亲切，非若此书详于性命之原而略于进为之目，有不可以骤而语者也。孔子雅言《诗》、《书》、执礼，而于《易》则鲜及焉。其意亦犹此耳。韩子曰："尧舜之利民也大，禹之虑民也深。"熹于周子、程子亦云。（《太极图说解·后记》）朱子以上这段话是对他壬辰冬答张敬夫书相关内容的复述，此书参见《朱子文集》卷三十一。《太极解义后记》写于乾道九年（癸巳，1173），答张敬夫（壬辰冬）写于乾道八年（1172）。

附录二　太极果非重要乎? ——接着陈荣捷说*

【提要】日本学者山井涌曾提出,"太极"虽然看起来在朱子哲学中很重要,但实际上朱子并没有把"太极"当作自己的哲学术语来使用。美籍华裔学者陈荣捷撰文商榷,认为太极在朱子哲学中甚为重要,但也承认,宇宙论本体论不是朱子哲学的归宿。当代一些学者仍然在重复陈荣捷之说。陈荣捷对太极重要性的论证并不彻底,也没有从根本上驳倒山井涌。本文接着陈荣捷往前推进,通过全面检讨山井涌的论证而对其做出彻底反驳,为太极之于朱子哲学的重要性进行正名。

日本学者山井涌(1920—1990)曾提出,"太极"虽然看起来在朱子哲学中很重要,但实际上朱子并没有把"太极"当作自己的哲学术语来使用。① 言下之意,"太极"对朱子哲学来说不是那么重要。美籍华裔学者陈荣捷(1901—1994)撰文《太极果非重要乎?》加以商榷,直谓太极在朱子哲学中甚为重要。

山井涌与陈荣捷之争,事关"太极"在朱子哲学中的定位,也牵涉朱子哲学的重点究竟落在何处。时至今日,学界对这些问题的认识似乎还没有超出山井涌与陈荣捷所论范围。本文拟"接着"陈荣捷先生往下说,以期能对问题有所推进。文章分两部分,第一部分通过分析陈荣捷及其当代继承者的看法,指

---

* 本文曾刊于《国际儒学》2022 年第 2 期。

① 此说最早见于山井涌的论文:朱子の哲学における「太极」,『韩』八一五·六合并号(韩国研究院,1979 年 6 月),后收入所著:『明清思想史の研究』,东京:东京大学出版会,1980 年,第 58—86 页。在 1982 年夏威夷大学召开的国际朱子学会议上,山井涌宣读了此文,其后,英译 *The Great Ultimate and Heaven in Chu Hsi's Philosophy* 收入 *Chu Hsi and Neo-Confucianism*, edited by Wing-tsit Chan, Honolulu: University of Hawaii Press, 1986, pp.79–92. 中译《朱子哲学中的"太极"》,载《思想与文献——日本学者宋明儒学研究》,吴震、吾妻重二主编,华东师范大学出版社 2010 年版,第 66—83 页。英译对原文做了简化处理,中译则是全文照译。

出其对太极重要性的论证并不彻底；第二部分通过全面检讨山井涌的论证而对其做出彻底反驳，为太极之于朱子哲学的重要性进行正名。

一、明异实同：陈荣捷之于山井涌

为了能对陈荣捷与山井涌之争做出一个恰当的评估，我们有必要先完整地呈现双方的论点与论证。

山井涌提出，朱子除了将《易》和《太极图说》的太极解释为理之外，还添加了各种相关的说明和论述，但朱子的这些论述，都是关于既成事实的"太极"一词的解释、说明及意见表达，朱子并没有把自己的某些思想内容称为太极，也没有用太极一词来说明或论述什么。也就是说，朱子并没有将太极纳入到自己的理论体系中而赋予其应有的地位，也没有把太极当作自己的哲学术语来使用。①

山井涌这样说，是基于他的这样一种理念：如果"太极"与"理气"、"阴阳"这些被公认为朱子哲学基础性概念一样被朱子纳入自己的哲学体系，那么，当朱子论及宇宙万物以及人物之性时，"太极"一词应该会频频出现。从这个理念出发，山井涌检索了朱子著作中有关"太极"的用例，结果他发现，首先，朱子《四书》类著作当中，没有"太极"一词；然后，《文集》与《语类》等著作当中，有关"太极"的条目，主要与《易》以及《太极图说》有关，而与《易》和《太极图说》可能没有直接关系的 12 条材料，细看，与《易》和《太极图说》仍有千丝万缕的关联。总而言之，"太极"主要是朱子在讨论《易》与《太极图说》时才使用的概念，而并非他表达自身理论的术语。以上，是我们对山井涌论证的概括。为了公正起见，我们这里将山井涌的原文

---

① 山井涌：朱子の哲学における「太极」，第 70 页；中译《朱子哲学中的"太极"》，第 74 页。

具引如下。

虽然朱子就"太极是理"的太极有所说明，但是反过来，我们看不到朱子曾运用"太极"一词提出"这样那样的理即太极"或者"宇宙万物之根本即太极"等观点的例子。如果"太极"与"理气"、"阴阳"一样，被纳入到朱子的体系中而成为其运用自如的术语，那么，这类观点表述的数量应该是很多的，尤其是当论及宇宙万物生成以及人物之性时，太极一词是应该被反复提到的。然而，在我的记忆中，《四书集注》里没有"太极"一词。在后藤俊瑞编的《朱子四书集注索引》当中，也没有找到太极一词。另据后藤俊瑞所编《朱子四书或问索引》，在《四书或问》中似乎也没有太极一词。如果朱子将太极作为自己的思想术语，那么，在这两部著作中必定会出现太极一词，至少应该和"五行"一词出现的程度相同。……在（《文集》和《语类》）这两部著作中，涉及《易》和《图说》的太极而使用太极一词的用例非常多，但是在与此无关的情况下，朱子自己运用太极的例子，在我的记忆中几乎没有。……通过整部《文集》和《语类》，试着检索太极一词出现的地方，其结果是，在《文集》及其《续集》、《别集》在内的一百二十一卷中，太极一词出现的资料数（有标题的诗文算作一处）有一百多处，总单词约 260 个（包括寄给朱子信中的若干用语）；在《语类》的一百四十卷中，约有 150 条出现太极一词，总单词数约达 350 个（包括提问者向朱子提问的若干用语）。……通过《文集》和《语类》，就其有关太极一词的约 250 条当中，选出与《易》、《图说》可能并无直接关系的 12 条，逐一进行了考察。……这些资料证明"太极"毕竟没有成为朱子自身理论体系内的用语。在这个意义上，与以上我们对《文集》和《语类》所作的检讨相比，上一章开头提到的《四书集注》及《四书或问》

中的"太极"用例连一个都没有这一事实，更是决定性的佐证吧。①

可以看到，山井涌的论据包括两个方面，其论证效力有所不同：一方面的论据是，朱子《四书》类著作当中没有出现"太极"一词。这是一个关乎事实的判断，要么为真，要么为假，只需要对朱子《四书》类著作重新检索，其真假就可以立判。另一方面的论据则稍微复杂，混合了有关事实的判断与山井涌个人的理解：关于朱子《文集》、《语类》等著作当中有关"太极"的用例绝大部分与《易》和《太极图说》有关，这不全然是事实判断，因为，究竟什么叫"相关"，以及"相关"到何种程度，似乎并没有一个统一的标准。至于山井涌在这个判断的基础上做出的朱子很少用"太极"表述其本人理论的推论，则更属其个人理解。

虽然对山井涌的说法有所辩证，即：指出朱子《文集》《语类》当中有关"太极"的材料，有些就与《太极图说》和《系辞》无关。②但总体上，陈荣捷还是盛赞山井涌的发现"令人肃然起敬"③，即：朱熹《文集》、《语类》除极少数外，所言太极皆与《太极图说》和《易·系辞上传》的"易有太极"有关，甚少用以发展其本人之理论或发表其本人之意见；《四书章句集注》与《四书或问》不用"太极"。

关于《四书章句集注》与《四书或问》不用"太极"，陈荣捷的解释是：太极乃本体论与宇宙论之观念，而《四书》则勿论上学下学，皆针对人生而

---

① 山井涌：朱子の哲学における「太极」，第71—80页；中译《朱子哲学中的"太极"》，第75—81页。
② 陈荣捷列举了《文集》和《语类》四条材料，认为它们与《易》和《太极图说》都无关。参见陈荣捷：《太极果非重要乎？》，载所著《朱子新探索》，上海：华东师范大学出版社2007年版，第153—154页。
③ 陈荣捷：《太极果非重要乎？》，第154页。

言。① 从而，他不同意山井湧以此作为论据证明太极在朱熹哲学中不重要：《四书》注解不用"太极"之词为一事，太极之思想在朱子哲学有无重要，另为一事。②

事实上，陈荣捷明确表示，"太极之概念，在朱子哲学中，甚为重要。"③ 对此，他在旧作《朱熹集新儒学之大成》④ 中有长篇论述。其中说到，朱熹要塑造具有逻辑性综合性有机性之新儒家哲学系统，就不能不取资于《太极图》。因为形而上形而下之分易趋于两元论，从而产生孰为主孰为从的难题，为免于此一困局，朱熹乃转而求之于太极观念。按照朱熹所释，极者至极也，因而太极为事事物物之极致，更明确言之，太极是理之极致。因之，朱熹以太极即理。周敦颐对于太极与理气间可能关系未作任何提示，唯有朱熹始创明太极即理。此一创明，乃朱熹本人以新儒学为理学之发展所必需。太极同于理之思想，正用以阐释形而上与形而下之关系，或一与多之关系以及创造之过程。一事一物与宇宙全体之关系，宇宙普遍之一理与万物分殊众理之关系，太极观念提供一程序，对诸关系予以调和。程颐张载等人有"理一分殊"的说法或意思，但他们的思考尚偏在伦理，而朱熹则将此说推之于形而上学之领域。在张载与程颐，固谓阴阳两端循环不已，而于新事物之创生问题则置而不论。在周敦颐，固直谓不断创造之根在静，而亦置动之本身而不问。朱熹则提出，气之动静必有其所以动静之理。太极具有动静之理，而阴阳之气赋焉。如此，朱熹就将理学带至逻辑之结论，并以其理学阐释存在本身及其变化之

---

① ②　陈荣捷：《太极果非重要乎？》，第 154 页。

③　陈荣捷：《太极果非重要乎？》，第 152 页。

④　原为英文论文 Chu Hsi's Completion of Neo-Confucianism，收在纪念法国汉学大师白乐日（Étienne Balazs, 1905—1963）的论文集 Étude Song-Sung Studies im memorian Balazs（1973）中，后被译为中文《朱熹集新儒学之大成》，收入陈荣捷《朱学论集》（台北：学生书局，1982 年）。

过程。①

对于太极在朱熹完善新儒家形而上学当中所起的关键作用，陈荣捷所作的以上解说，具有很强的说服力。但陈荣捷对山井涌的反驳却似乎没有抓住要害。因为山井涌并不否认太极就是理，他反对的是赋予太极具有理以上的任何性质或地位。②

山井涌对于"太极无甚重要"的论证，已如前述。可以看到，要想驳倒山井涌，陈荣捷本当向我们指出：

（1）朱熹曾运用"太极"一词提出"这样那样的理即太极"或者"宇宙万物之根本即太极"等观点的例子；

（2）"当论及宇宙万物生成以及人物之性时"，朱熹提到太极一词的例子。

然而，陈荣捷不仅没有指出这样的例子，相反，在自己论文的结尾，他还对山井涌关于太极无甚重要的观点作了同情的理解乃至肯定：

山井太极无甚重要之论，恐是贤者过之。然其指出太极并不如一般学者所视之重要，则大足以强调朱子之哲学，非以本体论宇宙论为归宿，而重点在乎人生，即在乎四书之教，其功诚非小也。③

如此一来，陈荣捷的立场就显出一种骑墙姿态：他一方面辩称"太极之概

① 陈荣捷：《太极果非重要乎？》，第149—152页。
② 山井涌：《朱子哲学中的"太极"》，第74页。
③ 陈荣捷：《太极果非重要乎？》，第154页。

念，在朱子哲学中，甚为重要"，另一方面又承认太极在朱子论述中"并不如一般学者所视之重要"。尤其是，他所说的重要，主要建立在"太极即理"这一点上，这对山井涌关于朱熹哲学是"理的哲学"、"理在朱子的哲学理论中是极为重要的概念"、"朱子所思考的太极无非就是理"这样一些说法根本不构成挑战。就此而言，很难认为陈荣捷反驳了山井涌，更不必说它是一种成功的反驳。

四十年过去，在陈荣捷之后，关于太极在朱子哲学中究竟是否重要，对此做出肯定回答的那些当代学者，并没有提供超出陈荣捷所论范围的答案，比如许家星，就依然在重复陈荣捷的思路，套用"照着讲""接着讲"的区分，其可谓"照着讲"。

许家星这样来论证太极对于朱熹并非不重要：在朱熹那里，太极即理。朱熹虽然论太极不多，但处处论理。所以，也许可以说朱熹罕言太极之名，却不能说朱熹罕言太极之实。

> 太极在朱子看来，其实为理，故朱子虽论太极不多，然处处论理，善观者当就朱子论理处观其太极说，而非必紧盯是否出现"太极"之名。……故由朱子罕言"太极"之名不等于朱子罕言"太极"之实，亦不等同太极于朱子并不重要。①

许家星的这种说法，对于山井涌的质疑，几乎无济于事。因为，山井涌恰恰是说，相对于太极，理才是朱熹自己的术语。既然朱熹处处论理，而不是处处论太极，岂不是正好证明了：是理，而不是太极，才是朱熹"自身理论体系

---

① 许家星：《经学与实理——朱子四书学研究》，中国社会科学出版社 2021 年版，第 124 页。

内的用语"吗?

跟陈荣捷一样,许家星也无意否认山井湧所指陈的事实:《四书章句集注》与《四书或问》都无"太极"的用例。他只是对这个事实给出了一个解释:虽然不用"太极",但朱熹用"理"的地方,指的就是"太极",因为"太极即理"。

必须说,这个解释并不成立,因为,"太极即理"只能说明"太极"可以被"理"取代,而不是相反,"理"可以被"太极"取代。除非朱熹明确说"理即太极",我们才可以放心大胆地把"理"替换为"太极"。

当山井湧指出:朱熹用到"太极"的地方,基本上都与《易》与《图说》有关,其潜台词是:朱熹自己的著作,尤其是他关于《四书》的那些著作,是用不到"太极"一词的。这实际上是把朱熹的《四书》论述与他关于《易》和《太极图说》的论述有意识地区隔开来。在这一点上,许家星与山井湧并无二致。尤有进者,许家星还强调,朱熹更关心的是《四书》之教。

> 《太极图说》与《四书》道统分别侧重道统本体向度和工夫向度,二者可谓源流关系,理一分殊关系,不可偏废。如就朱子终生奉为圭臬的"理不患其不一,所难者分殊耳"之教而言,他当更重视下学一面的《四书》道统。盖朱子哲学"非以本体论宇宙论为归宿,而重点在乎人生,即在乎四书之教。"①

这里,许家星引陈荣捷为奥援,反映出,他跟后者一样,其实是同意山井湧所言:太极不是朱熹哲学的重点所在,从而,太极在朱熹那里"并不如一般

---

① 许家星:《经学与实理——朱子四书学研究》,第124页。(陈荣捷:《朱子新探索》,第154页。——原注)

学者所视之重要"。

总之，从陈荣捷到许家星，表面上好像与山井涌相异，实际却赞同山井涌的基本判断。那么，果真如山井涌所言，太极不是朱熹"自身理论体系内的术语"，不是朱熹哲学的归宿或重点，一句话，太极果非重要乎？

二、太极何以重要：接着陈荣捷说

陈荣捷的一个疏忽，是他没有覆核山井涌所举的太极用例。至于许家星，他只是沿袭陈荣捷之说，没有涉及山井涌，当然也就遑论有何商榷了。实际上，山井涌对那些例子的分析是值得讨论的。以下，我们就按山井涌举例的顺序（先《文集》后《语类》）展开。

山井涌的做法是仅仅罗列他认为有可能与《易》和《图说》无关的例子进行排查，对于明显属于他认为与《易》和《图说》有关的例子就省略了，这当然是可以理解的。问题是，在他所列《文集》五个用例当中，被他认定为并非与《易》和《图说》无关的两例，并不是那么回事。

第一个例子：

> 方君所云。天地万物以性而有。性字盖指天地万物之理而言。是乃所谓太极者。何不可之有。天地虽大。要是有形之物。其与人物之生。虽有先后。然以形而上下分之。则方君之言。亦未大失也。（《朱子文集》卷五十二《答汪长孺》第一书）①

山井涌认为，朱子这里将"天地万物之理"换成"太极"来加以讨论，这

---

① 　山井涌：朱子の哲学における「太极」，第 72 页。按：这个例子，山井涌原编号为④。标点遵照山井涌原书所标，未按中文习惯进行改动。所引朱子原文见《朱子全书》第二十二册，第 2463 页。

一点不能不视作朱子独特的太极论，但是从"所谓太极者"这一表述来看，表明朱子很有可能是在思考着《易》和《图说》的问题而展开论述的。当然，也有可能这是指方君所说的太极。①

因为没有找到方君之说的出处②，山井涌对朱子这段话的判断流于没有什么根据的推测。其实，朱子这封写于绍熙元年庚戌（1190）的书信③，其中引用的方君观点，正是同年方宾王与他通信的内容，朱子在《答方宾王》第三书（"性者，道之形体"）中作了摘录，其详如下：

> "性者，道之形体"④，因记先生诲而思之，姑以所见布禀。《知言》云："性立天下之有。"盖万物之所以有者，以是而已。苟无是，则气化将断绝、生物有穷终矣。故曰阴阳之根柢、造化之枢纽，而中也者，天下之大本而道之体也。然前贤之论性，未尝一及于此，而必以人物禀受动静而言者，盖性不能舍物而自立。舍物而论性，则性盖不可得而名，如"乾坤毁则无以见易矣"⑤。道也者，言天之自然也；性也者，言天之赋予万物、万物禀而受之者也。虽禀而受之于天，然与天之所以为天者初无余欠。然则，性与天道非二体也，语其分则当然尔。道体无为也，人心则有动焉，而万事万物、人伦物理感通变化之机莫不备具，而仁义礼智所以立人极

---

① 山井涌：朱子の哲学における「太极」，第 73 页。中译《朱子哲学中的"太极"》，第 77 页。

② 他在有关方君的注中写道："方君或许是朱子门人方谊（字宾王），《朱子文集》卷五十六中收录了《答方宾王》的 15 封书信，其中有论述'性'的地方，但我没有找到与本文完全契合的表述。"（山井涌：朱子の哲学における「太极」，注 15，第 86 页。中译《朱子哲学中的「太极」》，注①，第 77 页。）

③ 此据陈来考证，参见陈来：《朱子书信编年考证（增订本）》，生活·读书·新知三联书店 2007 年版，第 317 页。

④ 此为邵雍语。另见《朱子语类》卷四。

⑤ 出自《系辞上》："乾坤，其《易》之缊邪？乾坤成列，而《易》立乎其中矣。乾坤毁，则无以见《易》。《易》不可见，则乾坤或几乎息矣。"

也。譬之人有是身，头、目、手、足各有攸职而不相乱，而身之用乃全。"性即理也"，而继之以康节之语，妄意恐出于此，未知是否？义愈精则言愈难，矧以浅陋，恐不足以发其蕴，乞赐详诲。①

朱子答：

> "性者，道之形体"，乃《击壤集·序》中语。其意盖曰：性者，人所禀受之实；道者，事物当然之理也。事物之理固具于性，但以道言，则冲漠散殊而莫见其实。惟求之于性，然后见其所以为道之实初不外乎此也。《中庸》所谓"率性之谓道"，亦以此而言耳。来谕所云自是胡氏《知言》之意，与此不相关也。②

我们之所以不嫌烦琐具引原文，是想完整地呈现朱子与方宾王往复讨论的问题究竟为何，跟《易》和《图说》是否有关，方宾王是否提到了太极。由上可知，方宾王来信主要是讨论"性"的问题，从文中"'性即理也'，而继之以康节之语"云云可推，此问似与《语类》卷四所记一条论性语录有关③。显然，方宾王并不是询问《易》和《图说》，也没有提到太极字样。

---

① 《朱子文集》卷五十六，《朱子全书》第二十三册，第 2655 页。
② 《朱子文集》卷五十六，《朱子全书》第二十三册，第 2656 页。
③ 因看矕等说性，曰："论性，要须先识得性是个甚么样物事。（必大录此下云："性毕竟无形影，只是心中所有底道理是也。"）程子'性即理也'，此说最好。今且以理言之，毕竟却无形影，只是这一个道理。在人，仁义礼智，性也。然四者有何形状，亦只是有如此道理。有如此道理，便做得许多事出来，所以能恻隐、羞恶、辞逊、是非也。譬如论药性，性寒、性热之类，药上亦无讨这形状处。只是服了后，却做得冷做得热底，便是性，便只是仁义礼智。孟子说：'仁义礼智根于心。'如曰'恻隐之心'，便是心上说情。"又曰："邵尧夫说：'性者，道之形体；心者，性之郭郭。'此说甚好。盖道无形体，只性便是道之形体。然若无个心，却将性在甚处！须是有个心，便收拾得这性，发用出来。盖性中所有道理，只是仁义礼智，便是实理。吾儒以性为实，释氏以性为空。若是指性来做心说，则不可。（转下页）

结合朱子《答方宾王》第三书，不难推知，《答汪长孺》第一书所云"方君云天地万物以性而有"，是朱子对方宾王来信如下一段话的概括："《知言》云：'性立天下之有。'盖万物之所以有者，以是而已"。其中，"万物之所以有者，以是而已"，承上句而来，"是"字指"性"，整句话的意思是"万物以性而有"。朱子将其转述为"天地万物以性而有"，这是很好理解的。山井涌说他没有找到与本文完全契合的表述①，只能说，他尚有一间未达。

需要指出的是，方宾王在信中几次暗引《太极图说》以及《太极图说解》，如"阴阳之根柢、造化之枢纽"，应是对《太极图说解》第一章"上天之载，无声无臭，而实造化之枢纽，品汇之根柢也"②的暗引，写成"阴阳之根柢"而非"品汇之根柢"，当是方氏误记所致。而"仁义礼智所以立人极也"，则应典出《太极图说》第七章"圣人定之以中正仁义而主静，立人极焉"③。这个情况说明，在朱子门人学者中，《太极图说解》影响甚大，其思想为大家所耳熟能详。考虑到这个背景，朱子《答汪长孺》信中说"性字盖指天地万物之理而言，是乃所谓太极者"，就很好理解了，这显然是因为，在朱子师徒中间，性被理解为太极，这样的观点是他们共知的。

朱子为方宾王"天地万物以性而有"的观点辩护，理由是："性字盖指天地万物之理而言，是乃所谓太极者"，言下之意，既然"性"指天地万物之理，

（接上页）今人往往以心来说性，须是先识得，方可说。（必大录云："若指有知觉者为性，只是说得'心'字。"）如有天命之性，便有气质。若以天命之性为根于心，则气质之性又安顿在何处！谓如'人心惟危，道心惟微'，都是心，不成只道心是心，人心不是心！又曰："喜怒哀乐未发之时，只是浑然，所谓气质之性亦皆在其中。至于喜怒哀乐，却只是情。"又曰："只管说出语言，理会得。只见事多，却不如都不理会得底。"又曰："然亦不可含糊，亦要理会得个名义着落。"（僴。人杰、必大录少异。）(《朱子语类》卷四，第63—64页）
① 山井涌：朱子の哲学における「太极」，注15，第86页。中译《朱子哲学中的"太极"》，注①，第77页。
② 《周敦颐集》，第4页。
③ 《周敦颐集》，第6页。

性乃太极，那么，说天地万物以性而有，就没什么不妥。何以如此？这里有一个前提朱子没有明讲，也许是因为在他看来是理所当然。这个前提就是：天地万物存在的根据是理，是太极，用朱子自己的语言说就是：天地万物各具一理，各具一太极。"天地万物各具一理"本是程颐提出的命题，"天地万物各具一太极"是朱子对程颐这个思想的发挥。

朱子《大学或问下》列举了程子十条语录，这些语录"皆言格物致知所当用力之地，与其次第功程也。"（《朱子全书》第六册，第 524—526 页）第五条是："盖万物各具一理，而万理同出一原，此所以可推而无不通也。"（《大学或问》，第 525 页）关于这一条，《语类》中有如下问答：

> 行夫问"万物各具一理，而万理同出一源，此所以可推而无不通也"。曰："近而一身之中，远而八荒之外，微而一草一木之众，莫不各具此理。如此四人在坐，各有这个道理，某不用假借于公，公不用求于某，仲思与廷秀亦不用自相假借。然虽各自有一个理，又却同出于一个理尔。如排数器水相似：这盂也是这样水，那盂也是这样水，各各满足，不待求假于外。然打破放里，却也只是个水。此所以可推而无不通也。所以谓格得多自能贯通者，只为是一理。释氏云：'一月普现一切水，一切水一月摄。'这是那释氏也窥见得这些道理。濂溪《通书》只是说这一事。"（道夫）①

朱子这里直接点出濂溪《通书》，认为后者的要义就在于揭示"万物各具一理，万理同出一原"。实际上，《通书》自身并无类似表述，这是朱子对它的概括与理解。

---

① 《朱子语类》卷十八，第 398—399 页。

按：朱子在解释《通书·理性命第二十二》"二气五行，化生万物。五殊二实，二本则一。是万为一，一实万分。万一各正，小大有定"这一章时说：

> 此言命也。二气五行，天之所以赋受万物而生之者也。自其末以缘本，则五行之异，本二气之实，二气之实，又本一理之极。是合万物而言之，为一太极而已也。自其本而之末，则一理之实，而万物分之以为体。故万物之中，各有一太极，而小大之物，莫不各有一定之分也。①

朱子把"万一各正"理解为"万物之中各有一太极"，表面看，似是从《太极图说》得到的启发，但实际上，如果我们仔细考察，就会发现，这个思想是朱子的发明，周敦颐自己并没有"万物之中各有一太极"那样的想法。朱子创造性地运用了周敦颐的"太极"术语。朱子是在诠释周敦颐所说的"各一其性"时发挥这个义理的。在解释《太极图》时，朱子说：

> "五行一阴阳"，五殊二实，无余欠也。"阴阳一太极"，精粗本末，无彼此也。"太极本无极"，上天之载，无声臭也。"五行之生，各一其性"，气殊质异，各一其〇，无假借也。②

"五行一阴阳，阴阳一太极，太极本无极。五行之生，各一其性"，是周敦颐《太极图说》第四章的话，但朱子对"各一其性"的解说已逸出周敦颐的范围。因为后者要表达的意思只是五行"气殊质异"，"各一其〇"是朱子自己加上去的，"〇"指太极。对此，朱子并不讳言，他在《太极图说解》中写道：

---

① 《周敦颐集》，第32页。
② 同上书，第2页。

> 然五行之生，随其气质而所禀不同，所谓各一其性也。各一其性，则浑然太极之全体，无不各具于一物之中，而性之无所不在，又可见矣。①

朱子之所以说"太极之全体无不各具于一物之中"，是为了强调每个事物当中所具有的太极是太极的全体，而不是太极的部分。因为《通书·理性命章》的"一实万分"以及朱子的解释"一理之实，而万物分之以为体"，会给人造成一种印象，以为万物所具有的太极是太极的一部分。事实上，这里的"分"字就让弟子产生万物对太极进行分割的联想。

> 郑问："《理性命章》何以下'分'字？"曰："不是割成片去，只如月印万川相似。"（陈淳录）②
> 问："《理性命章》注云：'自其本而之末，则一理之实，而万物分之以为体，故万物各有一太极。'如此，则是太极有分裂乎？"曰："本只是一太极，而万物各有禀受，又自各全具一太极尔。如月在天，只一而已；及散在江湖，则随处而见，不可谓月已分也。"（周谟录）③

朱子以"月印万川"的比喻来说明万物各自禀受一太极的含义。"分"不是"分裂""分割"，而是"禀受""全具"。

按陈来的理解，"月印万川"主要着眼于本体论的角度，而"一实万分"则是从宇宙论角度说明"理一"作为宇宙本原的意义。④ 如果说"万物各具一理"强调的是"一理"作为本体的意义，那么，"万理同出一原"则暗示了

---

① 《周敦颐集》，第5页。
②③ 《朱子语类》卷九十四，第2409页。
④ 陈来：《朱子哲学研究》，第118页。

"理一"与"万理"之间是本原与派生的关系，也就是朱子所说的"本""末"关系。

就周敦颐的原文来讲，只有"万理同出一原"、"万物之生，同一太极"这样的宇宙论涵义，朱子添上一个"万物各具一太极"这样的本体论命题，在当时就引人质疑，"或谓不当言一物各具一太极"①。为此，朱子专门给与回应。

> 万物之生，同一太极者也，而谓其各具，则亦有可疑者。然一物之中，天理完具，不相假借，不相陵夺，此统之所以有宗，会之所以有元也。是则安得不曰各具一太极哉！②

"一物之中，天理完具，不相假借，不相陵夺"，这样的说法可以认为是从程颐"万物各具一理"而来。但程颐本人从不使用"太极"一词，而周敦颐也从没有明确说过"万物各具一理"那样的话，所以，"万物各具一太极"或"一物各具一太极"云云，是只有朱熹综合二者才能提出的命题，这对周、程而言，都是一种发展。

总之，正是在朱子这里，周敦颐的"太极"取得了"理"在程颐那里的地位，程颐的"万物各具一理，而万理同出一原"，被改造为焕然一新的"太极"论述：

> 盖合而言之，万物统体一太极也；分而言之，一物各具一太极也。③

---

① 朱熹：附辩，载《周敦颐集》，第 8 页。
② 《周敦颐集》，第 10 页。
③ 同上书，第 5 页。

对此，我们还能否认朱熹曾用太极"发展其本人之理论或发表其本人之意见"吗？

第二个例子：

性是太极浑然之体。本不可以名字言。但其中含具万理。而纲理之大者有四。故命之曰仁义礼智。(《朱子文集》卷五十八《答陈器之（问玉山讲义）》) [1]

山井涌认为，"性是太极浑然之体"，其实是来自朱子《太极图说解》第四章的说法，这段话的下文，还有"五行一阴阳，阴阳一太极"，正是引用周敦颐《太极图说》的用语。山井涌还举了一个旁证，朱子《文集》卷六十一《答严时亨》第一书，针对严时亨提出的有关《太极图说》"五行之生，各一其性"的问题，朱子即答之以"性即太极之全体"。[2]

按：山井涌指出"性是太极浑然之体"来自朱子《太极图说解》第四章"各一其性，则浑然太极之全体，无不各具于一物之中，而性之无所不在，又可见矣"，不为无见。《答陈器之（问《玉山讲义》）》书中出现的"五行一阴阳，阴阳一太极"，也的确出自周敦颐《太极图说》第四章。但是，如果据此两点就认为：《答陈器之（问《玉山讲义》）》有关"太极"的说法是借用周敦颐《太极图说》以及朱子为了解释《太极图说》所写的《太极图说解》当中的用语，从而不应被看作朱子本人的术语，那么，这样的看法就有问题了。

---

[1] 山井涌：朱子の哲学における「太极」，第72页。按：这个例子，山井涌原编号为⑤。标点仍遵山井涌原书所标，未按中文习惯进行改动。所引朱子原文见《朱子全书》第二十三册，第2778页。

[2] 山井涌：朱子の哲学における「太极」，第73—74页。中译《朱子哲学中的"太极"》，第77页。

　　因为，衡量一个术语是否属于某个作者，其标准不是看这个术语是否由该作者发明，而是看该作者是否赋予了这个术语以新的意义。其实，"太极"也不是周敦颐发明的词，但这并不妨碍"太极"被认为是富于周敦颐自身特色的哲学概念。同理，朱熹在诠释周敦颐《太极图说》时形成的有关太极理论，没有理由不被视为朱熹本人的思想。毕竟，周敦颐没有"性是太极浑然之体"这样的思想，这个思想是朱熹提出的。

　　如前所述，朱熹在诠释《太极图说》"各一其性"命题时，将"性"替换为"太极"（〇），从而为这个命题增添了"一物各具一太极"那样一层涵义。按照王懋竑《朱子年谱》的说法，《太极图说解》完成于朱子四十四岁。《答陈器之（问《玉山讲义》）》，据陈来考证，写于庆元元年乙卯朱子六十六岁。[①] 朱子在晚年将自己中年形成的有关太极理论应用于自己的心性论述，有什么理由不承认这是朱子用太极"发展其本人之理论或发表其本人之意见"呢？

　　又，依山井涌之见，"性是太极浑然之体"是朱子解释周敦颐《太极图说》第四章"五行之生，各一其性"所说的话，他还将朱子《答严时亨》第一书作为旁证提出，因为在那里，对于严时亨问"五行之生，各一其性"，朱子答之以"气质是阴阳五行所为，性即太极之全体。但论气质之性，则此全体堕在气质之中耳，非别有一性也"。[②]

　　按：山井涌的这个说法似是而非。与《答严时亨》第一书不同，《答陈器之（问《玉山讲义》）》根本不涉及《太极图说》或《太极图说解》的理解问题。如副标题"问《玉山讲义》"所示，此书是朱子答门人陈埴（器之）有关《玉山讲义》之问。朱子于绍熙五年甲寅（1194）十一月至玉山，讲学于县庠，次年（庆元元年乙卯）《玉山讲义》刻行。详《玉山讲义》，内容主要是回答门人

---

① 参见陈来：《朱子书信编年考证（增订本）》，第 396 页。
② 参见《朱子文集》卷六十一，《朱子全书》第二十三册，第 1960 页。

程珌（柳湖）有关"仁"的提问，答词涉及朱子关于"性"的说法，略谓："大凡天之生物，各付一性。性非有物，只是一个道理之在我者耳。故性之所以为体，只是仁义礼智信五字，天下道理，不出于此。韩文公云人之所以为性者五，其说最为得之，却为后世之言性者多杂佛老而言，所以将性字作知觉心意看了，非圣贤所说性字本指也。"① 再看《答陈器之（问《玉山讲义》）》，以"性是太极浑然之体"开篇，着重解释何以孟子要将此浑然之性析为四端，以及四端之中仁义是关键、仁包四德、智居四端之末能成始也能成终等义理要点。

山井湧仅仅看到其中引用"五行一阴阳，阴阳一太极"就认定《答陈器之（问《玉山讲义》）》书为解说《太极图说》而发，实在是想当然尔。此书一共五节，引前贤之说甚多，"五行一阴阳，阴阳一太极"只是其中之一，出现在第四节，同一节前面朱子还引用了"立天之道，曰阴与阳；立地之道，曰柔与刚；立人之道，曰仁与义"②，亦即《太极图说》第九章。第三节引了孟子"乃若其情，则可以为善矣，乃所谓善也"③，第五节引了程颐"动静无端，阴阳无始"④。所以，不能因为看到朱子引周敦颐《太极图说》的话就认为朱子关于"太极"的说法是来自周敦颐而不是他本人的术语。实际上，周敦颐只是朱子的思想资源之一，此外还有孟子、程颐。"性是太极浑然之体"，本来就是朱子解释周敦颐"各一其性"所作的发挥，"浑然全体"这样的讲法，周敦颐自己并没有用过。朱子在跟陈埴说明"性善"、"四端"这些概念时，一再用到"太极""浑然全体"这样的名词，表明这些名词已经深入到他的思想之中，称其为朱子自己的术语，有何不可呢？

综上所述，这两个例子都并非如山井湧所认定的那样，"太极"的使用依

---

① 《玉山讲义》，《文集》卷七十四，《朱子全书》第二十四册，第3588页。
②③ 《答陈器之（问《玉山讲义》）》，《文集》卷五十八，《朱子全书》第二十三册，第2779页。
④ 《答陈器之（问《玉山讲义》）》，《文集》卷五十八，《朱子全书》第二十三册，第2780页。

附于《太极图说》而不具有独立的意义。

在论证《朱子语类》有关太极的用例几乎很少与《易》和《图说》没有关联时，山井湧的一个常用手法是，通过指出《语类》用例与《太极图解》或《太极图说解》的思想旨趣相同，而断定其与《图说》有所关联。① 这种论证包含了一个不易为人察觉的滑转：与《太极图解》或《太极图说解》思想旨趣相同，固然可以说与《太极图说》有关联，但与《太极图说》有关联，不代表这个思想就是周敦颐的，事实上，将"性"理解为"浑然太极之全体"固然是朱子在解释周敦颐《太极图说》时提出的，但这个思想是朱子的而不是周敦颐的。正如"一物各具一太极"这个命题是朱子从周敦颐"各一其性"当中引申出来的，固然不能说它与《太极图说》没有关系，但显然不能说它不是朱子独特的理论话语。

结 语

朱子中年完成的《太极图说》诠释，为他的理论建构提供了重要思想工具，这个工具是以"太极"为主题词的一系列论述。很难想象，朱子晚年的那些心性论述（包括他对人物性同异的辨析），抽离了"太极"这个关键字，它在多大程度上还是朱子的而不会被混同于程颐？须知，程颐从不使用"太极"，而只偏好"理"，而朱子则是既用"理"，又用"太极"。可以说，朱子从周敦颐《太极图说》那里得到的灵感丰富了程颐的"理"论，其表现就是"太极"出现在程颐原本使用"理"的场合，比如，程颐说"理一分殊"，而朱子则在"理一分殊"之外也使用了"一物各具一太极""万物统体一太极"这样的说法。事情并非某些论者所想象的那么简单：朱子用"理"替代了"太极"，实际情

---

① 参见山井湧：朱子の哲学における「太极」，第75—77页。中译《朱子哲学中的"太极"》，第78—79页。

况要更复杂。而无论如何，"太极"在朱子哲学中始终占有一席之地。

回到本文开头提出的问题：太极对于朱子哲学是否重要？经过以上的讨论，答案应该很清楚了。太极对于朱子哲学非常重要，其重要程度远不止陈荣捷所说的"不可无"。即便我们同意陈荣捷把朱子哲学说成主要是人生论，在这个人生论当中，"太极"作为刻画"性"的重要概念也扮演了无可替代的角色。更何况，宇宙论本体论对于朱子哲学的重要性，是无论多强调也不显过分的。

附录三　周敦颐太极图标准样式考
——从朱子《太极解义》定本入手*

【提要】周敦颐太极图流传各种版本，其标准样式为何，学界尚无定论。本文拟从一个新的思路出发解决这一难题，那就是"以朱证周"，即通过将朱子《太极图解》当中的分散诸图合并，就可以得到完整的太极图的本来面目。这是因为，朱子的《太极图解》是把周敦颐太极图化整为零地拆成一个个图形加以解说的。但《太极图解》无论是其中的文字还是插图，都存在不同版本，因此，有必要先确定《太极图解》的定本。通过比对南宋淳熙《晦庵先生文集》、元刻《性理群书句解》、元日新书堂刻《朱子成书》、明内府刻《性理大全书》诸本，可以判定：淳熙《文集》本所收者为未定之本，《成书》、《句解》所据者为晚年定本。根据《太极图解》定本可以推知，《成书》、《句解》所收太极图间有讹误，南宋宝祐景定间所刻《濂溪先生集》及明内府刻《性理大全书》所收者则最为近真，由此可以衡定太极图的标准样式。

引　论

周敦颐所撰《太极图》与《太极图说》，经过朱子校订后的版本，自南宋传世至今，最为通行 [①]。朱子也为它们做了注解，是谓《太极解义》，既可

---

* 本文初稿"朱子《太极解义》定本考——兼论朱子手定《太极图》之标准式"曾宣读于"朱子学的形成与展开：纪念朱张岳麓会讲 855 周年学术研讨会暨中国朱子学会 2022 年年会"（2022 年 12 月 17 日），收入本书时做了大量修改。

① "朱子定本"的《太极图》和《太极图说》，是"南宋以后最流行的版本"，可参杨柱才：《道学宗主：周敦颐哲学研究》，人民出版社 2004 年版，第 16 页。关于朱子对周敦颐《太极图》及《太极图说》各本之间歧异的校订过程，亦可参见氏著，第 23—32 页。本文以下所称周子《太极图》、《太极图说》，皆指经朱子手定而流传的版本。

统名《太极图说解》、又可分别称作《太极图解》和《太极图说解》①，定稿于乾道九年（1173）四月，至淳熙十五年（1188）正式刊布②。周子《太极图》、《太极图说》与《太极解义》的关系，思想义理上自不待言，文献形态上也紧密如唇齿：一方面，在周敦颐文集的版本系③中，目前已知最早的周敦颐文集，宋孝宗淳熙十六年（1189）叶重开编《濂溪集》七卷本，即收有"南轩、晦庵二先生《太极图说》"，其后出现的第三种周敦颐文集，宋宁宗嘉定末至理宗宝庆初萧一致刻《濂溪先生大成集》《太极图》及《太极图说》亦附"朱熹氏全解"④；另一方面，在朱子文献汇编类的文献系统⑤中，作为《太极解义》的"最早付梓者之一"⑥，台北"故宫博物院"藏南宋淳熙末年刊《晦庵先生文集·前集》所收本，也采用了将朱子《太极图解》、《太极图说解》分附于周子《太极图》、《太极图说》之下的体例。藉由此种合二为一、两相参附的文献形态，不仅使朱子《太极解义》在各种版本的周敦颐文集中得到流传并为世人所知⑦，亦令周子《太极图》与《太极图说》在朱子文献汇编类的文献系统中也保存有丰富的版本面貌。

---

① 可见[宋]朱熹撰，朱杰人等主编，陆建华、黄坤校点：《太极图说解·目录》，《朱子全书》第十三册，上海：上海古籍出版社，合肥：安徽教育出版社，2002年，第67页。

② 可参[宋]朱熹撰，朱杰人等主编，陆建华、黄坤校点：《太极图说解·点校说明》，《朱子全书》第十三册，第64—65页。

③ 关于历代周敦颐文集的传刻源流和主要版本，可以参见粟品孝：《历代周敦颐文集的版本源流与文献价值》，《河北大学学报（哲学社会科学版）》2020年第1期，第1—10页，以及粟品孝：《历代周敦颐文集序跋目录汇编》，上海古籍出版社2020年版。对于周敦颐文献各版本的最新纂辑整理成果，可以参见金生杨：《宋周濂溪全编》，北京燕山出版社2021年版。

④ 粟品孝：《历代周敦颐文集序跋目录汇编》，第一部分，第5页。

⑤ 关于朱子《太极解义》在朱子文献汇编类的文献系统中的收录情形，可以参见[宋]朱熹撰，朱杰人等主编，陆建华、黄坤校点：《太极图说解·点校说明》，《朱子全书》第十三册，第63—66页。其中提到，除南宋淳熙末年刊《晦庵先生文集·前集》之外，最早收录朱子《太极解义》的，应当是南宋黄益能编《朱子三书》（包括《太极解义》、《通书注》、《西铭解》），是书在明代仍有刻印，但至清时不传，康熙年间李光地所录《朱子三书》已非黄益能原本，而是从《性理大全》中抽出朱子《太极解义》、《通书注》和《西铭解》三书而成的。

⑥ 郭齐、尹波：《论宋淳熙、绍熙椠本〈晦庵先生文集〉》，《文献》1998年第3期，第177页。

⑦ "通常各种版本的周濂溪集都收有朱子的这个注解，因此学者往往都有所了解。"可参杨柱才：《朱子〈太极图说解〉的形成过程》，《朱子学刊》2007年第一辑，第49—54页。

自上世纪末至今，在中文学界，周子《太极图》和《太极图说》以及与之
并行的朱子《太极解义》，也已经以点校本的形式得到了较好的整理和利用。
周敦颐文集系统的成果，以"理学丛书"点校本《周敦颐集》卷一 ① 为代表，
它的底本是清光绪十三年（1887）贺瑞麟辑《周子全书》②；朱子文献汇编类系
统的成果，则以点校本《朱子全书》第十三册《太极图说解》③ 为代表，它的
底本是元至正元年（1341）日新书堂刻、元黄瑞节编《朱子成书》④。这两种整
理本无疑是周子《太极图》、《太极图说》和朱子《太极解义》文本勘定的重要
进展，但是，以笔者之见，在此方面目前还遗留有两个问题需要解决：

第一，以中、日学界为代表的学人在研究、讨论周子《太极图》时，往往
径直引用明、清文献所载者，以为朱子手定版本的标准样式，这类文献主要
包括明、清人编定的周敦颐文集，如明吕柟编《周子抄释》、清张伯行辑《周
濂溪先生全集》，以及明、清人编纂撰著的理学著作，如明胡广等纂《性理大
全》、明曹端《太极图说述解》、黄宗羲《宋元学案》等 ⑤。一方面，鉴于此类
文献问世更晚，其所收录《太极图》是否与南宋时朱子手定者一致无误，还需
要进行验证；另一方面，如上所述，在朱子文献汇编类的文献系统中也保留
有其他版本的周子《太极图》，特别是南宋淳熙末年刊本《晦庵先生文集·前
集》、南宋熊节集编、南宋熊刚大集解《性理群书句解·前集》、元黄瑞节编

---

① ［宋］周敦颐著，陈克明点校：《周敦颐集》，中华书局 2009 年版，第 1—12 页。

② 可参［宋］周敦颐著，陈克明点校：《校点说明》，《周敦颐集》，第 1—2 页。

③ ［宋］朱熹撰，朱杰人等主编，陆建华、黄坤校点：《太极图说解》，《朱子全书》第十三册，
第 62—86 页。

④ 可参［宋］朱熹撰，朱杰人等主编，陆建华、黄坤校点：《太极图说解·点校说明》，《朱子
全书》第十三册，第 64—65 页。

⑤ 从上述类型的明清文献中参用《太极图》标准样式的情况，可见李申：《易图考》，北京大学
出版社 2001 年版，第 6—7 页；杨柱才：《道学宗主：周敦颐哲学研究》，第 16 页；郑吉雄：
《易图象与易诠释》，华东师范大学出版社 2008 年版，第 165 页；以及［日］吾妻重二：《朱
子学的新研究——近世士大夫思想的展开》，北京：商务印书馆 2017 年版，第 49 页。

《朱子成书》三者，所收《太极图》图式各有异同。孰为朱子手定的《太极图》的标准样式？依笔者管见，学界对此议论寥寥，尚无明确的认识。

针对这一问题，本文采用的研究方法是"以朱证周"，从朱子《太极图解》当中寻求周子《太极图》之标准样式的内证。这一方法之所以可以成立，是因为：朱子在《太极图解》中，有小字原注曰："此以上引《说》解剥《图》体，此以下据《图》推尽《说》意。"这提示我们，在《太极图解》的前半部分，朱子对《太极图》本身进行的细致的剖析，因此《太极图解》文内的各个插图，实际上就是组成了《太极图》这个巨大"机器"的，被朱子"解剥"下来、给予特写的各部分"零件"。所以，如果能够寻得具有权威性的、"定本"性质的朱子《太极解义》文本，以该定本的《太极图解》的各个插图为基础和依据，我们就应该可以还原出经过朱子手定的周子《太极图》的标准样式。

这就引出了本文要着手的第二个问题，即朱子《太极解义》的定本问题。近年来，学界已注意到台北"故宫博物院"所藏南宋淳熙末年刊本《晦庵先生文集·前集》所收《太极解义》，在文本上与通行本之间还颇有异同[①]。那么，孰为《太极解义》定本、《太极解义》定本的文本面貌究竟如何？陈来先生认为，淳熙本《晦庵先生文集》所载《太极解义》应该是朱子淳熙十五年（1188）刊布的版本，如"《朱子全书》所载的《太极解义》"，则是朱子晚年的最后改定本[②]。但这一判断或有未安之处。

[①] 对淳熙《文集》本《太极解义》与通行本进行对比研究的代表性成果，可以参见郭齐、尹波：《论宋淳熙、绍熙梓本〈晦庵先生文集〉》，载《文献》1998 年第 3 期，第 177 页；以及陈来：《朱子〈太极解义〉的成书过程与文本修订》，载《文史哲》2018 年第 4 期，第 30—39 页。或限于各自的主要论题，两文都还没有对淳熙《文集》本与今传通行本进行完整的文本对校。两文具体的出校之处，可详本论。

[②] 这一观点见陈来：《朱子〈太极解义〉的成书过程与文本修订》，载《文史哲》2018 年第 4 期，第 30—39 页。

　　首先，虽然就文献本身的考察而言，台北"故宫博物院"藏南宋《晦庵先生文集·前集》，避讳字皆在光宗朝（1190—1194）之前①，且为作于光宗年间的其他文献所采，说明该书在淳熙末年不但已成书，而且已刊行②；但经学人考察，该部前集之中也存在元明之际的补版之迹，且台北"故宫博物院"所藏《晦庵先生文集》将前后集合二为一印制的时间恐已至于明③，所以，如果不经过与其他多种不同刊刻源流的版本进行比较全面的文本比勘，尚不可完全排除该本所收《太极解义》由于后人递修等原因反而更为晚出的可能。

　　其次，陈来先生在文中以"《朱子全书》所载《太极解义》"为"今传通行本"的代表，认为该本即是朱子《太极解义》的晚年定本。由于清康熙时李光地奉敕编纂的《朱子全书》并未收入《太极解义》，故陈来先生此处所言"《朱子全书》"，当即指朱杰人、严佐之、刘永翔等先生主编的点校本《朱子全书》。上文已述，该书第十三册《太极图说解》的底本是元至正元年（1341）日新书堂刻、元黄瑞节编《朱子成书》，但根据此部"校勘记"，至少有五处文字或插图参照他本进行了刊改④，已与底本有所不同。一方面，由上可知，南宋淳熙末年刊本《晦庵先生文集·前集》与元黄瑞节编《朱子成书》所收《太极解义》孰早孰晚还有待讨论，或不可即言作为点校底本的《朱子成书》便是朱子定本；另一方面，纵使《朱子成书》本确实晚出，《朱子全书》点校者用于参校的本子

① "此帙前后集均无序跋，不悉何人所编刊。考此刻前后两集书刻字体略有差异，知非同时付雕。复察此刻之避讳，前集中遇玄、弦、眩、泓、殷、敬、警、贞、慎诸字缺末笔，而于光宗讳惇、敦二字无数见而无一避者。……由此考之，则前集当刻于孝宗时。"昌彼得：《跋宋刊本晦庵先生文集》，《故宫季刊》第十六卷，1982 年第 4 期，第 3 页。

② 关于淳熙《文集》之前集为光宗年间其他文献所采之情形，并由此判断该书在淳熙末年已成书并刊行，可参见郭齐、尹波：《论宋淳熙、绍熙椠本〈晦庵先生文集〉》，载《文献》1998 年第 3 期，第 164—165 页。

③ 参见郭齐、尹波：《论宋淳熙、绍熙椠本〈晦庵先生文集〉》，载《文献》1998 年第 3 期，第 168—169 页。

④ 可参［宋］朱熹撰，朱杰人等主编，陆建华、黄坤校点：《太极图说解》，《朱子全书》第十三册，第 66 页和第 80—81 页。

则为明嘉靖郑氏宗文堂刻《性理大全》、明万历徐必达刻《周张全书》、清张伯行辑《周濂溪先生全集》、清董榕辑《周子全书》等明清文献，不仅年代较晚，且多属周敦颐文集系统，并无其他出于朱子门人之手的文献以为据依，故该点校本去取校定的正确性、与朱子定本的文本面貌是否一致，也存在疑问。

由上可知，解决朱子《太极解义》的定本问题，是还原和确定朱子手定《太极图》之标准样式的最关键步骤。针对这一问题，本文采用的研究方法是文本对校法。所涉及的文献，最首要的便是台北"故宫博物院"藏南宋淳熙末年刊本《晦庵先生文集·前集》（以下简称淳熙《文集》），以及中国国家图书馆藏元至正元年（1341）日新书堂刻、元黄瑞节编《朱子成书》（以下简称《成书》）。为了判断淳熙《文集》本《太极解义》是否晚出，并尽量准确地勘定出朱子《太极解义》的定本面貌，我们还需要在两者之间引入与《成书》性质相类、同样由朱子门人编纂且不存在直接承袭关系的台湾"国家图书馆"藏元刻本、南宋熊节集编、南宋熊刚大集解《性理群书句解·前集》（以下简称《句解》），对三者所收《太极解义》文本进行全面的对校。同时，由于明胡广等纂修的《性理大全书》被认为主要以南宋熊节、熊刚大《性理群书句解》和元黄瑞节《朱子成书》为取材底本[①]，在性质上或可视作是这两部文献的后世版本流衍之一环，所以亦将该书系统中刊刻年代最早的中国国家图书馆藏明永乐

---

① 这一观点，可以参见张岱年：《中国哲学史史料学》，《张岱年全集》第四卷，石家庄：河北人民出版社 2007 年版，第 409 页。程水龙、曹洁认为，"明清官方主持编纂的《性理大全》、《性理精义》，均受《句解》（即《性理群书句解》，笔者注）影响，以之为蓝本已是不争的史实。"可参见程水龙、曹洁：《〈性理群书句解〉的价值探究》，《历史文献研究》2016 年第 1 期，第 98 页。而吾妻重二认为，"《性理大全》的底本就是《朱子成书》"，其具体论证可参见［日］吾妻重二：《〈性理大全〉的成立与〈朱子成书〉——兼及元代明初的江西朱子学派》，《朱子学的新研究——近世士大夫思想的展开》，第 341—348 页。关于《性理大全书》的底本问题，现在学界还存在争论，或倾向于《性理群书句解》，或倾向于《朱子成书》，可参见朱冶：《元明朱子学的递嬗：〈四书五经性理大全〉研究》，北京：人民出版社 2019 年版，第 171 页。

十三年（1415）内府刻本《性理大全书》（以下简称《大全》）列为第四种工作本以为参证。

（1）南宋淳熙、绍熙年间刊本《晦庵先生文集》，现藏于台北"故宫博物院"①，"是现存最早的朱子文集刊本，也是唯一流传至今的朱子在世时刊刻流布之本"②，分为前集十一卷、后集十八卷，共十二册。关于前集的最早编刻时间，学界基本赞同昌彼得先生之说，认为在淳熙十五年（1188）二月至淳熙十六年（1189）二月之间③。该集卷第四"解义"即收录有朱子的《太极解义》，目录标题曰"太极图解义"，正文篇题曰"太极图 朱子解义"，"太极图"三字下有双行小注"濂溪周先生作，以授二程先生"。题后，依次为周子《太极图》，朱子《太极图解》，周子《太极图说》分章附朱子《太极图说解》，以及朱子余论（首句作"愚既为此说"）。需要注意的是，由于《太极解义》是朱子"所著成书"，初刻时即为单行之本，并非散见的单篇诗文序跋，所以并未收入后世编集传刻的朱子文集系统④。

（2）《性理群书句解》，又名《新编性理群书句解》或《新刊性理群书句解》，亦分为前、后两集，各二十三卷，前集由南宋熊节集编、南宋熊刚大集

---

① 该本电子版影像资源，可至台北"故宫博物院"图书文献数字典藏数据库网站查看。网址：https://rbk-doc.npm.edu.tw/npmtpc/npmtpall。

② 郭齐、尹波：《论宋淳熙、绍熙椠本〈晦庵先生文集〉》，《文献》1998年第3期，第162—180页。

③ 见陈来：《台湾影印宋本〈晦庵先生文集〉考》，《中国近世思想史研究》，北京：商务印书馆2003年版，第209页；以及郭齐、尹波：《论宋淳熙、绍熙椠本〈晦庵先生文集〉》，《文献》1998年第3期，第163页。束景南先生的结论稍异，但亦认为前集最早编刻于淳熙十五年，可参束景南：《宋椠〈晦庵先生文集〉考》，《古籍整理研究学刊》1992年第1期，第21页。该本电子版影像资源，可至台湾"国家图书馆"古籍与特藏文献资源网站页面检索查看。网址：https://rbook.ncl.edu.tw/NCLSearch/Sear-ch/Index/1。

④ 可参见陈来：《台湾影印宋本〈晦庵先生文集〉考》，见《中国近世思想史研究》，第210—211页；以及郭齐、尹波：《论宋淳熙、绍熙椠本〈晦庵先生文集〉》，载《文献》1998年第3期，第169页。今查朱子文集整理最善之本的《朱子文集编年评注》，亦不见收录《太极解义》或《太极图说解》，是为证。可参［宋］朱熹撰，郭齐、尹波编注：《篇名索引》，《朱子文集编年评注》，福州：福建人民出版社2019年版，第5523—5704页。

解。据考，熊节，福建建阳人，朱子门人，庆元五年（1199）进士；熊刚大，亦建阳人，受业于朱子门人黄榦、蔡渊，嘉定七年（1214）进士。是书目前可以看到的最早版本为元刻本 ①。有台湾"国家图书馆"藏元建安刻本 ②，一部四十六卷十六册，前集卷之九至卷之十一为"图"之部，卷之十一收录朱子《太极图解》，并无《太极图说解》及余论（首句作"愚既为此说"）等内容。此处目录标题与正文篇题皆作"太极图　濂溪先生"，正文篇题另行空一字，有双行小注"此图明太极生阴阳，阴阳生五行，五行化生男女万物，圣人则为民物之主焉"，其后为周子《太极图》及朱子《太极图解》，以"朱子曰"三字领起，行内各图、正文各句皆附有熊刚大之注；再后为周子《太极图说》，各章分句，亦句各有解，至《图说》终句"斯其至矣"及注为结。由于《句解》一书"注重为童蒙解读经典"③，所以没有在周子《图说》各章之后附入朱子的《太极图说解》，而是以更加"通晓简明"的"句解"代之。熊氏注文之中，亦多见转引自朱子《说解》的内容，可知熊注与朱子《说解》之间具有相当紧密的参照关系 ④。所以，《太极图说》的句解注文也可以间接反映出熊氏作注时所依据的朱子《说解》底本的情况，亦是文本对校之一助。值得一提的是，中国国家图书馆藏明嘉靖二十六年（1547）郑氏宗文堂本《新刊性理大全》第一

① 上述版本及人物生平可参见程水龙、曹洁：《〈性理群书句解〉的价值探究》，载《历史文献研究》2016 年第 1 期，第 96 页；以及［南宋］熊节集编、熊刚大集解，程水龙、曹洁校点：《校点说明》，《性理群书句解》上册，华东师范大学出版社 2018 年版，第 1—2 页。

② 《国立中央图书馆金元本图录》依《文禄堂访书记》著录。可参台湾"国家图书馆"：《国立中央图书馆金元本图录》，中华图书编审委员会 1961 年版，第 197—198 页。

③ ［南宋］熊节集编、熊刚大集解，程水龙、曹洁校点：《校点说明》，《性理群书句解》上册，第 3 页。

④ 熊氏《太极图说》句解与朱子《太极图说解》的关系并非本文讨论的重点，姑举数例以示其概：（1）如"太极动而生阳"句，熊注："太极之有动静，即天命之流行。"本章朱子《说解》："太极之有动静，是天命之流行也。"（2）如"一动一静，互为其根"，熊注："静极则为动之根，动极则为静之根，交互为根，运行不息。"本章朱子《说解》："一动一静，互为其根，命之所以流行而不已也。"（3）"分阴分阳，两仪立焉"，熊注："于是乎两仪体立，定分不可移矣。"本章朱子《说解》："分阴分阳，两仪立焉，分之所以一定而不移也。"亦可见本论第 23 条示例。

卷"太极图"部分，在朱子《太极图解》之后，以"群书句解"四字为始，亦录有《性理群书句解》本的朱子《图解》，各图各句皆附熊注（但其后的周子《太极图说》则并非《句解》本）。由后文"文本对校表"第15条可知，该本作为后刻，已在文字和注解体例上对《句解》元刻本等早期版本进行了一定的修正和调整。以此本参校台湾"国家图书馆"藏元刻本，可据之改正台藏元刻本的一部分图像、文字的讹误。

（3）《朱子成书》，元黄瑞节纂。黄瑞节，字观乐，江西安福人，元大德七年（1303）任连州学正，大德九年（1305）编成《朱子成书》。据考，黄瑞节与朱子的门人黄榦与黄颢似有关联，且受学于朱子的四传弟子刘辰翁，是江西朱子学集团的一员。刘辰翁之子刘将孙为此书作序，言《成书》之编是"尽力于朱门"之事①。该书最早刻本当为元至正元年（1341）日新书堂本②，一部藏于中国国家图书馆③，"书各为集，不分卷目"，"太极图"居首，即收录有朱子《太极解义》。篇题曰"太极图"，另行起为黄瑞节附录；其后为周子《太极图》、朱子《太极图解》、周子《太极图说》分章附朱子《太极图说解》，各章《说解》后皆有黄瑞节附录；再后为朱子余论（首句作"愚既为此说"）、《太极图说解·后记》（首句作"某既为此说，尝录以寄广汉张敬夫"）及《再定太极通说后序》（末题为"淳熙己亥夏五月戊午朔，新安朱某谨书"）三

---

① 关于黄瑞节的生平、交游及其与江西朱子学派的关系，可以参见［日］吾妻重二：《〈性理大全〉的成立与〈朱子成书〉——兼及元代明初的江西朱子学派》，见《朱子学的新研究——近世士大夫思想的展开》，第348—354页。刘将孙的《序》载于《朱子成书》书首，原文："观乐（黄瑞节字，笔者注）学于先子有年，往从庐山西坡家，有异闻，得遗墨。今为此书，与勉斋、西坡，皆当家尽力于朱门云。"

② 查询《中国古籍善本书目》，知元至正元年（1341）日新书堂刻本为已知传世诸本中刊刻最早者。中国古籍善本书目编辑委员会编：《中国古籍善本书目·子部》上册，上海古籍出版社1996年版，第63页。吾妻重二先生也将该本视为《朱子成书》编成后的首次正式刊行之本，见［日］吾妻重二：《〈性理大全〉的成立与〈朱子成书〉——兼及元代明初的江西朱子学派》，《朱子学的新研究——近世士大夫思想的展开》，第349页。

③ 是部已影印收录于《中华再造善本·金元编·子部》，编号为"ZHSY000595"。

文①，在三文的最后又有黄瑞节附录。

（4）《性理大全书》，亦称《性理大全》，明胡广等纂修，已知最早版本是明永乐十三年（1415）内府刻本②，中国国家图书馆有藏，七十卷。卷之一，目录、正文篇题皆曰"太极图"，正文题下有小字附录，其后为周子《太极图》、朱子《太极图解》及小字附录；再后为周子《太极图说》分章附朱子《太极图说解》，各章《说解》后皆有小字附录；再其后为朱子余论（首句作"愚既为此说"）及小字附录、《太极图说解·后记》（首句作"熹既为此说，尝录以寄广汉张敬夫"）及小字附录；最后部分题曰"太极图附录"，正文字号，分为"总论"和"论太极图与诸图同异"两部，前者录朱子、南轩张氏、山阳度氏（正）、谢氏（方叔）、黄氏（瑞节）等人议论，后者则主要是朱子之论。

之所以主要围绕淳熙《文集》本、《句解》本和《成书》本等展开《太极解义》的文本对校，是因为：一方面，已知熊节、熊刚大与黄瑞节都是宋末元初的朱子后学，可以设想，出于尊行师说、"尽力朱门"的考虑，他们据以收录的《太极解义》版本，应当是得到了朱子及门人认可的、较晚刊布的权威定本；而熊节、熊刚大与黄瑞节盛年并非同时③，且《性理群书句解》与《朱子成书》所收录《太极解义》的具体内容，以及各自的编纂体例也并不相同④，

---

① 此三文，《朱子成书》收录时皆未加题名，仅分章以示终始。后两文之题，则依《朱子全书》点校者之定。可参见［宋］朱熹撰，朱杰人等主编，陆建华、黄坤校点：《太极图说解·后记》，《朱子全书》第十三册，第79页；以及［宋］朱熹撰，朱杰人等主编，戴扬本、曾抗美校点：《再定太极通说后序》，《晦庵先生朱文公文集（五）》卷七十六，《朱子全书》第二十四册，上海古籍出版社，安徽教育出版社2002年版，第3652页。

② 明永乐十三年（1415）内府刻本《性理大全书》，亦影印收录于［明］胡广等纂修，孔子文化大全编辑部编辑：《性理大全》，山东友谊书社1989年版。

③ 如熊节为南宋庆元五年（1199）进士，熊刚大为南宋嘉定七年（1214）进士，黄瑞节则在元大德七年（1303）任连州学正。

④ 据上文可知，《性理群书句解》"太极图"部分仅录朱子《太极图解》，并无《太极图说解》，且采用了各图、各句皆有注解，更加通俗易懂的"句解"体例；《朱子成书》"太极图"部分所录内容最全，不仅包括朱子《太极图解》、《太极图说解》，文后还有朱子余论（首句作"愚既为此说"）、《太极图说解·后记》及《再定太极通书后序》三文，并采用了资料性更强的"附录"体例。

尚无证据显示两书之间存在直接的承袭关系，所以，《句解》本在淳熙《文集》本、《成书》本之间就具有了第三方的相对独立性。更何况《句解》各图、各句皆附注文，近似于是对朱子《太极解义》的某种"官方解读"（《太极图解》熊注）或"官方引用"（《太极图说》熊注），较之明清他本，也更具参校价值。如果我们通过文本对校，可以发现《成书》本与《句解》本之间高度一致，那么基本上可以确定，《成书》本与《句解》本所据之底本，应即是朱子《太极解义》的晚期定本，而淳熙《文集》本则为早期刊本；而诸本之间的"多数一致"之处，也可为校正各本自身的错漏、恢复朱子定本原貌提供依据。为了在勘定朱子《太极解义》定本的同时，对现代点校本的整理成果进行验证，我们还将"理学丛书"点校本《周敦颐集》卷一和点校本《朱子全书》第十三册《太极图说解》列入其他参校本以供对照。

与此同时，笔者还会进行诸本《太极图》图式的比对。除了上述四种工作本所收的版本之外，笔者将《续修四库全书》影印清道光二十五、二十六年道州何氏刻本《宋元学案》①卷十二"濂溪学案下"收录的《太极图》，以为明清文献所收《太极图》者之代表，与目前存世诸本中所知编刻年代最早的周敦颐文集，中国国家图书馆藏南宋宝祐四年（1256）至景定五年（1264）间编刻《濂溪先生集》残本收录的《太极图》，共同列入其他参校本，以资旁证之用。另外，笔者将主要依据学界较常见的分层方法②，将《太极图》分为五层：第一层指最上部的空心大圆圈；第二层指黑白相间的大圆圈；第三层指"五行"字样各圈和内部连线以及它们下方的小圆圈和向上连线；第四层、第五层分别指图像下部的两个空心大圆圈。

---

① ［清］黄宗羲等：《宋元学案》，清道光二十五、二十六年道州何氏刻本，《续修四库全书》编纂委员会编：《续修四库全书·史部 传记类》第五一八册、第五一九册，上海古籍出版社2002年版。
② 可以参见郑吉雄：《易图象与易诠释》，第165页。

（下附各部工作本及其他参照本刻本书影）

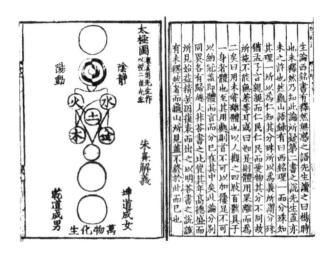

（台北"故宫博物院"藏南宋淳熙、绍熙年间刊本《晦庵先生文集》前集
卷第四"太极图"书影）

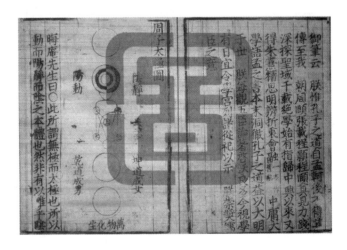

（中国国家图书馆藏宋理宗宝祐四年（1256）至景定五年（1264）间编刻
《濂溪先生集》残本"周子太极图"书影）

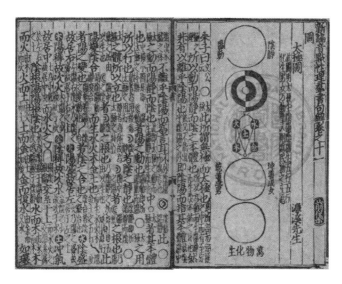

（台湾"国家图书馆"藏元建安刻本《性理群书句解》前集卷之十一"太极图"书影）

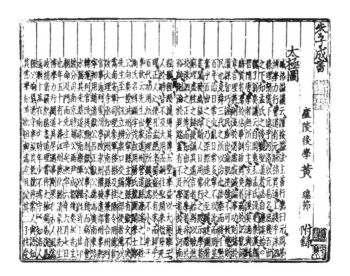

（中国国家图书馆藏元至正元年（1341）日新书堂本《朱子成书》"太极图"书影）

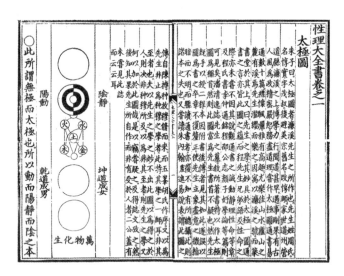

（孔子文化大全编辑部影印明永乐十三年（1415）内府刻本《性理大全书》卷之一"太极图"书影）

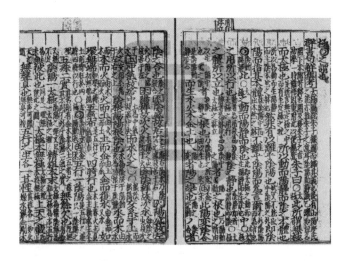

（中国国家图书馆藏明嘉靖二十六年（1547）郑氏宗文堂本《新刊性理大全》第一卷"太极图""群书句解"书影）

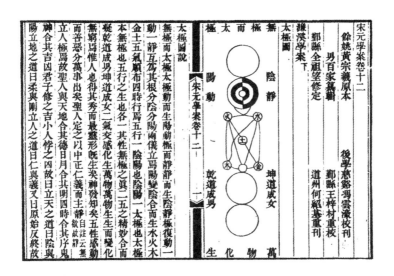

（《续修四库全书》影印清道光二十五、二十六年道州何氏刻本《宋元学案》卷十二"濂溪学案下""太极图"书影）

本 论

为了直观呈现文本对校的结果，兹不避繁冗，在出校的各处，以表格的形式将对校所用文本的具体情况通盘列出，并在其下出按语进行说明。诸本的排列顺序是，淳熙《文集》本和《成书》本位于表格的第一、第二列，其余各本则依刊刻、出版时间次序排后。文本对校的内容，就工作本和其他参校本所共有者，分为周子《太极图》、朱子《太极图解》、周子《太极图说》与朱子《太极图说解》、朱子余论（首句"愚既为此说"）和朱子《太极图说解·后记》五个部分，某本若未收此部分内容，则以空栏处理。诸本相异之处，则在各本原文上加粗表示。除前文述及的工作本和其他参照本之外，在必要时也会将其他具有参考价值的文本一并列入"其他参照本"栏。另外，本论将视情况对《句解》本的熊氏注文仅截取部分加以引用，恕不照录全文。

1.

版本信息	工作本				其他参校本	
	《晦庵先生文集》南宋淳熙刻本	《朱子成书》元至正元年（1341）日新书堂本	《性理群书句解》元建安刻本	《性理大全书》明永乐十三年（1415）内府刻本	《濂溪先生集》南宋宝祐四年（1256）至景定五年（1264）本	《宋元学案》《续修四库全书》收录清道光二十五、二十六年道州何氏刻本
周子《太极图》						

按：各本《太极图》相互比对之下可见，第一，淳熙《文集》本的特异之处：

（1）第三层"五行"各圈下方的小圆圈，缺少连接"木"和"金"的两根连线。对此处的更正，可见第 13 条。

（2）"乾道成男"、"坤道成女"八字，处于第五层大圆圈两侧。对此处的更正，可见第 14 条。

第二，《成书》本的特异之处：第三层"五行"各圈下方的小圆圈，缺少连接"木"和"金"的两根连线。对此处的更正，亦见第 13 条。

第三，《句解》本的特异之处："阳动"、"阴静"四字，处于第一层大圆圈两侧。对此处的更正，可见第 6 条。

第四，《宋元学案》清道光二十五、二十六年道州何氏刻本的特异之处：第一层大圆圈上标注有"无极而太极"五字。对此处的解释，可见第 2 条。

2.

版本信息	工作本			
	《晦庵先生文集》南宋淳熙刻本	《朱子成书》元至正元年（1341）日新书堂本	《性理群书句解》元建安刻本	《性理大全书》明永乐十三年（1415）内府刻本
朱子《太极图解》	○，此所谓无极而太极也。	○，此所谓无极而太极也。	朱子曰：○太，此所谓无极而太极也。	○，此所谓无极而太极也。

按：第一，"朱子曰"三字，《句解》本有，淳熙《文集》本、《成书》本、《大全》本皆无，应为《句解》编集者所加。"○太"小圆圈插图之下有小字注文"太极"，为《句解》的注释体例，下同。

第二，句为朱子《图解》首句，当指《太极图》第一层大圆圈而言，故而有《宋元学案》本在《太极图》第一层上方标注"无极而太极"五字。

3.

版本信息	工作本			
	《晦庵先生文集》南宋淳熙刻本	《朱子成书》元至正元年（1341）日新书堂本	《性理群书句解》元建安刻本	《性理大全书》明永乐十三年（1415）内府刻本
朱子《太极图解》	所谓动而阳、静而阴之本体也。	所以动而阳、静而阴之本体也。	所以动而阳、静而阴之本体也。	所以动而阳、静而阴之本体也。

按：淳熙《文集》本作"所谓"，《成书》本、《句解》本、《大全》本皆作"所以"。

4.

版本信息	工作本				其他参校本
	《晦庵先生文集》南宋淳熙刻本	《朱子成书》元至正元年（1341）日新书堂本	《性理群书句解》元建安刻本	《性理大全书》明永乐十三年（1415）内府刻本	"理学丛书"点校本《周敦颐集》卷一、点校本《朱子全书》第十三册《太极图说解》
朱子《太极图解》	然非有以离乎阴阳也，即阴阳而指其本体，不杂乎阴阳而为言耳。	然非有以离乎阴阳也，即阴阳而指其本体，不杂乎阴阳而为言尔。	然非有以离乎阴阳也，〔熊注：然又不能出乎阴阳之外。〕即阴阳而指其本体，〔熊注：就阴阳中指出本然之体。〕不离乎阴阳而为言耳。〔熊注：不外阴阳而为言也。〕（*《性理大全书》明嘉靖二十六年（1547）郑氏宗文堂刻本所录《性理群书句解》本《太极图解》：	然非有以离乎阴阳也，即阴阳而指其本体，不杂乎阴阳而为言耳。	然非有以离乎阴阳也，即阴阳而指其本体，不杂乎阴阳而为言耳。（笔者注：点校本《朱子全书》第十三册《太极图说解》，"耳"作"尔"，余则同。）
朱子《太极图解》			然非有以离乎阴阳也，〔熊注：然又不能出乎阴阳之外。〕即阴阳而指其本体，〔熊注：就阴阳中指出本然之体。〕不离乎阴阳而为言耳。〔熊注：不外阴阳而为言也。〕）		

按：此处有"杂""离"、"耳""尔"两处差异，前者与文义直接相关，故较之后者更为重要。对比可见，淳熙《文集》本、《成书》本、《大全》本末句皆作"不杂乎阴阳"，唯独《句解》本作"不离乎阴阳"；而首句"然非有以离乎阴阳也"，四者则一致，皆作"离"。考熊氏之注，首句"非有以离乎

阴阳"即谓"不能出乎阴阳之外",末句"不离乎阴阳而为言"即谓"不外阴阳而为言",可知熊氏作注所据底本,两处即皆为"离"字。而查之《性理大全书》明嘉靖二十六年(1547)郑氏宗文堂刻本所录《性理群书句解》本《太极图解》本句及熊注,又皆与元刻本《句解》同,知元刻本应无刊刻之误。

查点校本《朱子全书》第十四册《朱子语类(一)》卷四"蜚卿问气质之性"条,朱子有言:"而某于《太极解》亦云:'所谓太极者,不离乎阴阳而为言,亦不杂乎阴阳而为言。'"①点校本《朱子全书》第十七册《朱子语类(四)》卷九十四"'无极而太极',不是太极之外别有无极"条,朱子亦言:"'五行一阴阳也,阴阳一太极也,太极本无极也',此当思无有阴阳而无太极底时节。……某解此云:'非有离乎阴阳也,即阴阳而指其本体,不杂乎阴阳而为言也。'此句自有三节意思,更宜深考。"②由朱子本人转述自己所撰《太极图解》之语,可知首句、末句,朱子原即分别作"离"、"杂",而并非皆是"离"字。那么显然,熊氏《句解》对此处朱子《太极图解》的原文做了改更。其背后的原因或依据是什么?

笔者偶然看到日本江户儒者室鸠巢(1658—1734)撰、京都大学附属图书馆藏《太极图述》写本,卷之下《图说通论》中有托他者设问曰:"朱子此语,据吾子(指室鸠巢,笔者注)之说,诚为精微之言。而山阳度氏(指朱子门人度正,笔者注)乃改'不杂'二字为'不离',其意以为,太极虽不离乎阴阳,亦为阴阳之本体;虽为阴阳之本体,亦未尝离乎阴阳。"则室氏以为,朱子门人度正曾将本句中的"不杂"改为"不离"。考度正论及太极、阴阳之文,目

---

① [宋]朱熹撰,朱杰人等主编,郑明等校点:《朱子语类(一)》,《朱子全书》第十四册,上海:上海古籍出版社,安徽教育出版社2002年版,第196页。
② [宋]朱熹撰,朱杰人等主编,郑明等校点:《朱子语类(四)》,《朱子全书》第十七册,上海:上海古籍出版社,安徽教育出版社2002年版,第3119页。

前笔者所见，唯有《书晦庵太极图解后》一篇①，其中度氏有言："读之既久，然后始知所谓上之一圈者，太极本然之妙也。及其动静既分，阴阳既形，而其所谓上之一圈（者）常在乎其中，盖本然之妙未始相离也。"确乎仅及太极与阴阳、动静"未始相离"，而不及朱子所谓太极之本体"不杂乎阴阳"之意；虽未言改字，但意义上的确较朱子原文有所偏离。则室氏所谓"山阳度氏乃改'不杂'二字为'不离'，其意以为，太极虽不离乎阴阳，亦为阴阳之本体；虽为阴阳之本体，亦未尝离乎阴阳"的依据，是否即在于此？但室氏凿凿称度正改字，或亦有其他凭证。

无论如何，此处熊氏《句解》对朱子原文的改更，恰与度正或将"不杂"改为"不离"的说法相互照应，这似乎说明，朱子后学在对于朱子《太极图解》等文献的理解上，可能也存在一定的分歧。

5.

版本信息	工作本				其他参校本
	《晦庵先生文集》南宋淳熙刻本	《朱子成书》元至正元年（1341）日新书堂本	《性理群书句解》元建安刻本	《性理大全书》明永乐十三年（1415）内府刻本	"理学丛书"点校本《周敦颐集》卷一、点校本《朱子全书》第十三册《太极图说解》
朱子《太极图解》	◉，此○之动而阳、静而阴也。中○者，其本体也。	◉，此○之动而阳、静而阴也。中○者，其本体也。	◉，此○之动而阳、静而阴也。中○者，其本体也。[熊注：中样小圈是即太极之本体。]	◉，此○之动而阳、静而阴也。中○者，其本体也。	◉，此○之动而阳、静而阴也。中○者，其本体也。

① 可见中国国家图书馆藏宋度宗咸淳末年编《元公周先生濂溪集》卷三，本书亦收入《中华再造善本·唐宋编·集部》，编号为"ZHSY000349"。事实上，度正此文除收入周敦颐文集的传刻系统之外，还见载于明胡广等纂《性理大全书》卷一，"太极图附录"的"总论""山阳度氏曰"条，可参［明］胡广等纂修，孔子文化大全编辑部编辑：《性理大全》，第184—189页；以及清朱彝尊《经义考》卷七十一，"周子太极图说""度正跋曰"条，可参［清］朱彝尊撰，林庆彰、蒋秋华、杨晋龙、冯晓庭主编：《经义考新校》第四册，上海古籍出版社2010年版，第2328—2330页。

按：此句插图，淳熙《文集》本、《成书》本、《句解》本、《大全》本皆
画为一个小号圆圈，熊注是谓"中样小圈"，较之《图解》首句熊注"太极"
之大号圆圈明显不同。按朱子自注，《图说》的前半段是在"引《说》解剥
《图》体"，而前句正开始"解剥"《太极图》第二层黑白相间大圆圈，故此处插
图当即指此层图中央的空白小圆。点校本《周敦颐集》与《朱子全书》此处插
图则亦采用大号圆圈，模糊了圆圈不同大小的含义区别，当据改。另，《句解》
本此处标识《太极图》第二层黑白相间圆圈之图的熊注为"阴动阳静"，与朱
子原文"动而阳、静而阴"恰相反，怀疑是刊刻致误。因可见《句解》后文插
图，《太极图》第二层左半、右半圆则有图注"阳动"、"阴静"，而与朱文表意
一致。

6.

版本信息	工作本			
	《晦庵先生文集》南宋淳熙刻本	《朱子成书》元至正元年（1341）日新书堂本	《性理群书句解》元建安刻本	《性理大全书》明永乐十三年（1415）内府刻本
朱子《太极图解》	☽者，阳之动也，○之用所以行也。☾者，阴之静也，○之体所以立也。	☽者，阳之动也，○之用所以行也。☾者，阴之静也，○之体所以立也。	☽者，阳之动也，○之用所以行也。☾者，阴之静也，○之体所以立也。	☽者，阳之动也，○之用所以行也。☾者，阴之静也，○之体所以立也。

按：此句插图，淳熙《文集》本、《成书》本、《句解》本与《大全》本
皆同。朱子《图解》此处"解剥"至《太极图》第二层黑白相间大圆圈，指
其左半圆为"阳之动"，指其右半圆为"阴之静"，则《太极图》原图的"阳
动"、"阴静"四字本应处于第二层黑白大圆圈的两侧，不言自明矣。更何

况《句解》熊氏即注第二层左半圆曰"阳动"、第二层右半圆曰"阴静"。《句解》本《太极图》"阳动"、"阴静"四字却处于第一层大圆圈两侧，应据此修正。

7.

版本信息	工作本				其他参校本		
	《晦庵先生文集》南宋淳熙刻本	《朱子成书》元至正元年（1341）日新书堂本	《性理群书句解》元建安刻本	《性理大全书》明永乐十三年（1415）内府刻本	《东莱吕太史集·别集》卷十六宋嘉泰四年（1204）吕乔年刻元明递修本	"理学丛书"点校本《周敦颐集》卷一	点校本《朱子全书》第十三册《太极图说解》
朱子《太极图解》	[图]者，[图]之根也；[图]者，[图]之根也。	[图]者，[图]之根也；[图]者，[图]之根也。	[图]者，[图]之根也；[图]者，[图]之根也。	[图]者，[图]之根也；[图]者，[图]之根也。	[图]者，阳之动也；○之用所以行也。[图]者，阴之静也；○之体所以立也。）[图]者，之根也；[图]者，[图]之根也。（无极二五，理一分殊。）	[图]者，[图]之根也；[图]者，[图]之根也。	[图]者，[图]之根也；[图]者，[图]之根也。

按：第一，此句第一与第三图，淳熙《文集》本与《成书》本、《大全》本皆画作《太极图》第二层黑白相间大圆圈右半侧的中心白色半圆弧和左半侧的中心黑色半圆弧。《句解》本看似虽然与两者不同，但细读第一、第三图熊注曰"阴中之阳"、"阳中之阴"，而第二、第四图熊注则曰"阳动"、"阴静"，可知第一、三图本与第二、四图所指不同，且其含义与淳熙《文集》本、《成书》本之图一致。而点校本《周敦颐集》，则未将第一图、第三图与第二图、

第四图的图样予以区分，皆直接表示为《太极图》第二层的右半圆、左半圆，颇失其旨，当据改。

值得一提的是，作于乾道六年（1170）四五月间、所载录者当为朱子《太极解义》刊布前之初稿的吕祖谦和朱子的通信——《与朱侍讲答问·太极图义质疑》[1]亦收有此句，可见上表"其他参照本"所列，吕祖谦文集的刊刻较早且为主要传世版本的中国国家图书馆藏、宋嘉泰四年（1204）吕乔年刻元明递修本[2]《东莱吕太史集·别集》卷十六（吕氏所引朱子《图解》本句的上下文用括号标出）。其中，参考第6条可知，"☾者，阳之动也"与"☽者，阴之静也"句插图，当分别指《太极图》第二层的左半圆与右半圆（前者或因刊刻稍有残缺），所以吕氏文集本朱子《太极图解》初稿，是以边缘较粗的"☽"图案，代指《太极图》第二层从左至右"阳-阴-阳"黑白相间的右半圆。于是再观"☾者，☽之根也；☽者，☾之根也"句，第一图"☾"当然是代表《太极图》第二层左半圆的第四图"☾"的中心黑色半圆弧无疑；而第三图"☽"，显然不如代表《太极图》第二层右半圆的第二图"☽"的外边缘线粗且色深，当即指其中心的白色半圆弧而非其整体。由此可知，在朱子《太极解义》于淳熙十五年（1188）刊布之前的初稿之中，《太极图解》的本句插图即已作此样貌[3]，与淳熙《文集》本、《成书》本、《大全》本别无二致。但有趣的是，吕

---

① 关于本文的形成时间及所录朱子《太极解义》应为初稿本，可参见陈来：《朱子〈太极解义〉的成书过程与文本修订》，载《文史哲》2018年第4期，第36页。

② 关于该本的刊布源流，可见黄灵庚：《点校说明》，[宋]吕祖谦撰，黄灵庚、吴战垒主编：《吕祖谦全集》第一册，浙江古籍出版社2008年版，第2—4页。是本又影印收录于《中华再造善本·唐宋编·集部》，编号为"ZHSY000380"

③ 陈来先生生文中本句插图，似未按《东莱吕太史集》所录原貌标出，而出现了与点校本《周敦颐集》类似的错误，未将本来指代《太极图》第二层半圆中心圆弧的图案与指代《太极图》第二层半圆整体的图案加以区分。可见陈来：《朱子〈太极解义〉的成书过程与文本修订》，载《文史哲》2018年第4期，第38页。

氏文集本此句，是"☾者，☽之根也"句在先、"☽者，☾之根也"句在后，按《句解》图注，即是先言"阳中之阴"、后言"阴中之阳"；但到了淳熙《文集》本、《成书》本、《大全》本，前后顺序则相反，先言"阴中之阳"、后言"阳中之阴"，可见朱子修改之迹。

第二，《句解》本此句第一、第三图，虽然有熊注"阴中之阳"、"阳中之阴"，但面貌仍然与第二、第四图无别，不知是否是由于元至正元年（1341）日新书堂刻本并非《句解》的初刻本，因多次重刻而逐渐致误，毕竟"阴中之阳"和"阳中之阴"两图的确很容易被勾画得近似第二层黑白相间大圆圈的左右之半；但也不能排除《句解》编集者考虑到朱子《太极图解》原插图对于童蒙初学而言不甚直截明了，故仍将第一、第三图所在黑白相间半圆整体画出，而特以小注文"阴中之阳"和"阳中之阴"标示指明的情况。

8.

版本信息	工作本			
	《晦庵先生文集》南宋淳熙刻本	《朱子成书》元至正元年（1341）日新书堂本	《性理群书句解》元建安刻本	《性理大全书》明永乐十三年（1415）内府刻本
朱子《太极图解》	此阳变阴合，而生水、火、木、金、土也。	此阳变阴合，而生水、火、木、金、土也。	此阳变阴合，而生水、火、木、金、土也。	此阳变阴合，而生水、火、木、金、土也。

按：此句，朱子《图解》将《太极图》"解剥"至第三层。淳熙《文集》本、《成书》本、《大全》本此图皆指示《太极图》第三层"五行"各圈及内部

连线，去除了"五行"各圈下方的小圆圈及其与"水"、"火"、"木"、"金"的四根连线。但《句解》本此图多出一条"土"与"木"之间的直接连线，或为刊刻之误。

9.

版本信息	工作本			
	《晦庵先生文集》南宋淳熙刻本	《朱子成书》元至正元年（1341）日新书堂本	《性理群书句解》元建安刻本	《性理大全书》明永乐十三年（1415）内府刻本
朱子《太极图解》	而水火之交系乎上，阴根阳，阳根阴也。	而水火之交系乎上，阴根阳，阳根阴也。	而水火之交系于上，〔熊注：而水火之交相系属于左右之土（应为"上"）。〕阴根阳，阳根阴也。（*《性理大全书》明嘉靖二十六年（1547）郑氏宗文堂刻本所录《性理群书句解》本《太极图解》：而水火之交系于上，〔熊注：而水火之交相系属于左右之上。〕阴根阳，阳根阴也。）	而水火之交系乎上，阴根阳，阳根阴也。

按：此句文字，淳熙《文集》本、《成书》本、《大全》本皆作"交系乎上"，惟《句解》本作"交系于上"，且熊注有误字，将"左右之上"误为"左右之土"。查《性理大全书》明嘉靖二十六年（1547）郑氏宗文堂刻本所录《性理群书句解》本《太极图解》本句，亦作"交系于上"，熊注则作"左右之上"。疑此处"交系于上"为《句解》本之误，或因"乎"与"于"形近而讹，并保留在了后期刻本中。

10.

版本信息	工作本			
	《晦庵先生文集》南宋淳熙刻本	《朱子成书》元至正元年（1341）日新书堂本	《性理群书句解》元建安刻本	《性理大全书》明永乐十三年（1415）内府刻本
朱子《太极图解》	水而木，木而火，火而土，土而金，金而复水，如环无端，五气布而四时行也。	水而木，木而火，火而土，土而金，金而复水，如环无端，五气布、四时行也。	水而木，木而火，火而土，土而金，金而复水，如环无端，五气布、[熊注：是五气之气顺布。]四时行也。[熊注：木主春，火主夏，金主秋，水主冬，四时以行。]	水而木，木而火，火而土，土而金，金而复水，如环无端，五气布、四时行也。

按：淳熙《文集》本此句有"而"字，作"五气布而四时行也"。《成书》本、《句解》本、《大全》本皆无之，作"五气布、四时行也"。由《句解》熊注的分句，可知该本句读。此处差异，陈来先生亦察 ①。

11.

版本信息	工作本			
	《晦庵先生文集》南宋淳熙刻本	《朱子成书》元至正元年（1341）日新书堂本	《性理群书句解》元建安刻本	《性理大全书》明永乐十三年（1415）内府刻本

---

① 参见陈来：《台湾影印宋本〈晦庵先生文集〉考》，见《中国近世思想史研究》，商务印书馆2003年版，第39页。

（续表）

朱子《太极图解》	五行一阴阳，五殊二实，无余欠也；阴阳一太极，精粗本末，无彼此也；太极本无极，无声无臭也。	五行一阴阳，五殊二实，无余欠也；阴阳一太极，精粗本末，无彼此也；太极本无极，无声臭也。	五行一阴阳，五殊二实，无余欠也；阴阳一太极，精粗本末，无彼此也；太极本无极，无声臭也。	五行一阴阳，五殊二实，无余欠也；阴阳一太极，精粗本末，无彼此也；太极本无极，无声臭也。

　　按：第一，此句插图，淳熙《文集》本将《太极图》第一层大圆圈、第二层黑白相间大圆圈、第三层"五行"各圈和内部连线，及其下方的小圆圈和向上连线都画了出来，而《成书》本、《句解》本、《大全》本之图则仅仅包括第一层大圆圈、第二层黑白相间大圆圈、第三层"五行"各圈和内部连线，而没有出现第三层下方的小圆圈及其向上连线。而朱子《图解》由上到下"解剥《图》体"至此处，是对《太极图》第一层大圆圈、第二层黑白相间大圆圈、第三层"五行"各圈和内部连线之义理的回溯总结，尚不及第三层下方小圆圈及其向上连线，这一部分要到后句"此无极二五所以妙合而无间也"处才得到说明。故不知淳熙《文集》本此处插图之异，是朱子原本即如此，还是刊刻致误。

　　第二，此句，淳熙《文集》本句末为"无声无臭"，《成书》本、《句解》本、《大全》本皆作"无声臭"。

12.

版本信息	工作本				其他参校本
	《晦庵先生文集》南宋淳熙刻本	《朱子成书》元至正元年（1341）日新书堂本	《性理群书句解》元建安刻本	《性理大全书》明永乐十三年（1415）内府刻本	"理学丛书"点校本《周敦颐集》卷一、点校本《朱子全书》第十三册《太极图说解》
朱子《太极图解》	五行之生，各一其性，气殊质异，各一其○，无假借也。	五行之生，各一其性，气殊质异，各一其○，无假借也。	五行之生，各一其性，气殊质异，各一其○極，[熊注：各其（笔者注："其"字于理不通。依《性理大全书》明嘉靖二十六年（1547）郑氏宗文堂刻本所录《性理群书句解》本《太极图解》，熊注此处本作"具"。）一太极。]无假借也。 （*《性理大全书》明嘉靖二十六年（1547）郑氏宗文堂刻本所录《性理群书句解》本《太极图解》： 五行之生，各一其性，气殊质异，各一其○，[熊注：太极。言各具一太极。]无假借也。）	五行之生，各一其性，气殊质异，各一其○，无假借也。	五行之生，各一其性，气殊质异，各一其○，无假借也。

按：第一，此句插图，淳熙《文集》本、《成书》本、《大全》本皆画作与标识《太极图》第一层大圆圈的大号空心圆相较尺寸更小的小圆。朱子《图解》"解剥《图》体"，此句正指称《太极图》第三层"五行"各圈而言，又由《句解》本插图熊注"各具一太极"，且上文所引度正《书晦庵太极图解

后》①亦曰："至于阴阳变合而生五行，水、火、木、金、土（原作"上"，应为"土"）各具一圈者，所谓分而言之，一物一太极也"，可知该插图小圆即指第三层"五行"各字所嵌套的外圈小圆，代表"五行"各自所具有的"太极"。由于所指有别，故其尺寸大小与代表第一层"太极"本身的圆圈不同。而点校本《周敦颐集》和《朱子全书》的此句插图仍然沿用了标示《太极图》第一层大圆圈的大号空心圆，没能体现出此图的特定意义，当据改。

　　第二，元刻本《句解》此图大小亦与标识《太极图》第一层的圆圈无别，且将本属于熊氏注文的"极"字误衍入正文，此皆应属于刊刻致误，并非文本原貌。证据是：（1）若此图标识《太极图》第一层大圆圈，即"太极"本身，则与熊注言五行"各具一太极"的表意不符；（2）《性理大全书》明嘉靖二十六年（1547）郑氏宗文堂刻本所录《性理群书句解》本《太极图解》本句插图，即有注曰"太极"，其下正文无多"极"字，说明"极"字本非正文；（3）观《句解》本后文"则人🜨于是乎立"（可参第16条），插图下方"极"字即作小注字号，知熊氏有将空心圆插图注为"极"之例。

13.

版本信息	工作本				其他参校本	
	《晦庵先生文集》南宋淳熙刻本	《朱子成书》元至正元年（1341）日新书堂本	《性理群书句解》元建安刻本	《性理大全书》明永乐十三年（1415）内府刻本	"理学丛书"点校本《周敦颐集》卷一	点校本《朱子全书》第十三册《太极图说解》

①　可见中国国家图书馆藏宋度宗咸淳末年编《元公周先生濂溪集》卷三。

（续表）

朱子《太极图解》	此无极二五所以妙合而无间也。	此无极二五所以妙合而无间也。	此无极二五［熊注：此无极之理，二气、五行之精。］所以妙合而无间也。	此无极二五所以妙合而无间也。	此无极二五所以妙合而无间也。（原文校记：原作，据吴兴费氏本改。）	此无极二五所以妙合而无间也。

按：第一，此句插图，淳熙《文集》本、《成书》本、《句解》本与《大全》本皆同。由朱子《图解》上文"解剥图体"，已将《太极图》第一层大圆圈、第二层黑白相间大圆圈、第三层"五行"各圈和内部连线分析完毕，而其后又立即开始议论"乾男坤女"，故此处插图所标识的应是位于第三层"五行"各圈与第四层大圆圈之间的部分。考上文所引度正《书晦庵太极图解后》[①]："水而木、木而火、火而土、土而金，复会于一圈者，所谓合而言之，五行一太极也。然其指五行之合也，总水、火、木、金而不及土者，盖土行四气，举是四者以该之，两仪生四象之义也。"按度氏，此处插图所指代的部分，将《太极图》第三层"五行"各圈再与一个圆圈相连，即指示五行"会合"之意；且该圆圈与第三层"五行"各圈之间有四条线，分别与"水"、"火"、"木"、"金"各圈相连，而独与"土"不连。而考之淳熙《文集》本、《成书》本《太极图》，第三层"五行"各圈下方的小圆圈皆缺少连接"木"和"金"的两根连线，则应据此修正。

第二，此处插图唯独点校本《周敦颐集》与众不同，按原文校记，该本特从"吴兴费氏本"，而与底本立异。由于"吴兴费氏本"并未在《周敦颐集》的《校点说明》中出现，终不知是何本，亦不知其校改依据。或仍应据各本之旧更正。

---

① 可见中国国家图书馆藏宋度宗咸淳末年编《元公周先生濂溪集》卷三。

14.

版本信息	工作本				其他参校本
	《晦庵先生文集》南宋淳熙刻本	《朱子成书》元至正元年（1341）日新书堂本	《性理群书句解》元建安刻本	《性理大全书》明永乐十三年（1415）内府刻本	点校本《朱子全书》第十三册《太极图说解》
朱子《太极图解》	○乾男坤女，以气化者言也，各一其性，而男女一太极也。○万物化生，以形化者言也，各一其性，而万物一太极也。此以上引《说》解剥《图》体，此以下据《图》推尽《说》意。惟人也，得其秀而最灵，则所谓人○者也。	○乾男坤女，以气化者言也，各一其性，而男女一太极也。○万物化生，以形化者言也，各一其性，而万物一太极也。[原注：此以上引《说》解剥《图》体，此以下据《图》推尽《说》意。]惟人也，得其秀而最灵，则所谓人○者，于是乎在矣。	乾道成男坤道成女 乾男坤女，以气化者言也，各一其性，而男女一太极也。万物化生 万物化生，以形化者言也，各一其性，而万物一太极也。[熊注：是万物各一太极。○此以上引《说》解剥《图》体，此以下据《图》推尽《说》意。]惟人也，得其秀而最灵，则所谓人○极者，于是乎在矣。 （*《性理大全书》明嘉靖二十六年（1547）郑氏宗文堂刻本所录《性理群书句解》本《太极图解》：惟人也，得其秀而最灵，则所谓人○极者，于是乎在矣。）	○乾男坤女，以气化者言也，各一其性，而男女一太极也。○万物化生，以形化者言也，各一其性，而万物一太极也。[原注：此以上引《说》解剥《图》体，此以下据《图》推尽《说》意。]惟人也，得其秀而最灵，则所谓人○者，于是乎在矣。	○乾男、坤女，以气化者言也，各一其性，而男女一太极也。○万物化生，以形化者言也，各一其性，而万物一太极也。惟人也，得其秀而最灵，则所谓人○者，于是乎在矣。

按：第一，"乾男坤女"句与"万物化生"句，淳熙《文集》本、《成书》本、《句解》本、《大全》本并同，且前后插图熊氏分别注为"乾道成男、坤道成女"与"万物化生"。据后文朱子《图解》原文注曰"此以上引《说》解剥

《图》体，此以下据《图》推尽《说》意"，知《图解》至此已将《太极图》顺次"解剥"完毕，故此句两个插图圆圈当即指《太极图》的第四层、第五层大圆圈。上引度正《书晦庵太极图解后》①亦言："其下之一圈为乾男、坤女者，所谓男女一太极也。又其下之一圈，为万物化生者，所谓万物一太极也。"所以，"乾道成男"、"坤道成女"八字应当处于《太极图》第四层大圆圈的左右两侧。淳熙《文集》本《太极图》，"乾道成男"、"坤道成女"八字却处于第五层大圆圈两侧，应据此修正。

第二，"此以上引《说》解剥《图》体，此以下据《图》推尽《说》意"句，在淳熙《文集》本、《成书》本、《句解》本、《大全》本中都出现了，知当为朱子《图解》所原有者，各本仅在文本编排上有差异。淳熙《文集》本，此句作正文大字，为《图解》第二节领起之首句，上空两格分节；《成书》本、《大全》本此句则作双行小注文，《图解》正文内不分节；《句解》本此句亦作双行小注文，被吸收入熊氏注文之中，与熊注以小圈分隔，《图解》正文亦不分节。不知何故，点校本《朱子全书》却将此句删去了，且未出校记。当据补。

第三，淳熙《文集》本"惟人也，得其秀而最灵，则所谓人○者也。"以"也"字结句。而《成书》本、《句解》本、《大全》本句末无"也"字，下又有"于是乎在矣"五字，全句作"惟人也，得其秀而最灵，则所谓人○者，于是乎在矣"。此处差异，陈来先生亦察②。另，元刻本《句解》此句插图又将本属于熊氏注文的"极"字误衍入正文，参《性理大全书》明嘉靖二十六年（1547）郑氏宗文堂刻本所录《性理群书句解》本《太极图说解》此句插图，"极"字当为小字注文。

---

① 可见中国国家图书馆藏宋度宗咸淳末年编《元公周先生濂溪集》卷三。
② 参见陈来：《台湾影印宋本〈晦庵先生文集〉考》，见《中国近世思想史研究》，商务印书馆2003年版，第39页。

15.

版本信息	工作本			
	《晦庵先生文集》南宋淳熙刻本	《朱子成书》元至正元年（1341）日新书堂本	《性理群书句解》元建安刻本	《性理大全书》明永乐十三年（1415）内府刻本
朱子《太极图解》	然形，☾之为也。神，☾之发也。	然形，☾之为也。神，☾之发也。	然形，[熊注：但人之形质。]☾之为也。[熊注：凝合一定者，阴之所为。]神，[熊注：但人之精神。]☾之发也。[熊注：运用不息者，阳之发达。]（*《性理大全书》明嘉靖二十六年（1547）郑氏宗文堂刻本所录《性理群书句解》本《太极图解》：然形，☾之为也。[熊注：但人之形质凝合一定者，阴之所为。]神，☾之发也。[熊注：人之精神运用不息者，阳之发达。]）	然形，☾之为也。神，☾之发也。

按：第一，此处插图、文字，淳熙《文集》本、《成书》本、《大全》本皆同，唯《句解》本将原为黑白相间半圆之熊注的"阴"、"阳"二字误衍入正文。《性理大全书》明嘉靖二十六年（1547）郑氏宗文堂刻本所录《性理群书句解》本《太极图说解》此句插图，☾，黑白右半圆与"阴"字具为小注字号，☾，黑白左半圆为正文字号、"阳"字为小注字号，则"阴"、"阳"本或属熊氏注文，明矣。

第二，《性理大全书》明嘉靖二十六年（1547）郑氏宗文堂刻本所录《性理群书句解》本《太极图说解》此句熊注，较之于元刻本《句解》本熊注，将分属两处的注文"但人之形质"与"凝合一定者阴之为也"、"人之精神"与"运用不息者阳之发达"合并为一处，已不再是句句分断、句各有注。由此可见，明嘉靖郑氏宗文堂《大全》本所据《句解》底本当为后刻，对如元刻本等《句解》前期版本进行了一定的有意调整和修正。

16.

版本信息	工作本			
	《晦庵先生文集》南宋淳熙刻本	《朱子成书》元至正元年（1341）日新书堂本	《性理群书句解》元建安刻本	《性理大全书》明永乐十三年（1415）内府刻本
朱子《太极图解》	盖中也、仁也、感也，所谓◑也，○之用所以行也。正也、义也、寂也，所谓◐也，○之体所以立也。	盖中也、仁也、感也，所谓◑也，○之用所以行也。正也、义也、寂也，所谓◐也，○之体所以立也。	盖中也、仁也、感也，所谓陽也，○之用所以行也。正也、义也、寂也，所谓◐也，阴之体所以立也。 （*《性理大全书》明嘉靖二十六年（1547）郑氏宗文堂刻本所录《性理群书句解》本《太极图解》： 盖中也、仁也、感也，所谓陽也。）	盖中也、仁也、感也，所谓◑也，○之用所以行也。正也、义也、寂也，所谓◐也，○之体所以立也。

按：此处插图、文字，淳熙《文集》本、《成书》本、《大全》本皆同，唯《句解》本又将原为黑白左半圆之熊注的"阳"字误衍入正文。观《句解》本后句黑白右半圆下方"阴"字即是小注字号，且《性理大全书》明嘉靖二十六

年（1547）郑氏宗文堂刻本所录《性理群书句解》本《太极图说解》"盖中也"句插图，"阳"字亦为小注文。

17.

版本信息	工作本				其他参校本	
	《晦庵先生文集》南宋淳熙刻本	《朱子成书》元至正元年（1341）日新书堂本	《性理群书句解》元建安刻本	《性理大全书》明永乐十三年（1415）内府刻本	"理学丛书"点校本《周敦颐集》卷一	点校本《朱子全书》第十三册《太极图说解》
朱子《太极图解》	则人○于是乎立，而 天地日月四时鬼神，有所不能违矣。	则人○于是乎立，而 天地日月四时鬼神，有所不能违矣。	则人○于是乎立，[熊注：则人之道自此而立。而] 天地日月，[熊注：天地之大，日月之明。]四时鬼神，[熊注：四时之运行，鬼神之变化。]有所不能违矣。[熊注：自不能违乎此。]	则人○于是乎立，而 天地日月四时鬼神，有所不能违矣。	则人○于是乎立，而 天地日月四时鬼神，有所不能违矣。	则人○于是乎立，而○ 天地日月四时鬼神，有所不能违矣。

按：此处插图，《成书》本、《句解》本、《大全》本同，为《太极图》第一层大圆圈、第二层黑白相间大圆圈和第三层"五行"各圈的纵向排列，并无勾画任何连线；而淳熙《文集》本则仅有《太极图》第二层黑白相间大圆圈和第

三层"五行"各圈，且第二、三层图之间与第三层各圈之间皆有连线。另外，点校本《周敦颐集》与《朱子全书》此处插图，既包括《太极图》第一层大圆圈、第二层黑白相间大圆圈和第三层"五行"各圈，亦画出了第二、三层图之间与第三层各圈之间的连线。据《句解》熊氏图注，此处插图自上而下分别指示"太极"、"阴阳"、"五行"，此三者，乃宇宙根本的生成元素与运行法则，为包含了"天地日月"、"四时鬼神"的一切存在所不能违背。考虑到此句有通贯总结之意，且"太极"本身之重要性无需多言，综合各本，表示《太极图》第一层"太极"的圆圈本不应无，淳熙《文集》本此处插图恐刊刻致误。又，《成书》本、《句解》本、《大全》本此处皆无连线，疑朱子之意或仅为枚举，而非强调"太极"、"阴阳"、"五行"之间的联系。现代点校本应据此而改。

18.

版本信息	工作本				其他参校本
	《晦庵先生文集》南宋淳熙刻本	《朱子成书》元至正元年（1341）日新书堂本	《性理群书句解》元建安刻本	《性理大全书》明永乐十三年（1415）内府刻本	"理学丛书"点校本《周敦颐集》卷一
朱子《太极图解》	君子之戒慎（缺末笔）恐惧，所以修此而吉也；小人之放僻邪侈，所以悖此而凶也。	君子之戒谨恐惧，所以修此而吉也；小人之放僻邪侈，所以悖此而凶也。	君子之戒谨恐惧，[熊注：君子于事常戒谨，心常恐惧。]所以修此而吉也；小人之放僻邪侈，所以悖此而凶也。	君子之戒慎（无缺笔）恐惧，所以修此而吉也；小人之放僻邪侈，所以悖此而凶也。	君子之戒慎恐惧，所以修此而吉也；小人之放僻邪侈，所以悖此而凶也。（原文校记："慎"原作"谨"，据张、董、邓三本改。吕本亦作"谨"。编者按："戒慎恐惧"语本《中庸》，"慎"字改"谨"，乃避宋孝宗赵昚讳。"昚"即"慎"字。）

按：此句，淳熙《文集》本作"戒慎恐惧"，"慎"字缺末笔；《成书》本、《句解》本皆作"戒谨恐惧"；《大全》本则亦作"戒慎恐惧"，"慎"字无缺笔。"理学丛书"《周敦颐集》的点校者也注意到此处异文，特出校记，认为"戒慎恐惧"语本《中庸》，而将"慎"字改为"谨"字，是为避宋孝宗赵昚之讳。则淳熙《文集》本、《成书》本、《句解》本此处皆为避讳，或缺笔、或改字（虽《成书》本、《句解》本所参用版本刊刻于元，但亦保留宋讳。或因《成书》编集时所用底本文献即是宋物，而《句解》初刻本应即诞生于宋末），至修《性理大全》时恢复原字。

19.

版本信息	工作本			
	《晦庵先生文集》南宋淳熙刻本	《朱子成书》元至正元年（1341）日新书堂本	《性理群书句解》元建安刻本	《性理大全书》明永乐十三年（1415）内府刻本
朱子《太极图解》	刚也，仁也，所谓☽也，物之始也。阴也，柔也，义也，所谓☽也，物之终也。	阳也，刚也，仁也，所谓☽也，物也。阴也，柔也，义也，所谓也，物之终也。	阳也，刚也，仁也，[熊注：阴阳以气言，刚柔以质言，仁义以理言。阳之气，刚之质，仁之理。]所谓也，物之始也。阴也，柔也，义也，[熊注：阴之气，柔之质，义之理。]所谓也，物之终也。	阳也，刚也，仁也，所谓☽也，物之始也。阴也，柔也，义也，所谓☽也，物之终也。

按：此句，淳熙《文集》本句首无"阳也"二字，《成书》本、《句解》本、《大全》本皆有。据淳熙《文集》本后半句亦有"阴也"二字，本应与"阳也"二字相对，故疑此处"阳也"之阙，或为淳熙《文集》本刊刻致误。

20.

版本信息	工作本			
	《晦庵先生文集》南宋淳熙刻本	《朱子成书》元至正元年（1341）日新书堂本	《性理群书句解》元建安刻本	《性理大全书》明永乐十三年（1415）内府刻本
朱子《太极图解》	故曰："易有太极"，◉此之谓也。	故曰："易有太极"，◉之谓也。（*《朱子成书》中国国家图书馆藏明初刻本：故曰："易有太极"，◉之谓也。）（**《朱子成书》中国国家图书馆藏明景泰元年（1450）善敬书堂刻本：故曰："易有太极"，◉之谓也。）	故曰："易有太极"，◉▨之谓也。［熊注：阴阳之中，指出本体而言也。］	故曰："易有太极"，◉之谓也。

按：此句文字，淳熙《文集》本在插图后作"此之谓也"，《成书》本、《句解》本、《大全》本皆无"此"字，作"之谓也"。此句插图，淳熙《文集》本、《句解》本与《大全》本均画为《太极图》第二层黑白相间大圆圈，《成书》本则画为黑白色内圈均匀分布的、与《太极图》第二层黑白相间大圆圈近似但实际不同的图案。经查，《朱子成书》中国国家图书馆藏明初刻本和明景泰元年（1450）善敬书堂刻本，此图与元至正元年（1341）本相同。由于此处插图唯《成书》本系列较为特异，且《成书》本图样在周子《太极图》中并未出现，故疑此为《成书》本初本刊刻时所致之误，而被保留在了后刻本中。

21.

版本信息	工作本			
	《晦庵先生文集》南宋淳熙刻本	《朱子成书》元至正元年（1341）日新书堂本	《性理群书句解》元建安刻本	《性理大全书》明永乐十三年（1415）内府刻本

（续表）

	【图说】（无极而太极。）太极动而生阳，动极而静，静而生阴，阴极复动。一动一静，互为其根，分阴分阳，两仪立焉。【说解】动极而静，静极复动，一静一动，互为其根，命之所以流行而不已也。	【图说】（无极而太极。）太极动而生阳，动极而静，静而生阴，静极复动。一动一静，互为其根，分阴分阳，两仪立焉。【说解】动极而静，静极复动，一静一动，互为其根，命之所以流行而不已也。	【图说】（无极而太极。[熊注：无定极之中而有至定极之理。]）太极动而生阳，动极而静，静而生阴，静极复动。[熊注：静之极，又复动。]一动一静，[熊注：曰动曰静。]互为其根，分阴分阳，两仪立焉。	【图说】（无极而太极。）太极动而生阳，动极而静，静极复动。一动一静，互为其根，分阴分阳，两仪立焉。【说解】动极而静，静极复动，一动一静，互为其根，命之所以流行而不已也。
周子《太极图说》与朱子《太极图说解》				

按：第一，周子《图说》第二章"太极动而生阳"，淳熙《文集》本、《成书》本、《大全》本皆与第一章"无极而太极"另起一段分作两章，而《句解》本则将两章合为一章，并未重新分段。笔者推测，有可能是《句解》编集者考虑到"无极而太极"与其后的"太极动而生阳"句文义连属，并且，如将"无极而太极"独立成章、按朱子《说解》"非太极之外复有无极也"之意解读，于初学童蒙而言恐过于繁难，故将两句合在一章，并对首句重新出注云："无定极之中而有至定极之理。"[①]

第二，周子《图说》第二章，淳熙《文集》本作"阴极复动"，而《成书》本、《句解》本、《大全》本皆作"静极复动"。据淳熙《文集》本《图说》第二章之朱子《说解》亦作"静极复动"，知此处或为刊刻致误。

---

① 笔者试图查找熊氏此说是否有其他出处，暂未得见。值得一提的是，在"爱如生"中国基本古籍库中，可见题为唐吕岩撰、清乾隆曾燠刻本《吕子易说》卷上"太极图"之条云："太极者，灵极之渐辟而渐虚者也，洞然不杂于阴阳，朗然不亏于元体，存变化于无定极之中，而阴阳自有至定极之理。"按尚秉和先生的考察，此书当系伪作，则固非熊氏所引；而自其所谓"不杂于阴阳"、"无定极"与"至定极"等语，知此实引自朱子《太极图解》与熊氏之注。可参尚秉和：《易说评议》卷二，光明日报出版社 2006 年版，第 35 页。

第三，周子《图说》第二章的朱子《说解》，淳熙《文集》本作"一静一动"，《成书》本、《大全》本皆作"一动一静"，《句解》本《图说》熊注亦云："曰动曰静"。

22.

版本信息	工作本			
	《晦庵先生文集》南宋淳熙刻本	《朱子成书》元至正元年（1341）日新书堂本	《性理群书句解》元建安刻本	《性理大全书》明永乐十三年（1415）内府刻本
周子《图说》与朱子《图说解》	【图说】 阳变阴合，而生水、火、土、金、木。五气顺布，四时行焉。 【说解】 有太极，则一动一静而两仪分；有阴阳，则一变一合而五行具。然五行者，质具于地、气行于天者也。以质而语其生之序，则水、火、木、金、土，而水、木，阳也，火、金，阴也。以气而语其行之序，则木、火、土、金、水，而木、火，阳也，金、水，阴也。又统而言之，则气阳而质阴也；又错而言之，则迭阳而迭阴也。盖其变，至于不可穷，然无适而非阴阳之道也。	【图说】 阳变阴合，而生水、火、木、金、土。五气顺布，四时行焉。 【说解】 有太极，则一动一静而两仪分；有阴阳，则一变一合而五行具。然五行者，质具于地而气行于天者也。以质而语其生之序，则曰水、火、木、金、土，而水、木，阳也，火、金，阴也。以气而语其行之序，则曰木、火、土、金、水，而木、火，阳也，金、水，阴也。又统而言之，则气阳而质阴也；又错而言之，则动阳而静阴也。盖五行之变，至于不可穷，然无适而非阴阳之道，至其所以为阴阳者，则又无适而非太极之本然也，夫岂有所亏欠间隔哉！	【图说】 阳变阴合，而生水、火、木、金、土。［熊注：阳变交阴，则生水、金。水，阴也；金，亦阴也。阴合于阳，则生火、木。火，阳也；木，亦阳也。土则居中，而旺于四者。］五气顺布，四时行焉。	【图说】 阳变阴合，而生水、火、木、金、土。五气顺布，四时行焉。 【说解】 有太极，则一动一静而两仪分；有阴阳，则一变一合而五行具。然五行者，质具于地而气行于天者也。以质而语其生之序，则曰水、火、木、金、土，而水、木，阳也，火、金，阴也。以气而语其行之序，则曰木、火、土、金、水，而木、火，阳也，金、水，阴也。又统而言之，则气阳而质阴也；又错而言之，则动阳而静阴也。盖五行之变，至于不可穷，然无适而非阴阳之道，至其所以为阴阳者，则又无适而非太极之本然也，夫岂有所亏欠间隔哉！

按：第一，周子《图说》第三章，淳熙《文集》本作"阳变阴合，而生水、火、土、金、木"，"土"、"金"、"木"三字的顺序，《成书》本、《句解》本、《大全》本皆与之不同："阳变阴合，而生水、火、木、金、土。"疑是淳熙《文集》本刊刻致误。

第二，周子《图说》第三章的朱子《说解》，淳熙《文集》本与《成书》本、《大全》本相较，共有六处不同：

（1）淳熙《文集》本："质具于地、气行于天者也。"句中无"而"字。《成书》本、《大全》本则作"质具于地而气行于天者也"。

（2）、（3），淳熙《文集》本："以质而语其生之序"、"以气而语其行之序"两句皆以"则"连接后句；《成书》本、《大全》本皆作"则曰"。

（4）淳熙《文集》本："又错而言之，则迭阳而迭阴也。"《成书》本、《大全》本则作"又错而言之，则动阳而静阴也。"考之点校本《朱子大全》第二十二册，《晦庵先生朱文公文集》卷五十一《答董叔重》，朱子曰："河图之数，不过一奇一偶相错而已。……见其迭阴迭阳，阴阳相错，所以为生也。"[1]故此处"迭阳迭阴"恐亦是朱子原文，为阴阳交迭之意，所谓"错而言之"，而非刊刻误字。点校本《朱子全书》第一册，《周易本义》之周易系辞上传第五，朱子解"一阴一阳之谓道"句亦有言："阴阳迭运者，气也，其理则所谓道。"[2]"错而言之"的"动阳而静阴"与"迭阳而迭阴"相较，思想义理上已有所不同。

（5）淳熙《文集》本："盖其变，至于不可穷。"《成书》本、《大全》本："盖五行之变，至于不可穷。"

---

① ［宋］朱熹撰，朱杰人等主编，刘永翔、徐德明校点：《晦庵先生朱文公文集（三）》，《朱子全书》第二十二册，上海：上海古籍出版社，安徽教育出版社2002年版，第2373页。

② ［宋］朱熹撰，朱杰人等主编，王铁校点：《周易本义》，《朱子全书》第一册，上海：上海古籍出版社，安徽教育出版社2002年版，第126页。

（6）淳熙《文集》本以"然无适而非阴阳之道也"句作结，《成书》本、《大全》本句末无"也"字，且多出数句："至其所以为阴阳者，则又无适而非太极之本然也，夫岂有所亏欠间隔哉！"不止于言"阴阳"，更附加强调了"阴阳"与"太极"的关系。以上两条差别，郭齐、尹波先生与陈来先生亦察；陈先生认为，《成书》本、《大全》本此数句的增加是"重要的补充"①。

23.

版本信息	工作本			
	《晦庵先生文集》南宋淳熙刻本	《朱子成书》元至正元年（1341）日新书堂本	《性理群书句解》元建安刻本	《性理大全书》明永乐十三年（1415）内府刻本
周子《图说》与朱子《图说解》	【图说】　五行，一阴阳也；阴阳，一太极也；太极，本无极也。五行之生也，各一其性。(//)无极之真，二五之精，妙合而凝。乾道成男，坤道成女，二气交感，化生万物。万物生生，而变化无穷焉。　【说解】　此据五行而推之，明无极二五混融无间之妙，所以生成万物之功也。盖五行异质而四时异气，	【图说】　五行，一阴阳也；阴阳，一太极也；太极，本无极也。五行之生，各一其性。　【说解】　五行具，则造化发育之具无不备矣，故又即此而推本之，以明其浑然一体，莫非无极之妙；而无极之妙，亦未尝不各具于一物之中也。盖五行异质、四时异气，而皆不能外乎阴阳；阴阳异位、动静异时，	【图说】　五行，一阴阳也；[熊注：然推而上之五行异质、四时异气，皆不外乎阴阳。]阴阳，一太极也；[熊注：阴阳异分、动静异时，皆不能离乎太极。]太极，本无极也。[熊注：至于所以为太极者，又无声臭之可言，不离乎性之本体。]五行之生也，[熊注：天下无性外之物，故金、木、水、火、土五者之生。]各一其性。	【图说】　五行，一阴阳也；阴阳，一太极也；太极，本无极也。五行之生也，各一其性。　【说解】　五行具，则造化发育之具无不备矣，故又即此而推本之，以明其浑然一体，莫非无极之妙；而无极之妙，亦未尝不各具于一物之中也。盖五行异质、四时异气，而皆不能外乎阴阳；阴阳异位、动静异时，

① 参见郭齐、尹波：《论宋淳熙、绍熙槧本〈晦庵先生文集〉》，载《文献》1998年第3期，第177页；以及陈来：《台湾影印宋本〈晦庵先生文集〉考》，见《中国近世思想史研究》，商务印书馆2003年版，第38—39页。

（续表）

周子《图说》与朱子《图说解》	而皆不能外乎阴阳；阴阳异位、动静异时，而皆不离乎太极。至于所以为太极者，则又初无声臭之可言，是性之本体然也。天下岂有性外之物哉！然五行之生，随其气质而所禀不同，所谓各一其性也。各一其性，则浑然太极之全体，无不各具于一物之中，而性之无所不在，又可见矣。（//）夫天下无性外之物，而性无不在，此无极二五所以混融而无间者也，所谓妙合者也。真以理言，无妄之谓也；精以气言，不二之名也；凝者，聚也，气聚而成形也。盖性为之主，而阴阳五行，经纬错综乎其中，又各以类凝聚而成形焉。阳而健者成男，则父之道也；阴而顺者成女，则母之道也。是人物之始，以气化而生者也。气聚成形，则形交气感，遂以形化，而人物生生，变化无穷矣。自男女而观之，则男女	而皆不能离乎太极。至于所以为太极者，又初无声臭之可言，是性之本体然也。天下岂有性外之物哉！然五行之生，随其气质而所禀不同，所谓各一其性也。各一其性，则浑然太极之全体，无不各具于一物之中，而性之无所不在，又可见矣。 【图说】 无极之真，二五之精，妙合而凝。乾道成男，坤道成女，二气交感，化生万物。万物生生，而变化无穷焉。 【说解】 夫天下无性外之物，而性无不在，此无极二五所以混融而无间者也，所谓妙合者也。真以理言，无妄之谓也；精以气言，不二之名也；凝者，聚也，气聚而成形也。盖性为之主，而阴阳五行为之经纬错综，又各以类凝聚而成形焉。阳而健者成男，则父之道也；阴而顺者成女，则母之道也。是人物之始，以气化而生	[熊注：质具于地、气行于天，随其所禀燥温刚柔不同，故各一其性。则浑然太极之全体，无不各具于一物之中，而性之无所不在，又可见矣。] 　无极之真，[熊注：性无不在，故无极之理，真而无妄。]二五之精，[熊注：阴阳五行之气，精而不二。]妙合而凝。[熊注：有是理，方有是气。有是气，则载是理。故理与气混融无间，是所谓妙合而凝者。]乾道成男，[熊注：然又各以其类。阳而健者成男，则乾，父之道也。]坤道成女，[熊注：阴而顺者成女，则坤，母之道也。]二气交感，[熊注：阴阳二气，凝聚成形，形交气感。]化生万物。[熊注：遂以形化而生人若物。]万物生生，[熊注：人物生生。]而变化无穷焉。[熊注：而变化之道，始无穷尽矣。]	而皆不能离乎太极。至于所以为太极者，又初无声臭之可言，是性之本体然也。天下岂有性外之物哉！然五行之生，随其气质而所禀不同，所谓各一其性也。各一其性，则浑然太极之全体，无不各具于一物之中，而性之无所不在，又可见矣。 【图说】 无极之真，二五之精，妙合而凝。乾道成男，坤道成女，二气交感，化生万物。万物生生，而变化无穷焉。 【说解】 夫天下无性外之物，而性无不在，此无极二五所以混融而无间者也，所谓妙合者也。真以理言，无妄之谓也；精以气言，不二之名也；凝者，聚也，气聚而成形也。盖性为之主，而阴阳五行为之经纬错综，又各以类凝聚而成形焉。阳而健者成男，则父之道也；阴而顺者成女，则母之道也。是人物之始，以气化而生

（续表）

周子《图说》与朱子《图说解》	各一其性，而男女一太极也；自万物而观之，则万物各一其性，而万物一太极也。盖合而言之，万物统体一太极也；分而言之，一物各具一太极也。所谓天下无性外之物，而性无不在者，于此尤可以见其全矣。子思子曰："君子语大，天下莫能载焉；语小，天下莫能破焉。"此之谓也。	者也。气聚成形，则形交气感，遂以形化，而人物生生，变化无穷矣。自男女而观之，则男女各一其性，而男女一太极也；自万物而观之，则万物各一其性，而万物一太极也。盖合而言之，万物统体一太极也；分而言之，一物各具一太极也。所谓天下无性外之物，而性无不在者，于此尤可以见其全矣。子思子曰："君子语大，天下莫能载焉；语小，天下莫能破焉。"此之谓也。		者也。气聚成形，则形交气感，遂以形化，而人物生生，变化无穷矣。自男女而观之，则男女各一其性，而男女一太极也；自万物而观之，则万物各一其性，而万物一太极也。盖合而言之，万物统体一太极也；分而言之，一物各具一太极也。所谓天下无性外之物，而性无不在者，于此尤可以见其全矣。子思子曰："君子语大，天下莫能载焉；语小，天下莫能破焉。"此之谓也。

按：第一，周子《图说》第四章、第五章，淳熙《文集》本合为一章（他本分章、分节之处以"//"加括号标出，《说解》同之），与之对应的朱子《说解》亦合相似同一节；而《成书》本、《句解》本、《大全》本，则分为两章，各另起为一段；《成书》本、《大全》本的朱子《说解》，亦分为两节，相应附于周子《图说》正文之下。此处周子《图说》分章与朱子《说解》分节之异，郭齐、尹波先生亦察①。

第二，周子《图说》第四章，《成书》本作"五行之生，各一其性"，淳熙《文集》本、《句解》本、《大全》本皆作"五行之生也，各一其性"。疑《成

---

① 参见郭齐、尹波：《论宋淳熙、绍熙椠本〈晦庵先生文集〉》，载《文献》1998年第3期，第177页。

书》本有误，为刊刻漏字。

第三，周子《图说》第四章的朱子《说解》，淳熙《文集》本与《成书》本、《句解》本、《大全》本相较，共有四处不同：

（1）本章《说解》首句，淳熙《文集》本："此据五行而推之，明无极二五混融无间之妙，所以生成万物之功也。"而《成书》本与《大全》本则作："五行具，则造化发育之具无不备矣，故又即此而推本之，以明其浑然一体，莫非无极之妙；而无极之妙，亦未尝不各具于一物之中也。"查此则差异，与此处淳熙《文集》本和《成书》本、《大全》本的周子《图说》第四章、第五章分章之异直接相关。淳熙《文集》本，本章自"五行，一阴阳也"始，至"万物生生，而变化无穷焉"为终，包括了《成书》本、《大全》本的第四章与第五章；故与其对应的《说解》便总括两章大旨，从"五行"上推，至于"无极二五""生成万物"。而《成书》本与《大全》本，本章虽同样自"五行，一阴阳也"始，但已在"五行之生也，各一其性"为结，未包括第五章的内容，故与其对应的《说解》便不需言及"无极二五""生成万物"，而对第四章所述五行乃太极之推衍、而万物各具太极之理进行了更详细的推陈。此处之异，郭齐、尹波先生与陈来先生亦察；陈先生认为，《成书》本、《大全》本较之淳熙《文集》本增加的内容"使义理的表述更加完整"[1]。但三位先生都未详及此处之异与周子《图说》分章之别的关联。

（2）淳熙《文集》本："盖五行异质而四时异气。"《成书》本、《大全》本无"而"字，皆作"盖五行异质、四时异气"。

（3）淳熙《文集》本："阴阳异位、动静异时，而皆不离乎太极。"而《成

---

[1] 参见郭齐、尹波：《论宋淳熙、绍熙椠本〈晦庵先生文集〉》，载《文献》1998 年第 3 期，第 177 页；以及陈来：《台湾影印宋本〈晦庵先生文集〉考》，见《中国近世思想史研究》，商务印书馆 2003 年版，第 39 页。

书》本、《大全》本则作"而皆不能离乎太极",有"能"字。《句解》本熊注亦曰"皆不能离乎太极"。由淳熙《文集》本前句为"而皆不能外乎阴阳",与《成书》本、《大全》本无异,考虑上下文的一致性,恐为淳熙《文集》本刊刻阙字。

(4)淳熙《文集》本:"至于所以为太极者,则又初无声臭之可言。"《成书》本、《大全》本则作"至于所以为太极者,又初无声臭之可言",无"则"字。

(5)淳熙《文集》本:"盖性为之主,而阴阳五行,经纬错综乎其中。"《成书》本、《大全》本则作"盖性为之主,而阴阳五行为之经纬错综。"文句表意整体相异。此处之异,陈来先生亦察,并指出"乎其中"三字在上引吕祖谦《与朱侍讲答问·太极图义质疑》一文所录朱子《太极解义》初稿中也有[1]。

第四,需要注意的是,周子《图说》第四章、第五章的《句解》本熊注,引用或转述了大量的朱子《说解》原文。由此处好例,可显见熊氏作注时对朱子《说解》的倚重和依循。

24.

版本信息	工作本			
	《晦庵先生文集》南宋淳熙刻本	《朱子成书》元至正元年(1341)日新书堂本	《性理群书句解》元建安刻本	《性理大全书》明永乐十三年(1415)内府刻本
周子《图说》与朱子《图说解》	【图说】惟人也,得其秀之最灵。形既生矣,神发知矣,五性感动,而善恶分,万事出矣。	【图说】惟人也,得其秀而最灵。形既生矣,神发知矣,五性感动,而善恶分,万事出矣。	【图说】惟人也,得其秀而最灵。[熊注:故阴阳五行,气质交运,而人之所禀独得其秀,而其心为	【图说】惟人也,得其秀而最灵。形既生矣,神发知矣,五性感动,而善恶分,万事出矣。

① 参见陈来:《台湾影印宋本〈晦庵先生文集〉考》,见《中国近世思想史研究》,商务印书馆2003年版,第39页。

（续表）

周子《图说》与朱子《图说解》	【说解】 此言众人具动静之理，而常失之于动也。盖人物之生，莫不有太极之道焉。然阴阳五行，气质交运，而人之所禀独得其秀，故其心为最灵，而有以不失其性之全，所谓天地之心，而人之极也。然形生于阴，神发于阳，五常之性，感物而动，而阳善、阴恶，又以类分，而五性之殊，散为万事。盖二气五行，化生万物，其在人者又如此。自非圣人全体太极有以定之，则欲动情胜，利害相攻，人极不立，而违禽兽不远矣。	【说解】 此言众人具动静之理，而常失之于动也。盖人物之生，莫不有太极之道焉。然阴阳五行，气质交运，而人之所禀独得其秀，故其心为最灵，而有以不失其性之全，所谓天地之心，而人之极也。然形生于阴，神发于阳，五常之性，感物而动，而阳善、阴恶，又以类分，而五性之殊，散为万事。盖二气五行，化生万物，其在人者又如此。自非圣人全体太极有以定之，则欲动情胜，利害相攻，人极不立，而违禽兽不远矣。	最灵，所谓天地之性也。]形既生矣，神发知矣，五性感动，而善恶分，万事出矣。	【说解】 此言众人具动静之理，而常失之于动也。盖人物之生，莫不有太极之道焉。然阴阳五行，气质交运，而人之所禀独得其秀，故其心为最灵，而有以不失其性之全，所谓天地之心，而人之极也。然形生于阴，神发于阳，五常之性，感物而动，而阳善、阴恶，又以类分，而五性之殊，散为万事。盖二气五行，化生万物，其在人者又如此。自非圣人全体太极有以定之，则欲动情胜，利害相攻，人极不立，而违禽兽不远矣。

按：周子《图说》第六章，淳熙《文集》本："惟人也，得其秀之最灵。"《成书》本、《句解》本、《大全》本皆为"惟人也，得其秀而最灵"，"之"字作"而"字。查周子《图说》第六章的朱子《说解》，"然阴阳五行，气质交运，而人之所禀独得其秀，故其心为最灵"句，淳熙《文集》本、《成书》本、《大全》本全同，《句解》本熊注亦作"故阴阳五行，气质交运，而人之所禀独得其秀，而其心为最灵"，可窥其所参之朱子《说解》原文语义。由以上诸本各句，"得其秀"与"最灵"为并列或递进关系，更符合"得其秀而最灵"的表意，而非所谓"得其秀之最灵"，故疑此处乃淳熙《文集》本刊刻误字。

25.

版本信息	工作本				其他参校本	
	《晦庵先生文集》南宋淳熙刻本	《朱子成书》元至正元年（1341）日新书堂本	《性理群书句解》元建安刻本	《性理大全书》明永乐十三年（1415）内府刻本	"理学丛书"点校本《周敦颐集》卷一	点校本《朱子全书》第十三册《太极图说解》
周子《图说》与朱子《图说解》	【图说】圣人定之以中正仁义[（原注：）圣人之道，仁义中正而已矣。]而主静，[（原注：）无欲故静。]立人极焉。故圣人与天地合其德，日月合其明，四时合其序，鬼神合其吉凶。 【说解】此言圣人全动静之德，而常本之于静也。盖人禀阴阳五行之秀气以生，而圣人之生，又得其秀之秀者。是以其行之也中，其处之也正，其发之也仁，	【图说】圣人定之以中正仁义[（原注：）本注云：圣人之道，仁义中正而已矣。]而主静，[（原注：）本注云：无欲故静。]立人极焉。故圣人与天地合其德，日月合其明，四时合其序，鬼神合其吉凶。 【说解】此言圣人全动静之德，而常本之于静也。盖人禀阴阳五行之秀气以生，而圣人之生，又得其秀之秀者。是以其行之也中，其处之也正，	【图说】圣人定之以中正仁义[熊注：中，礼也。礼者，天理之节文，节则无太过，文则无不及，便是中。智属正，先儒皆以正训之，惟正则知得是是非非，应然不易。盖人禀阴阳五行之秀气以生，而圣人之生，又得其秀之秀者，是以行之也中，处之也正，发之也仁，裁之也义，莫不有以全夫太极动静之德而无所亏。凡天下之欲动情胜、利害相攻者，	【图说】圣人定之以中正仁义[（原注：）圣人之道，仁义中正而已矣。]而主静，[（原注：）无欲故静。]立人极焉。故圣人与天地合其德，日月合其明，四时合其序，鬼神合其吉凶。 【说解】此言圣人全动静之德，而常本之于静也。盖人禀阴阳五行之秀气以生，而圣人之生，又得其秀之秀者。是以其行之也中，其处之也正，其发之也仁，	【图说】圣人定之以中正仁义[（原注：）圣人之道，仁义中正而已矣。]而主静，[（原注：）无欲故静。]立人极焉。故"圣人与天地合其德，日月合其明，四时合其序，鬼神合其吉凶。" 【说解】此言圣人全动静之德，而常本之于静也。盖人禀阴阳五行之秀气以生，而圣人之生，又得其秀之秀者。是以其行之也中，其处之也正，其发之也仁，	【图说】圣人定之以中正仁义[（原注：）本注云：圣人之道，仁义中正而已矣。]而主静，[（原注：）本注云：无欲故静。]立人极焉。故"圣人与天地合其德，日月合其明，四时合其序，鬼神合其吉凶。" 【说解】此言圣人全动静之德，而常本之于静也。盖人禀阴阳五行之秀气以生，而圣人之生，又得其秀之秀者。是以其行之也中，

（续表）

周子《图说》与朱子《图说解》	其裁之也义。盖一动一静，莫不有以全夫太极之道，而无亏焉。则向之所谓欲动情胜、利害相攻者，于此乎定矣。然静者诚之复，而性之贞（缺末笔）也。苟非此心寂然无欲而静，则亦何以酬酢事物之变，而一天下之动哉！故圣人中正仁义，动静罔旋流，而其动也必主乎静。此其所以成位乎中，而天地日月、四时鬼神，有所不能违也。盖必体立而后用有所行，若程子论乾坤动静，而曰："不专一则不能直遂，不翕聚则不能发散"，亦此意尔。	其发之也仁，其裁之也义。盖一动一静，莫不有以全夫太极之道，而无所亏焉，则向之所谓欲动情胜、利害相攻者，于此乎定矣。然静者诚之复，而性之贞（无缺笔）也。苟非此心寂然无欲而静，则亦何以酬酢事物之变，而一天下之动哉！故圣人中正仁义，动静周流，而其动也必主乎静。此其所以成位乎中，而天地日月、四时鬼神，有所不能违也。盖必体立而后用有以行，若程子论乾坤动静，而曰："不专一则不能直遂，不翕聚则不能发散"，亦此意尔。	于此乎定矣。周子此言中正仁义，《通书》又言仁义中正。中正居先者，圣人以此而定人，即礼先乐后之意、自诚而明之事也。仁义居先者，圣人与太极合德，浑然本性之妙、自诚而明者事也。] 而主静，[熊注：然圣人全动静之德而常主于静。静即太极之本体。主乎是，则能无欲，推之酬酢事物之变，而能一天下之动矣。] 立人极焉。故圣人与天地合其德，与日月合其明，与四时合其序，与鬼神合其吉凶。	其裁之也义。盖一动一静，莫不有以全夫太极之道，而无所亏焉，则向之所谓欲动情胜、利害相攻者，于此乎定矣。然静者诚之复，而性之真也。苟非此心寂然无欲而静，则又何以酬酢事物之变，而一天下之动哉！故圣人中正仁义，动静周流，而其动也必主乎静。此其所以成位乎中，而天地日月、四时鬼神，有所不能违也。盖必体立而后用有以行，若程子论乾坤动静，而曰："不专一则不能直遂，不翕聚则不能发散"，亦此意尔。	其裁之也义。盖一动一静，莫不有以全夫太极之道，而无所亏焉，则向之所谓欲动情胜、利害相攻者，于此乎定矣。然静者诚之复，而性之真也。苟非此心寂然无欲而静，则又何以酬酢事物之变，而一天下之动哉！故圣人中正仁义，动静周流，而其动也必主乎静。此其所以成位乎中，而天地日月、四时鬼神，有所不能违也。盖必体立而后用有以行，若程子论乾坤动静，而曰："不专一则不能直遂，不翕聚则不能发散"，亦此意尔。	其处之也正，其发之也仁，其裁之也义。盖一动一静，莫不有以全夫太极之道，而无所亏焉，则向之所谓欲动情胜、利害相攻者，于此乎定矣。然静者诚之复而性之贞也。苟非此心寂然无欲而静，则亦何以酬酢事物之变，而一天下之动哉！故圣人中正仁义，动静周流，而其动也必主乎静。此其所以成位乎中，而天地日月、四时鬼神，有所不能违也。盖必体立而后用有以行，若程子论乾坤动静，而曰："不专一，则不能直遂，不翕聚，则不能发散"，亦此意尔。

（续表）

						（原文校记：（1）"而性之贞也"，"贞"，《大全》本、徐本作"真"。（2）"则亦何以酬酢事物之变"，"亦"，《大全》本、徐本作"又"。）

按：第一，周子《图说》第七章，《成书》本和《句解》本分别与淳熙《文集》本、《大全》本稍有差异：

（1）《成书》本在两处周子原注"圣人之道"句与"无欲故静"句前，皆多出"本注云"三字，应为编集者黄瑞节所加。点校本《朱子全书》因以《成书》本为底本，故亦各保留此三字。

（2）《句解》本虽或因体例之故，删去了"圣人之道"与"无欲故静"两句周子原注，但熊氏在相同位置的注文中对它们也都有所转述回应。如"圣人定之以中正仁义"句，熊注云："周子此言中正仁义，《通书》又言仁义中正。"随后解释了"中正居先"和"仁义居先"的表意之别。按，周子原注"圣人之道，仁义中正而已矣"，即出自《通书·道第六》[①]。此处熊注亦言："中，礼也。……智属正，先儒皆以正训之。"或亦参照了《通书·道第六》"圣人之道"句朱子解："中，即礼。正，即智。"[②]又如"而主静"句，熊注云："静即太极之本体。主乎是，则能无欲。"则依朱子《说解》"然静者诚之复，而性之贞也"之意，对周子原注"无欲故静"进行了逆向的阐发。

①② 可参见［宋］周敦颐著，陈克明点校：《理学丛书·周敦颐集》，第19页。

（3）《句解》本："故圣人与天地合其德，与日月合其明，与四时合其序，与鬼神合其吉凶。"在"日月"、"四时"、"鬼神"前皆有"与"字，而淳熙《文集》本、《成书》本皆无。此处，有可能是《句解》编集者出于"句解"体例考虑，需要将"日月"、"四时"、"鬼神"三句分断而解，而首句"圣人与天地合其德"之"与"字和后句距离较远、无法直接相连，为保持语义连贯而有意添加。

第二，周子《图说》第七章的朱子《说解》，淳熙《文集》本与《成书》本、《句解》本、《大全》本相较，共有三处不同：

（1）淳熙《文集》本："盖一动一静，莫不有以全夫太极之道，而无亏焉。"《成书》本、《大全》本末句则多一"所"字："而无所亏焉。"

（2）淳熙《文集》本："故圣人中正仁义，动静罔旋流，而其动也必主乎静。"《成书》本、《大全》末句则作"动静周流"。"动静罔旋流"于义不通，疑淳熙《文集》本有误字，或将"周"误为"罔"，而所据底本对采用"周旋"还是"周流"又可能有所斟酌修改，导致刊刻者将"旋"、"流"二字一同保留。可参《论语集注》"乡党第十"题下注，朱子引尹氏曰："盖盛德之至，动容周旋，自中乎礼耳。"①《朱子语类》卷十五亦载朱子之言："如《论语》一书，当时门人弟子记圣人言行，动容周旋，揖逊进退，至为纤悉。如'乡党'一篇，可见当时此等礼数皆在。"②可见"动容周旋"是朱子较常用的词汇，因此，此处也有可能本作与之近似的"动静周旋"一词。

（3）淳熙《文集》本："盖必体立而后用有所行。"《成书》本、《大全》本末三字皆作"有以行"。

① ［宋］朱熹撰，朱杰人等主编，徐德明校点：《四书章句集注》，《朱子全书》第六册，上海古籍出版社，安徽教育出版社，2002年，第148页。
② ［宋］朱熹撰，朱杰人等主编，郑明等校点：《朱子语类（一）》，《朱子全书》第十四册，第467页。

第三，需要注意的是，周子《图说》第七章的朱子《说解》，《大全》本与淳熙《文集》本、《成书》本亦有两处不同。《大全》本："然静者诚之复，而性之真也。苟非此心寂然无欲而静，则又何以酬酢事物之变，而一天下之动哉。"而淳熙《文集》本、《成书》本则作"性之贞"（前者"贞"字有缺笔避讳）、"亦何以"。点校本《朱子全书》已对此出校记云："'贞'，《大全》本、徐本作'真'。'亦'，《大全》本、徐本作'又'。"并将文字定为与底本《成书》本一致的"贞"、"亦"。据本论第40条所示，《成书》本较能反映朱文旧貌，故《大全》本的此两处异文恐为后改。由于宋仁宗赵氏名祯，"贞"亦是嫌名，宋时也存在以"真"代"贞"之例[1]，故为《大全》本所参用者，可能是以某种改字避讳的宋本为源头的版本。此处差异，陈来先生亦察，但未及详论[2]。

需要特别指出的是，在义理上，"性之贞"的"贞"字也具有特殊性。如《晦庵先生朱文公文集》卷四十三"答林择之"，朱子曰："惟感于物，是以有动。然所感既息，则未有不复其常者。故熹常以为静者性之贞也。"[3] 则"性之贞"有"性之常"之意。卷六十七"太极说"，朱子亦曰："元亨，诚之通，动也；利贞，诚之复，静也。元者，动之端也，本乎静；贞者，静之质也，着乎动。一动一静，循环无穷，而贞也者，万物之所成终而成始者也。故人虽不能不动，而立人极者必主乎静。"[4] 将"利贞"与"诚之复"直接联系起来，并且认为"贞"是"静之质"、是"万物之所成终而成始"，亦有推指"万物之常"

---

① 参见王彦坤编：《历代避讳字汇典》，中州古籍出版社1997年版，第628—635页。王建编：《史讳辞典》，上海古籍出版社，2011年版，第259—260页。

② 参见陈来：《台湾影印宋本〈晦庵先生文集〉考》，见《中国近世思想史研究》，商务印书馆2003年版，第39页。

③ ［宋］朱熹撰，朱杰人等主编，刘永翔、徐德明校点：《晦庵先生朱文公文集（三）》，《朱子全书》第二十二册，第1981页。

④ ［宋］朱熹撰，朱杰人等主编，徐德明、王铁校点：《晦庵先生朱文公文集（四）》，《朱子全书》第二十三册，上海古籍出版社，安徽教育出版社，2002年，第3274页。

之意。《太极解义》后附朱子余论（首句"愚既为此说"），又可见"元亨者，诚之通也；利贞者，诚之复也"之语。故，此处朱子《说解》"然静者诚之复，而性之贞也"句，依义理之一贯，本应即是"元亨利贞"之"贞"。由此，再观"理学丛书"点校本《周敦颐集》，此处则仍作"真"、"又"，且未出校记。笔者认为，当从其旧，改为"贞"、"亦"。

26.

版本信息	工作本				其他参校本	
	《晦庵先生文集》南宋淳熙刻本	《朱子成书》元至正元年（1341）日新书堂本	《性理群书句解》元建安刻本	《性理大全书》明永乐十三年（1415）内府刻本	"理学丛书"点校本《周敦颐集》卷一	点校本《朱子全书》第十三册《太极图说解》
周子《图说》与朱子《图说解》	【图说】君子修之吉，小人悖之凶。【说解】圣人太极之全体，一动一静，无适而非中正仁义之极，盖不假修为而自然也。未至此而修之，君子之所以吉也；不知此而悖之，小人之所以凶也。修之悖之，亦在夫敬肆之间而已矣。	【图说】君子修之吉，小人悖之凶。【说解】圣人太极之全体，一动一静，无适而非中正仁义之极，盖不假修为而自然也；不知此而悖之，君子之所以吉也；不知此而悖之，小人之所以凶也。修之悖之，亦在敬肆之间而已矣。敬则欲寡而理明，寡之又	【图说】君子修之吉，[熊注：君子而未至于圣人地位，惟修此道，所以为善。]小人悖之凶。[熊注：小人不知而或悖此道，所以为凶。修之悖之，亦在敬肆之间耳。]	【图说】君子修之吉，小人悖之凶。【说解】圣人太极之全体，一动一静，无适而非中正仁义之极，盖不假修为而自然也。未至此而修之，君子之所以吉也；不知此而悖之，小人之所以凶也。修之悖之，亦在乎敬肆之间而已矣。	【图说】君子修之吉，小人悖之凶。【说解】圣人太极之全体，一动一静，无适而非中正仁义之极，盖不假修为而自然也。未至此而修之，君子之所以吉也；不知此而悖之，小人之所以凶也。修之悖之，亦在乎敬肆之间而已矣。	【图说】君子修之吉，小人悖之凶。【说解】圣人，太极之全体，一动一静，无适而非中正仁义之极，盖不假修为而自然也。未至此而修之，君子之所以吉也；不知此而悖之，小人之所以凶也。修之悖之，亦在乎敬肆之间而

（续表）

敬则欲寡而理明，寡之又寡，以至于无，则静虚动直，而圣可学矣。	寡，以至于无，则静虚动直，而圣可学矣。		敬则欲寡而理明，寡之又寡，以至于无，则静虚动直，而圣可学矣。	敬则欲寡而理明，寡之又寡，以至于无，则静虚动直，而圣可学矣。	已矣。敬则欲寡而理明，寡之又寡，以至于无，则静虚动直，而圣可学矣。

按：周子《图说》第八章的朱子《说解》，淳熙《文集》本："修之悖之，亦在夫敬肆之间而已矣。"《成书》本则作"亦在敬肆之间而已矣"，"在"与"敬"之间无字。《句解》本熊注亦曰："修之悖之，亦在敬肆之间耳。"故疑熊氏所参朱子《说解》，"在"与"敬"之间亦本无字。而《大全》本、"理学丛书"点校本《周敦颐集》和《朱子全书》则皆作"亦在乎敬肆之间而已矣"，疑为后人所增。

27.

版本信息	工作本			
	《晦庵先生文集》南宋淳熙刻本	《朱子成书》元至正元年（1341）日新书堂本	《性理群书句解》元建安刻本	《性理大全书》明永乐十三年（1415）内府刻本
周子《图说》与朱子《图说解》	【图说】 故曰：立天之道，曰阴与阳；立地之道，曰柔与刚；立人之道，曰仁与义。又曰：原始反终，故知死生之说。 【说解】 阴阳成象，天道之所以立也；刚柔成质，地道之所以	【图说】 故曰：立天之道，曰阴与阳；立地之道，曰柔与刚；立人之道，曰仁与义。又曰：原始反终，故知死生之说。 【说解】 阴阳成象，天道之所以立也；刚柔成质，地道之所以	【图说】 故曰：立天之道，曰阴与阳；立地之道，曰柔与刚；立人之道，曰仁与义。又曰：原始反终，故知死生之说。 [熊注：原始则知生之说，反终则知死之说，可以观变化不穷之妙矣。]	【图说】 故曰：立天之道，曰阴与阳；立地之道，曰柔与刚；立人之道，曰仁与义。又曰：原始反终，故知死生之说。 【说解】 阴阳成象，天道之所以立也；刚柔成质，地道之所以

（续表）

立也；仁义成德，人道之所以立也。道一而已，随事着见，故有三才之别，而于其中又各有体用之分焉，其实一太极也。阳也，刚也，仁也，物之始也；阴也，柔也，义也，物之终也。能原其始而知所以生，则反其终而知所以死矣。	立也；仁义成德，人道之所以立也。道一而已，随事着见，故有三才之别，而于其中又各有体用之分焉，其实则一太极也。阳也，刚也，仁也，物之始也；阴也，柔也，义也，物之终也。能原其始而知所以生，则反其终而知所以死矣。此天地之间，纲纪造化，流行古今，不言之妙。圣人作《易》，其大意盖不出此，故引之以证其说。		立也；仁义成德，人道之所以立也。道一而已，随事着见，故有三才之别，而于其中又各有体用之分焉，其实则一太极也。阳也，刚也，仁也，物之始也；阴也，柔也，义也，物之终也。能原其始而知所以生，则反其终而知所以死矣。此天地之间，纲纪造化，流行古今，不言之妙。圣人作《易》，其大意盖不出此，故引之以证其说。

　　按：周子《图说》第九章的朱子《说解》，淳熙《文集》本与《成书》本、《句解》本和《大全》本相较，共有两处不同：

　　（1）淳熙《文集》本："其实一太极也。"而《成书》本、《大全》本则作"其实则一太极也"，较前者多一"则"字。

　　（2）淳熙《文集》本，本章《说解》以"能原其始而知所以生，则反其终而知所以死矣"为结，而《成书》本、《大全》本在此句之后另有数句："此天地之间，纲纪造化，流行古今，不言之妙。圣人作《易》，其大意盖不出此，故引之以证其说。"《句解》本"故知死生之说"句熊注亦曰："原始则知生之说，反终则知死之说，可以观变化不穷之妙矣。"与朱子《说解》"不言之妙"辞气相类，可推知其所参。对比可见，淳熙《文集》本仅及于解释"原始反终，故知死生之说"的文义而已，但《成书》本、《大全》本所增数句，进一步说明了周子在此引用《周易》原文的原因，点出了周子《太极图说》与《周易》的内在联系。此处差异，郭齐、尹波先生与陈来先生亦察；陈先生认为，《成书》本、《句解》本较淳熙《文集》本增加的数句"使得语意更足"①。

28.

版本信息	工作本			
	《晦庵先生文集》南宋淳熙刻本	《朱子成书》元至正元年（1341）日新书堂本	《性理群书句解》元建安刻本	《性理大全书》明永乐十三年（1415）内府刻本
周子《图说》与朱子《图说解》	【图说】 大哉易也，斯其至矣。 【说解】 《易》之为书，广大悉备，然语其至极，则此图尽之。其旨岂不深哉。抑尝闻之程子昆弟之学于周子也，周子手是图以授之。程子之言性与天道，多出于此。卒未尝明此图以示人，是必有微意焉，学者亦不可不知也。	【图说】 大哉易也，斯其至矣。 【说解】 《易》之为书，广大悉备，然语其至极，则此图尽之。其指岂不深哉。抑尝闻之程子昆弟之学于周子也，周子手是图以授之。程子之言性与天道，多出于此。然卒未尝明以此图示人，是则必有微意焉，学者亦不可以不知也。	【图说】 大哉易也，[熊注：《易》之为书，广大悉备。]斯其至矣。[熊注：语其至极，则此图尽之。其指岂不深哉。]	【图说】 大哉易也，斯其至矣。 【说解】 《易》之为书，广大悉备，然语其至极，则此图尽之。其指岂不深哉。抑尝闻之程子昆弟之学于周子也，周子手是图以授之。程子之言性与天道，多出于此。然卒未尝明以此图示人，是则必有微意焉，学者亦不可以不知也。

按：周子《图说》第十章的朱子《说解》，淳熙《文集》本与《成书》本、《句解》本和《大全》本相较，共有五处不同：

（1）淳熙《文集》本"其旨岂不深哉"，用"旨"字。而《成书》本、《大

---

① 参见郭齐、尹波：《论宋淳熙、绍熙椠本〈晦庵先生文集〉》，《文献》1998年第3期，第177页；以及陈来：《台湾影印宋本〈晦庵先生文集〉考》，《中国近世思想史研究》，商务印书馆2003年版，第39页。

全》本皆作"其指岂不深哉",用"指"字。《句解》本熊注曰"其指岂不深哉",可见其所参稽之朱子《说解》亦用"指"字。

（2）、（3）、（4）、（5），淳熙《文集》本末句："卒未尝明此图以示人，是必有微意焉，学者亦不可不知也。"为"卒未尝"、"明此图以示人"、"是必有"、"不可不知"。而《成书》本、《大全》本则皆作"然卒未尝"、"明以此图示人"、"是则必有"、"不可以不知"，是数处小异。

29.

版本信息	工作本			
	《晦庵先生文集》南宋淳熙刻本	《朱子成书》元至正元年（1341）日新书堂本	《性理群书句解》元建安刻本	《性理大全书》明永乐十三年（1415）内府刻本
朱子余论首句"愚既为此说"	愚既为此说，学者病其分裂已甚，辩诘纷然，苦于酬应之不给也，故总而论之。	论曰：愚既为此说，读者病其分裂已甚，辩诘纷然，苦于酬应之不给也，故总而论之。		论曰：愚既为此说，读者病其分裂已甚，辩诘纷然，苦于酬应之不给也，故总而论之。

按：朱子余论（首句"愚既为此说"）此句，淳熙《文集》本作"学者"、"辩诘"，《成书》本、《大全》本则皆作"读者"、"辩诘"。"辩"、"辨"可互通假，无所谓正误。

30.

版本信息	工作本			
	《晦庵先生文集》南宋淳熙刻本	《朱子成书》元至正元年（1341）日新书堂本	《性理群书句解》元建安刻本	《性理大全书》明永乐十三年（1415）内府刻本

（续表）

版本信息	《晦庵先生文集》南宋淳熙刻本	《朱子成书》元至正元年（1341）日新书堂本		《性理大全书》明永乐十三年（1415）内府刻本
朱子余论	大抵难者：或谓其不当以继善成性分阴阳，或谓不当以太极阴阳分道器，或谓不当以仁义中正分体用，或谓不当言一物各具一太极。	大抵难者：或谓不当以继善成性分阴阳，或谓不当以太极阴阳分道器，或谓不当以仁义中正分体用，或谓不当言一物各具一太极。		大抵难者：或谓不当以继善成性分阴阳，或谓不当以太极阴阳分道器，或谓不当以仁义中正分体用，或谓不当言一物各具一太极。

按：此处，淳熙《文集》本"大抵难者"后句句首作"或谓其"，《成书》本、《大全》本则为"或谓"，无"其"字。

31.

版本信息	工作本			
	《晦庵先生文集》南宋淳熙刻本	《朱子成书》元至正元年（1341）日新书堂本	《性理群书句解》元建安刻本	《性理大全书》明永乐十三年（1415）内府刻本
朱子余论	又有谓体用一原，不可言体立而后用行者；又有谓仁为统体，不可偏指为阳动；又有谓仁义中正之分，不当反其类者。	又有谓体用一源，不可言体立而后用行者；又有谓仁为统体，不可偏指为阳动者；又有谓仁义中正之分，不当反其类者。		又有谓体用一源，不可言体立而后用行者；又有谓仁为统体，不可偏指为阳动者；又有谓仁义中正之分，不当反其类者。

按：此处，淳熙《文集》本作"体用一原"、"不可偏指为阳动"，《成书》本、《大全》本则为"体用一源"、"不可偏指为阳动者"。"原"亦有"源"之义，两字相通，无所谓正误。另，淳熙《文集》本朱子余论部分后文所见"体用一源"，则皆用"源"字。以及，由于淳熙《文集》本此处三句，第一、第三句皆以"者"作结，故疑第二句句末无"者"字或为刊刻之阙。

32.

版本信息	工作本			
	《晦庵先生文集》南宋淳熙刻本	《朱子成书》元至正元年（1341）日新书堂本	《性理群书句解》元建安刻本	《性理大全书》明永乐十三年（1415）内府刻本
朱子余论	是以信同疑异，喜合恶离，其论每陷于一偏，卒为无星之秤，无寸之尺而已。岂不误哉！	是以信同疑异，喜合恶离，其论每陷于一偏，卒为无星之称，无寸之尺而已。岂不误哉！		是以信同疑异，喜合恶离，其论每陷于一偏，卒为无星之称，无寸之尺而已。岂不误哉！

按：此处，淳熙《文集》本作"无星之秤"，《成书》本、《大全》本则为"无星之称"。"称"、"秤"此处意义相同，无所谓正误。

33.

版本信息	工作本				其他参校本	
	《晦庵先生文集》南宋淳熙刻本	《朱子成书》元至正元年（1341）日新书堂本	《性理群书句解》元建安刻本	《性理大全书》明永乐十三年（1415）内府刻本	"理学丛书"点校本《周敦颐集》卷一	点校本《朱子全书》第十三册《太极图说解》
朱子余论	夫性之为善，不可谓有二物，明矣。然性之善犹水之下也，则亦不能无体用之分焉。此其所以为阴阳之辨也。性善，形而上	夫善之与性，不可谓有二物，明矣。然继之者善，自其阴阳变化而言也；成之者性，自夫人物禀受而言。阴阳变化流行而		夫善之与性，不可谓有二物，明矣。然继之者善，自其阴阳变化而言也；成之者性，自夫人物禀受而言也。阴阳变化流行而	夫善之与性，不可谓有二物，明矣！然继之者善，自其阴阳变化而言也；成之者性，自夫人物禀受而言也。阴阳变化流行而	夫善之与性，不可谓有二物明矣。然继之者善，自其阴阳变化而言也；成之者性，自夫人物禀受而言也。阴阳变化流行，而未始

（续表）

| 朱子余论 | 者也；阴阳，形而下者也。周子之意，亦岂直指善为阳而性为阴哉。但语其分，为当属之此耳。 | 未始有穷，阳之动也；人物禀受一定［而不］可复易，阴之静也。以此辨之，则亦安得无二者之分哉！然性善，形而上者也；阴阳，形而下者也。周子之意，亦岂直指善为阳而性为阴哉。但语其分，则以为当属之此尔。（*《朱子成书》中国国家图书馆藏明初刻本：人物禀受一定而不可复易，阴之静也。）（**《朱子成书》中国国家图书馆藏明景泰元年（1450）善敬书堂刻本：人物禀受一定而不可复易，阴之静也。） | | 未始有穷，阳之动也；人物禀受一定而不可复易，阴之静也。以此辨之，则亦安得无二者之分哉！然性善，形而上者也；阴阳，形而下者也。周子之意，亦岂直指善为阳，而性为阴哉。但语其分，则以为当属之此耳。 | 未始有穷，阳之动也；人物禀受一定而不可**易**，阴之静也。以此辨之，则亦安得无二者之分哉！然性善，形而上者也；阴阳，形而下者也。周子之意，亦岂直指善为阳，而性为阴哉。但语其分，则以为当属之此耳。（加粗句原文校记："易"上原有"复"字，据张本、董本删。） | 有穷，阳之动也；人物禀受一定，而不可复易，阴之静也。以此辨之，则亦安得无二者之分哉！然性善，形而上者也；阴阳，形而下者也。周子之意，亦岂直指善为阳，而性为阴哉。但语其分，则以为当属之此尔。 |

按：第一，此处，淳熙《文集》本与《成书》本、《大全》本相较，共有

四处不同：

（1）首句，淳熙《文集》本作"夫性之为善"，《成书》本、《大全》本则为"夫善之与性"。可见朱子对"善"、"性"两者关系的表述发生了变化。

（2）"不可谓有二物，明矣"句后，淳熙《文集》本："然性之善犹水之下也，则亦不能无体用之分焉。此其所以为阴阳之辨也。"《成书》本、《大全》本无此句，相同位置处则作："然继之者善，自其阴阳变化而言也；成之者性，自夫人物禀受而言也。阴阳变化流行而未始有穷，阳之动也；人物禀受一定而不可复易，阴之静也。以此辨之，则亦安得无二者之分哉。"（需要说明的是，《朱子成书》中国国家图书馆藏元至正元年（1341）日新书堂刻本，此句"一定"后有两字空缺，经查，同馆藏明初刻本与明景泰元年（1450）善敬书堂刻本，"一定"后二字为"而不"，故据补之。）此处之异，郭齐、尹波先生亦察①。

（3）淳熙《文集》本："性善，形而上者也。"《成书》本、《大全》本较之句首多一"然"字："然性善，形而上者也。"

（4）淳熙《文集》本："但语其分，为当属之此耳。"《成书》本、《大全》本："但语其分，则以为当属之此耳（尔）。"较前者多"则以"二字，辞气上稍有差异。

第二，此处"人物禀受一定而不可复易"句，《成书》本、《大全》本皆有"复"字，"理学丛书"点校本《周敦颐集》本却作"不可易"，出校记删之。考虑到点校者所据"张本"、"董本"较《成书》本、《大全》本皆为晚出，据本论第40条，《成书》本较能反映朱文旧貌，且"复易"又与前文之"有穷"存在对应关系，故此字或不当删。

---

① 参见郭齐、尹波：《论宋淳熙、绍熙椠本〈晦庵先生文集〉》，载《文献》1998年第3期，第177页。

第三，整体来看，在这里，朱子是要回应针对《太极图解》的第一个质疑："或谓（其）不当以继善成性分阴阳"。这个质疑的具体对象可能是周子《图说》第二章的朱子《说解》："其动也，诚之通也，继之者善，万物之所资以始也；其静也，诚之复也，成之者性，万物各正其性命也。动极而静，静极复动，一动一静，互为其根，命之所以流行而不已也；动而生阳，静而生阴，分阴分阳，两仪立焉，分之所以一定而不移也。"此处，淳熙《文集》本首言"性之为善"，后援引《孟子·告子上》"人性之善也，犹水之就下也"为证，是以性为体、善为用的体用之别，来解释将性与善分属阴和阳的合理性："然性之善犹水之下也，则亦不能无体用之分焉。此其所以为阴阳之辨也。"但是，《成书》本、《大全》本则首言"善之与性"，抛弃了以《孟子》为据的，视性之善为体之用的框架，而直接采用《周易·系辞上》"继之者善也，成之者性也"的表述，将"性"与"善"并列而言，因"继之者"之"善"乃"阴阳变化流行"，在阴、阳的大剖判之中，是"阳之动"；而"成之者"之"性"乃"人物禀受不易"，在阴、阳的大剖判之中，则是"阴之静"，来解释将性与善分属阴和阳的合理性："然继之者善，自其阴阳变化而言也；成之者性，自夫人物禀受而言也。阴阳变化流行而未始有穷，阳之动也；人物禀受一定而不可复易，阴之静也。以此辨之，则亦安得无二者之分哉。"后一种表述，不仅与质疑者之提问和朱子自身在《太极图说解》原文中的表达保持了一致性，而且在思想层面较之于将性与善粗略地归属于体和用，更有深入精微之感。

34.

版本信息	工作本			
	《晦庵先生文集》南宋淳熙刻本	《朱子成书》元至正元年（1341）日新书堂本	《性理群书句解》元建安刻本	《性理大全书》明永乐十三年（1415）内府刻本
朱子余论	仁义中正，同乎一理者也，而析为用，诚若有未安者。然仁者，善之长也；中者，嘉之会也；义者，利之宜也；正者，贞（缺末笔）之体也。而元亨者，诚之通也；利贞（缺末笔）者，诚之复也。是则安得为无体用之分哉！	仁义中正，同乎一理者也，而析为体用，诚若有未安者。然仁者，善之长也；中者，嘉之会也；义者，利之宜也；正者，贞（无缺笔）之体也。而元亨者，诚之通也；利贞（无缺笔）者，诚之复也。是则安得为无体用之分哉！		仁义中正，同乎一理者也，而析为体用，诚若有未安者。然仁者，善之长也；中者，嘉之会也；义者，利之宜也；正者，贞（无缺笔）之体也。而元亨者，诚之通也；利贞（无缺笔）者，诚之复也。是则安得为无体用之分哉！

按：此处，淳熙《文集》本："仁义中正，同乎一理者也，而析为用。"《成书》本、《大全》本："而析为体用"，较之多"体"字。由下文"是则安得为无体用之分哉"，知此处本作"体用"，或为淳熙《文集》本漏刻。以及，此处"贞之体也"、"利贞者"之"贞"，淳熙《文集》本皆缺末笔避讳，《成书》本、《大全》本则无缺笔。

35.

版本信息	工作本				其他参校本	
	《晦庵先生文集》南宋淳熙刻本	《朱子成书》元至正元年（1341）日新书堂本	《性理群书句解》元建安刻本	《性理大全书》明永乐十三年（1415）内府刻本	"理学丛书"点校本《周敦颐集》卷一	点校本《朱子全书》第十三册《太极图说解》

（续表）

| 朱子余论 | 万物之生，同一太极也。而谓其各具，则亦有可疑者。然一物之中，天理完具，不相假借，不相凌夺，此统之所以有宗，会之所以有元也。是则安得不曰各具一理哉！ | 万物之生，同一太极者也。而谓其各具，则亦有可疑者。然一物之中，天理完具，不相假借，不相陵夺，此统之所以有宗，会之所以有元也。是则安得不曰各具一理哉！ | | 万物之生，同一太极者也。而谓其各具，则亦有可疑者。然一物之中，天理完具，不相假借，不相陵夺，此统之所以有宗，会之所以有元也。是则安得不曰各具一理哉！ | 万物之生，同一太极者也。而谓其各具，则亦有可疑者。然一物之中，天理完具，不相假借，不相陵夺，此统之所以有宗，会之所以有元也。**是则安得不曰各具一太极哉！**（加粗句原文校记："太极"原作"理"，据张本、董本改。） | 万物之生，同一太极者也。而谓其各具，则亦有可疑者。然一物之中，天理完具，不相假借，不相陵夺，此统之所以有宗，会之所以有元也。**是则安得不曰各具一太极哉！**（加粗句原文校记："太极"，原作"理"，据张伯行《周濂溪先生全集》、董榕《周子全书》改。） |

按：第一，此处，淳熙《文集》本与《成书》本、《大全》本相较，共有两处不同：

（1）淳熙《文集》本："万物之生，同一太极也。"《成书》本、《大全》本较之句末多一"者"字："万物之生，同一太极者也。"

（2）淳熙《文集》本："不相假借，不相凌夺。"用"凌"字。《成书》本、《大全》本："不相假借，不相陵夺"，用"陵"字。此处两字可相通，无所谓正误。

第二，"此统之所以有宗，会之所以有元也。是则安得不曰各具一理哉"

句，淳熙《文集》本、《成书》本、《大全》本句末皆为"各具一理"，而非
"各具一太极"。而"理学丛书"点校本《周敦颐集》与《朱子全书》则皆据清
张伯行《周濂溪先生全集》和清董榕《周子全书》本，改作"各具一太极"。
由于朱子余论（首句"愚既为此说"）起始，有"或谓不当言一物各具一太极"
之语，此处又是针对这一诘问的回应，故而将"各具一理"改为"各具一太
极"，在文脉的确更加一致通贯。但考虑到淳熙《文集》本、《成书》本与《大
全》本较张本、董本更为早出，且皆作"各具一理"，又据本论第 40 条，可见
《成书》本较能反映朱文旧貌，有理由怀疑朱子此处本即作"各具一理"，应姑
存之，不当径加改动。

36.

版本信息	工作本			
	《晦庵先生文集》南宋淳熙刻本	《朱子成书》元至正元年（1341）日新书堂本	《性理群书句解》元建安刻本	《性理大全书》明永乐十三年（1415）内府刻本
朱子余论	其曰"体用一源"者，以至微之理言之，则冲漠无朕，而万象昭然已具也。其曰"显微无间"者，以至著之象而言之，则即事即物，而此理无乎不在也。	其曰"体用一源"者，以至微之理言之，则冲漠无朕，而万象昭然已具也。其曰"显微无间"者，以至著之象言之，则即事即物，而此理无乎不在也。		其曰"体用一源"者，以至微之理言之，则冲漠无朕，而万象昭然已具也。其曰"显微无间"者，以至著之象言之，则即事即物，而此理无乎不在也。

按：此处，淳熙《文集》本："其曰'显微无间'者，以至着之象而言
之。"《成书》本、《大全》本句末无"而"字："以至着之象言之"。

37.

版本信息	工作本			
	《晦庵先生文集》南宋淳熙刻本	《朱子成书》元至正元年（1341）日新书堂本	《性理群书句解》元建安刻本	《性理大全书》明永乐十三年（1415）内府刻本
朱子余论	况既曰体立而后用行，则亦不慊于先有此而后有彼也。所谓仁为统体者，则程子所谓专言之则包四德者是也。然其言盖曰"四德之元，犹五常之仁，偏言则一事，专言则包四者"，则是仁之所以包夫四者，固未尝离夫偏言之一事，亦未有不识夫偏言之一事，而可以骤语夫专言之统体者也。	况既曰体立而后用行，则亦不嫌于先有此而后有彼矣。所谓仁为统体者，则程子所谓专言之则包四者是也。然其言盖曰"四德之元，犹五常之仁，偏言则一事，专言则包四者"，则是仁之所以包夫四者，固未尝离夫偏言之一事，亦未有不识夫偏言之一事，而可以骤语夫专言之统体者也。		况既曰体立而后用行，则亦不嫌于先有此而后有彼矣。所谓仁为统体者，则程子所谓专言之而包四者是也。然其言盖曰"四德之元，犹五常之仁，偏言则一事，专言则包四者"，则是仁之所以包夫四者，固未尝离夫偏言之一事，亦未有不识夫偏言之一事，而可以骤语夫专言之统体者也。

按：此处，淳熙《文集》本与《成书》本、《大全》本相较，共有三处不同：

（1）、（2），淳熙《文集》本："则亦不慊于先有此而后有彼也"，用"慊"字，句末为"也"。《成书》本、《大全》本："则亦不嫌于先有此而后有彼矣。"用"嫌"字，句末为"矣"。此处"慊"、"嫌"字义相通，无所谓正误。

（3）淳熙《文集》本："则程子所谓专言之则包四德者是也。"《成书》本："则程子所谓专言之则包四者是也"，无"德"字；《大全》本："则程子所谓专言之而包四者是也"，亦无"德"字，且句中为"而"，非"则"。由于此句为朱子转述程子之言，本不需完全与之一致。程子原文如后句之引"四德之元，犹五常之仁，偏言则一事，专言则包四者"，出自《周易程氏传》卷一①，故淳熙《文集》本"包四德者"，亦不可径断为刊刻之误。

38.

版本信息	工作本			
	《晦庵先生文集》南宋淳熙刻本	《朱子成书》元至正元年（1341）日新书堂本	《性理群书句解》元建安刻本	《性理大全书》明永乐十三年（1415）内府刻本
朱子余论	至于中之为用，则亦无过不及者言之，而非指所谓未发之中也。亦以偏言一事者言之，而非指所谓专言之仁也。对此而言，则正者所以为中之乾，而义者所以为仁之质，又可知矣。其为体用，亦岂为无说哉？	至于中之为用，则以无过不及者言之，而非指所谓未发之中也。仁不为体，则亦以偏言一事者言之，而非指所谓专言之仁也。对此而言，则正者所以为中之乾，而义者所以为仁之质，又可知矣。其为体用，亦岂为无说哉？		至于中之为用，则以无过不及者言之，而非指所谓未发之中也。仁不为体，则亦以偏言一事者言之，而非指所谓专言之仁也。对此而言，则正者所以为中之乾，而义者所以为仁之质，又可知矣。其为体用，亦岂为无说哉？

按：此处，淳熙《文集》本与《成书》本、《大全》本相较，共有两处不同：

（1）淳熙《文集》本："至于中之为用，则亦无过不及者言之。"用"亦"字。《成书》本、《大全》本："则以无过不及者言之。"用"以"字。按，"亦无过不及者言之"于义不通，似淳熙《文集》本刊刻之误，或衍自下文"亦以偏言一事者言之"之"亦"。

---

① ［宋］程颢、程颐著，王孝鱼点校：《二程集（下册）》，中华书局2004年版，第697页。

（2）淳熙《文集》本在"亦以偏言一事者言之"句前，无"仁不为体，则"五字，而《成书》本、《大全》本皆有。若无，前后语义似有断裂，故亦疑为淳熙《文集》本漏刻。

39.

版本信息	工作本			
	《晦庵先生文集》南宋淳熙刻本	《朱子成书》元至正元年（1341）日新书堂本	《性理群书句解》元建安刻本	《性理大全书》明永乐十三年（1415）内府刻本
朱子余论	大抵周子之为是书，语意峻洁而混成，条理精密而疏畅。读者诚能虚心一意，反复潜玩，而无以先入之说焉，则庶几其有得乎周子之心，而疑于纷纭之说矣。	大抵周子之为是书，语意峻洁而混成，条理精密而疏畅。读者诚能虚心一意，反复潜玩，而毋以先入之说乱焉，则庶几其有得乎周子之心，而无疑于纷纷之说矣。		大抵周子之为是书，语意峻洁而混成，条理精密而疏畅。读者诚能虚心一意，反复潜玩，而毋以先入之说乱焉，则庶几其有得乎周子之心，而无疑于纷纷之说矣。

按：此处，淳熙《文集》本与《成书》本、《大全》本相较，共有四处不同：

（1）、（2），淳熙《文集》本："而无以先入之说焉。"《成书》本、《大全》本："而毋以先入之说乱焉。""无"、"毋"字义相同，无关紧要；但淳熙《文集》本句末无"乱"字，较之《成书》本、《大全》本，文意不通，故疑为漏刻。

（3）、（4），淳熙《文集》本："而疑于纷纭之说矣。"《成书》本、《大全》本："而无疑于纷纷之说矣。"前者句末作"纷纭"，而非"纷纷"；且句首少"无"字，导致句意彻底与后两者相反，此乃漏刻无疑。

40.

版本信息	工作本			
	《晦庵先生文集》 南宋淳熙刻本	《朱子成书》 元至正元年（1341） 日新书堂本	《性理群书句解》 元建安刻本	《性理大全书》 明永乐十三年 （1415）内府刻本
朱子《太极图说解·后记》		某既为此说，尝录以寄广汉张敬夫。……某窃以为此图立象尽意，剖析幽微，周子盖不得已而作也。……某于周子、程子亦云。既以复于敬夫，因记其说于此。乾道癸巳四月既望，朱某谨书。		熹既为此说，尝录以寄广汉张敬夫。……熹窃以为此图立象尽意，剖析幽微，周子盖不得已而作也。……熹于周子、程子亦云。既以复于敬夫，因记其说于此。乾道癸巳四月既望，熹谨书。

按：朱子《太极图说解·后记》部分，《成书》本，朱子自称"某"、"朱某"，而《大全》则皆作"熹"。比较之下，《大全》改动之迹显然，可见元黄瑞节《朱子成书》所收文本更能反映朱文之旧貌。

结 论

以本论部分文本对校所呈现的结果为基础，回到本文试图解决的两大目标问题，可作结如下：

1. 朱子《太极解义》的定本问题

首先，在文本对校过程中我们发现，各工作本都存在相当数量的，由自身的特殊体例或编排、避讳字、疑似刊刻致误和有意改动所造成的与他本之差异。淳熙《文集》本的特异之处可见第14、17、18、19、21、22、23、24、

25、31、34、38、39条，其中疑似刊刻致误在第17、19、21、22、23、24、25、31、34、38、39条，避讳字在第18、25、34条，特殊编排在第14、23条。《成书》本的特异之处可见第20、23、25条，前两条为疑似刊刻致误，后一条为特殊体例。《句解》本的特异之处可见第2、4、5、7、8、9、12、14、15、16、21、25条，特殊体例或编排在第2、7、14、21、25条，疑似刊刻致误在第5、7、8、9、12、14、15、16条，疑似有意改动在第4条。《大全》本的特异可见第18、25、26条，前一者为避讳字，后两者为疑似有意改动①。

由上可见，淳熙《文集》本与《句解》本刊刻时造成的问题所占比例较大，版本质量不是很高②。而且，通过第4条的文本对校我们发现，《句解》本竟然很可能存在擅改朱子《太极图解》原文的现象，将"不杂乎阴阳而为言"改为"不离乎阴阳而为言"，而这种改动又可能和度正有关，似乎反映出朱子后学之间在对于太极与阴阳的关系的理解上可能存在一定的分歧。

而且值得注意的是，在粟品孝先生研究成果的提示下，笔者追查到周敦颐文集系统中的一支，以明万历三年（1575）王俸、崔惟植等编《宋濂溪周元公先生集》为首，包括明万历二十七年（1599）刘汝章辑《宋濂溪周元公先生集》、明万历四十二年（1614）周与爵辑《宋濂溪周元公先生集》、明天启三年（1623）黄克俭辑刻《宋濂溪周元公先生集》、清康熙三十年（1691）周沈珂父子重辑《宋濂溪周元公先生集》和清乾隆四十五年（1780）《四库全书》本《周

---

① 需要补充说明的是，本论第37条，可见淳熙《文集》本、《成书》本与《大全》本各有不同。由于所涉部分为朱子余论（首句"愚既为此说"），《句解》本不录，所以暂无旁证以供论定。

② 郭齐、尹波先生亦由台藏淳熙《文集》"写刻错误较多"等方面，认为此本乃坊间所刻。可见郭齐、尹波：《论宋淳熙、绍熙椠本〈晦庵先生文集〉》，载《文献》1998年第3期，第169—172页。

元公集》，共有至少六种版本。① 笔者在初步经眼了中国国家图书馆藏明万历二十七年（1599）刘汝章辑本、明万历四十二年（1614）周与爵辑本和明天启三年（1623）黄克俭辑刻本，以及清文渊阁《四库全书》本《周元公集》后可知，在题名为"太极图说"的部分，以上诸版本都有非常一致的特征：第一，位于该部起首的周子《太极图》，除清康熙三十年（1691）周沈珂父子重辑本和以此为底本的《四库全书》本《周元公集》之外，都使用了与南宋咸淳末年编《元公周先生濂溪集》所收录者（见后）几乎完全一致的图案；第二，周子《太极图》之后的编次较他本特殊，先为周子《太极图说》与朱子《太极图说解》，其后才是朱子的《太极图解》；第三，朱子《太极图解》中，都将"不杂乎阴阳而为言"写为"不离乎阴阳而为言"。虽然现在还无法确定，作为该版刻系统之源头的明万历三年（1575）王俸、崔惟植本是否直接采用了熊氏《性理群书句解》为底本，但我们至少可以说，与熊氏《句解》本相同的朱子《太极图解》的文字变化，还保存在了周敦颐文集系统的一支之中，并且版本流衍持续二百年之久，并最终进入《四库全书》，影响不可谓不广。

而除去诸本自身的特殊性，在淳熙《文集》本、《成书》本和《句解》本所共有的朱子《太极图解》、周子《太极图说》部分的对校中，由第3、10、

① 据粟品孝先生的研究，虽然明万历三年（1575）王俸、崔惟植等编《宋濂溪周元公先生集》的底本依据不能明确，但可知：（1）明万历二十七年（1599）刘汝章辑《宋濂溪周元公先生集》，是在明万历三年（1575）王俸、崔惟植本的基础上改编的，两者在题名为"太极图说"（包括《太极图》，笔者注）的内容与王、崔本相应的内容全同；（2）明万历四十二年（1614）周与爵辑《宋濂溪周元公先生集》十卷，基本上是明万历三年（1575）王俸、崔惟植本的翻刻，《太极图说》（包括《太极图》，笔者注）的部分亦与之同；（3）明天启三年（1623）黄克俭辑刻《宋濂溪周元公先生集》主要是依据明万历二十七年（1599）刘汝章本，并参考明万历三年（1575）王俸、崔惟植本；（4）清康熙三十年（1691）周沈珂父子重辑《宋濂溪周元公先生集》，也是以明万历四十二年（1614）周与爵辑本为基础而成，文字内容与之基本一致；（5）清乾隆四十五年（1780）四库全书本《周元公集》，则是以清康熙三十年（1691）周沈珂父子重辑本为底本的。相关结论可以参见粟品孝：《历代周敦颐文集序跋目录汇编》，上海古籍出版社2020年版，第75—87页；第107—111页；第130—144页；第150—153页；第185—189页；以及第214页。

11、14、17、18、21、23 条可见，虽然淳熙《文集》本与《成书》本各有异同，《成书》本和《句解》却始终保持一致。特别是第 26、27、28 条，即使《句解》本并未全文收录朱子《太极图说解》，但从《图说》熊注中包含着的、熊氏所参照的朱子《说解》底本信息来推断，即使淳熙《文集》本与《成书》本"分歧明显"，《句解》本也仍然与《成书》本站在同一"战线"上。由此，同属朱子后学，同样汇编朱子文献而怀尊行师说之虑的南宋熊节、熊刚大与元代黄瑞节，他们各自纂成的《性理群书句解》和《朱子成书》虽然体例不同且没有直接承袭关系，但在朱子《太极解义》的具体文本上，相对于异文迭出的淳熙《文集》本而言，却存在着高度的一致性——这足以说明，淳熙《文集》所收录本是朱子《太极解义》的早期刊本，诞生在先；而《成书》、《句解》所据之底本，则是朱子的晚年定本，问世于后。《大全》本作为《成书》、《句解》本在后世的流衍，除极个别文字可能被后人改动过之外，也基本与《成书》、《句解》本一致。于是，在修正《成书》本第 20 条朱子《太极图解》末句的插图问题，更正第 23 条周子《太极图说》"五行之生"句末所阙之"也"、删去第 25 条周子《太极图说》小字原注前的"本注云"后，我们认为，《成书》本的《太极解义》应该最为符合朱子晚年定本的原貌。

由此，重新检视"理学丛书"点校本《周敦颐集》卷一、点校本《朱子全书》第十三册《太极图说解》等现代点校本的整理成果，我们可以对其中的部分不符合朱子《太极解义》定本原貌的讹误进行勘正。其中的主要问题是：一，朱子《太极图解》的插图，或因底本、参校本后出，传刻致误而点校者不辨，或因个别图案本来指代不同，尺寸大小或形状勾画之别又过于细微而点校者未识，造成与朱子原本相异；二，朱子《太极解义》的文本，或原有小注而点校本未录，或因底本、参校本中存在非朱子原本、恐为后人所改的字句，点校本未能辨别而照录。可见：

（1）第 5 条，点校本《周敦颐集》和《朱子全书》，"中〇者，其本体也"句插图圆圈应为小圆；

（2）第 7 条，点校本《周敦颐集》，"☽者，☾之根也；☾者，☽之根也"句第一、第三图的图形应为左右半圆的中心圆弧而非整体半圆；

（3）第 12 条，点校本《周敦颐集》和《朱子全书》，"气殊质异，各一其〇"句插图圆圈亦应为小圆；

（4）第 13 条，点校本《周敦颐集》，"⚚，此无极二五所以妙合而无间也"句插图应改换为"⚚"；

（5）第 14 条，点校本《朱子全书》，朱子原文小注"此以上引《说》解剥《图》体，此以下据《图》推尽《说》意"不应删去；

（6）第 17 条，点校本《周敦颐集》和《朱子全书》，则"而　天地日月四时鬼神，有所不能违矣"句插图，或不应有内部连线；

（7）第 25 条，点校本《周敦颐集》，"然静者诚之复，而性之真也。苟非此心寂然无欲而静，则又何以酬酢事物之变，而一天下之动哉"，当作"性之贞"、"亦何以"；

（8）第 26 条，点校本《周敦颐集》和《朱子全书》，"亦在乎敬肆之间而已矣"，"乎"字疑为后人所增，当删；

（9）第 33 条，点校本《周敦颐集》，"人物禀受一定而不可易"，"不可易"当为"不可复易"；

（10）第 35 条，点校本《周敦颐集》和《朱子全书》，"是则安得不曰各具一太极哉"，"太极"当作"理"。虽然从上下文的呼应来看，"太极"似乎更合理。

与此同时，我们通过本论的文本对校也可以看到，《太极解义》定本较之早期版本，除个别文字的细微变动之外，还存在包括周子《太极图说》本文在内的文句分章及义理阐释发生显著变化之处。这显然是朱子有意识地进行增删调整的结果，需要我们加以重视：

（1）第 22 条，周子《太极图说》第三章（首句"阳变阴合"）的朱子《太极图说解》，淳熙《文集》本作"又统而言之，则气阳而质阴也；又错而言之，则迭阳而迭阴也"，以"盖其变，至于不可穷，然无适而非阴阳之道也"句为结；而《成书》本、《大全》本则作"又统而言之，则气阳而质阴也；又错而言之，则动阳而静阴也"，在"然无适而非阴阳之道"句后，又增加"至其所以为阴阳者，则又无适而非太极之本然也，夫岂有所亏欠间隔哉"数句。比较之下，从"错而言之"的"迭阳而迭阴"变为"动阳而静阴"，并在"无适而非阴阳之道"之后附加强调"阴阳"与"太极"的关系，都在义理表述上造成了很大的差异。

（2）第 23 条，周子《太极图说》第四章（首句"五行，一阴阳也"）与第五章（"无极之真，二五之精，妙合而凝"），在淳熙《文集》本中合为一章，而在《成书》本、《句解》本、《大全》本中，则重新断为两章，由此造成与之相应的朱子《太极图说解》首句也变得不同：淳熙《文集》本写作"此据五行而推之，明无极二五混融无间之妙，所以生成万物之功也"，总括两章大旨，自"五行"言及"化生万物"；而《成书》本、《大全》本，则写作"五行具，则造化发育之具无不备矣，故又即此而推本之，以明其浑然一体，莫非无极之妙；而无极之妙，亦未尝不各具于一物之中也"，主要聚焦于第四章，自"五行"至"各一其性"为结，未及第五章"化生万物"。

（3）第 27 条，周子《太极图说》（首句"故曰：立天之道，曰阴与阳"）第九章的朱子《太极图说解》之末句，淳熙《文集》本作"能原其始而知所以生，则反其终而知所以死矣"，仅及于解释"原始反终，故知死生之说"的文义而已；但《成书》本、《大全》本在其后更有"此天地之间，纲纪造化，流行古今，不言之妙。圣人作《易》，其大意盖不出此，故引之以证其说"，进一步说明了周子在此引用《周易》原文的原因，点出了周子《太极图说》与《周易》的内在联系。

（4）第 33 条，朱子余论（首句"愚既为此说"），回应针对《太极解义》的第一个质疑："或谓（其）不当以继善成性分阴阳"时，淳熙《文集》本以"夫性之为善，不可谓有二物，明矣"起首，其下曰"然性之善犹水之下也，则亦不能无体用之分焉，此其所以为阴阳之辨也"，引用了《孟子·告子上》"人性之善也，犹水之就下也"之语，以性之善为体之用的框架来为自己辩护；而《成书》本、《大全》本，则以"夫善之与性，不可谓有二物，明矣"起首，其下则曰"然继之者善，自其阴阳变化而言也；成之者性，自夫人物禀受而言也。阴阳变化流行而未始有穷，阳之动也；人物禀受一定而不可复易，阴之静也。以此辨之，则亦安得无二者之分哉"，直接采用《周易·系辞上》"继之者善也，成之者性也"的表述，将"性"与"善"并列而言，并因"继之者善"乃"阴阳变化流行"、是"阳之动"，而"成之者性"乃"人物禀受不易"，是"阴之静"，来解释"以继善成性分阴阳"的合理性。后者较之前者，不仅成功地与质疑者的提问和朱子自身在《太极图说解》原文中的表达保持了一致，而且在思想义理上也大大深入了一层。

2. 朱子手定《太极图》的标准样式问题

在论定了朱子《太极解义》定本的面貌，特别是确认了对各个工作本之间朱子《太极图解》文内插图的一致性之后，我们终于在解决本文的核心问题——校验、还原朱子手定《太极图》标准样式上迈出了最关键的一步。可以看到，朱子《太极解义》定本的确与朱子手定《太极图》之间形成了紧密

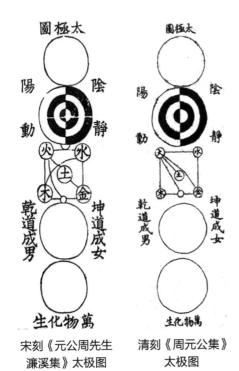

宋刻《元公周先生濂溪集》太极图

清刻《周元公集》太极图

的文本内证关系，如本论第 1 条所列举的，淳熙《文集》本、《成书》本、《句解》本和《宋元学案》清道光二十五、二十六年道州何氏刻本《太极图》的特异之处，在第 2、6、13、14 条，都可依据定本《太极图解》插图及其含义进行解释和更正。其中的主要问题有两点，一是《太极图》图内文字与具体某一层图案配合错位或多出，如《句解》本"阳动"、"阴静"与第二层图的配合，淳熙《文集》本"乾道成男"、"坤道成女"与第四层图的配合，《宋元学案》本第一层图上方多出"无极而太极"数字；二是第三层"五行"各圈下方的小圆圈，缺少连接"木"和"金"的两根连线，淳熙《文集》本、《成书》本皆有此误。以上问题校正之后，我们可以看到，本论第一条所列举的中国国家图书馆藏南宋宝祐四年（1256）至景定五年（1264）间编刻《濂溪先生集》本和中国国家图书馆藏明永乐十三年（1415）内府刻本、明胡广等纂《性理大全书》本《太极图》，均可堪是朱子手定《太极图》的标准样式。作为《宋元学案》本代表的《续修四库全书》影印清道光二十五、二十六年道州何氏刻本《太极图》，除第一层上方多出"无极而太极"五字之外，其余部分亦无他误。

由此，我们也很容易发现周敦颐文集系统和其他后世文献中所收录《太极图》的问题。对照本论第 1 条可见，如与上述中国国家图书馆藏明万历二十七年（1599）刘汝章辑本、明万历四十二年（1614）周与爵辑本和明天启三年

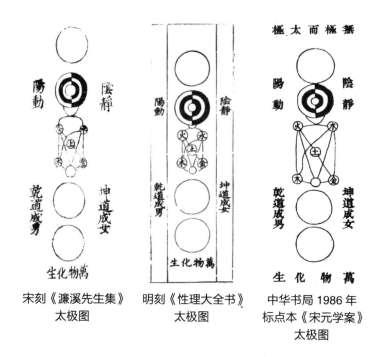

宋刻《濂溪先生集》
太极图

明刻《性理大全书》
太极图

中华书局 1986 年
标点本《宋元学案》
太极图

（1623）黄克缵辑刻本所收者几乎完全一致的，中国国家图书馆藏、南宋咸淳
末年编《元公周先生濂溪集》的《太极图》，不仅第二层黑白相间大圆圈的中
心空白小圆圈被划分为黑白两半圆，且缺少第三层图"五行"各圈下方小圆
与"水"的连线。又如，以清康熙三十年（1691）周沈珂父子重辑本为底本的
清文渊阁《四库全书》本《周元公集》所收者，问题则更多：第二层图，黑白
相间大圆圈的中心空白小圆圈也被划分为黑白两半圆；第二层图至第三层图之
间，本由"阴静"右半圆连接"火"、"阳动"左半圆连接"水"的交叉线变
形成了第三层图"水"与"火"的直连线；第三层图中，不仅缺少"水"和
"木"的连线，"木"、"土"、"金"三者之间本为一笔贯通的连线也画得相当混
乱 —— 一条线仅连接"火"、"土"，而"土"与"金"则不连，另一条线直接
连接了"金"、"火"，而绕开了"土"，并且"五行"各圈下方小圆与"水"的
连线也缺失了。而中华书局 1986 年点校本《宋元学案》卷十二"濂溪学案下"

所收《太极图》，或由于所使用的工作本质量不高①，除了多出"无极而太极"五字以外，又增加了第三层图"五行"各圈下方小圆与"土"的连线。所以，不能径直以为这几种本子的《太极图》即是朱子手定的标准版本，引用时还需谨慎。

不过，颇有些令人匪夷所思的是，为什么诸如淳熙《文集》、《成书》和《句解》等出于朱门后学之手的朱子文献汇编类著作，还会收入错误的、或者说不标准的《太极图》呢？我们认为，这应该主要是刊刻者的问题。这是因为：第一，朱子手定《太极图》与朱子《太极图解》之间在义理诠释上的对应关系已无需多论，上述诸版《太极图》的错误之处既然与《太极图解》发生明显的矛盾，那么它们就绝非朱子自为，又不可能出于朱门后学之手；第二，上已述及，明胡广等纂《性理大全书》既然可能主要以南宋熊节、熊刚大《性理群书句解》和元黄瑞节《朱子成书》为取材底本，而《大全》本的《太极图》又全然无误，这或许说明，在明时，还有比本论中所参用的《成书》和《句解》版本更佳的善本存在，而为《性理大全书》的编纂者们所得见；第三，元代黄瑞节编纂《朱子成书》的最早刻本即是元至正元年（1341）的日新书堂本，但该书之付梓，可能已在黄瑞节去世之后了②。所以，此本刊印所用《太极图》的样貌，是否即为黄瑞节编纂《成书》时的定稿之貌，已存在疑问。特别是元至正元年（1341）的日新书堂本《朱子成书》的《太极图》，在第三层的图案上，竟然延续了作为《太极解义》早期版本的淳熙《文集》本的问题：第三层"五行"各圈下方的小圆圈，缺少连接"木"和"金"的两根连线。学

---

① 该点校本所使用工作本，是光绪五年（1879）龙汝霖翻刻何绍基本的"一个极陋的坊间翻刻本"，可见（清）黄宗羲原著、全祖望补修，陈金生、梁运华点校：《点校前言》，《宋元学案》，中华书局1986年版，第8页。

② 可参［日］吾妻重二：《〈性理大全〉的成立与〈朱子成书〉——兼及元代明初的江西朱子学派》，见《朱子学的新研究——近世士大夫思想的展开》，商务印书馆2017年版，第349页。

人有言，从文献形态上判断，淳熙《文集》当属于闽中坊刻本①；而刊刻《成书》的日新书堂，则又是福建建阳的名书坊②。我们甚至怀疑，这两种《太极图》版本的如此共通之处，是否反映出同一地域书坊之间的某些联系？

（中国人民大学哲学院中国哲学专业博士生袁传志同学为本文相关古籍资料的查阅倾力甚巨，谨此致谢。）

---

① 郭齐、尹波：《论宋淳熙、绍熙椠本〈晦庵先生文集〉》，载《文献》1998年第3期，第172—173页。
② 亦可参［日］吾妻重二：《〈性理大全〉的成立与〈朱子成书〉——兼及元代明初的江西朱子学派》，见《朱子学的新研究——近世士大夫思想的展开》，商务印书馆2017年版，第349页。

参考文献

（一）古籍类

［1］《老子道德经》，《四部丛刊初编》影印瞿氏铁琴铜剑楼藏宋刊本

［2］［宋］周敦颐：《濂溪先生集》，中国国家图书馆藏南宋宝祐四年（1256）至景定五年（1264）间编刻本

［3］［宋］周敦颐：《元公周先生濂溪集》，中华再造善本影印中国国家图书馆藏南宋咸淳末年编刻本

［4］［宋］周敦颐：《濂溪周元公集》，日本名古屋市蓬左文库藏明孝宗弘治年间周木重辑本

［5］［宋］周敦颐：《宋四子抄释·周子抄释》，中国国家图书馆藏明嘉靖五年（1526）吕柟编、明嘉靖十六年（1537）汪克俭重刻本

［6］［宋］周敦颐：《宋濂溪周元公先生集》，中国国家图书馆藏明万历二十七年（1599）刘汝章辑本

［7］［宋］周敦颐：《周子全书》，中国国家图书馆藏明万历四十年（1612）顾造校刻本

［8］［宋］周敦颐：《宋濂溪周元公先生集》，中国国家图书馆藏明万历四十二年（1614）周与爵辑本

［9］［宋］周敦颐：《宋濂溪周元公先生集》，明天启三年（1623）黄克俭辑刻本

［10］［宋］周敦颐：《周子全书》，日本国立公文书馆藏明万历三十四年（1606）徐必达校正、日本延宝三年（1675）京都武村新兵卫重刻本

［11］［宋］周敦颐：《周子全书》，清乾隆二十一年（1756）董榕辑，《万有文库》排印本，上海：商务印书馆，1937年

［12］［宋］周敦颐：《周元公集》，《景印文渊阁四库全书》第一一〇一册，台北：台湾商务印书馆，1983年

［13］［宋］周敦颐：《元公周先生濂溪集十二卷附濂溪先生周公年表一卷》，《北京图书馆古籍珍本丛刊》第88册，北京：书目文献出版社，1988年

［14］［宋］周敦颐：《周濂溪先生全集》，清康熙四十七年（1708）张伯行辑，《正谊堂全书》本影印，北京：学苑出版社，1990年

［15］［宋］周敦颐：《周子全书》，中国国家图书馆藏明万历三十四年（1606）徐必达校正本，《四库全书存目丛书》子部第二册，济南：齐鲁书社，1997年

［16］［宋］周敦颐：《元公周先生濂溪集》，中华再造善本"唐宋编·集部"，北京：北京图书馆出版社，2003年

［17］［宋］周敦颐：《元公周先生濂溪集》，《宋集珍本丛刊》第8册，北京：线装书局，2004年

［18］［宋］周敦颐：《元公周先生濂溪集》，长沙：岳麓书社，2006年

［19］［宋］周敦颐：《周敦颐集》，长沙：岳麓书社，2007年

［20］［宋］周敦颐著，陈克明点校：《周敦颐集》，北京：中华书局，

2009 年

[21][宋]程颢、程颐著，王孝鱼点校：《二程集（下册）》，北京：中华书局，2004 年

[22][宋]朱震：《汉上易传》，清《通志堂经解》本

[23][宋]朱熹：《晦庵先生文集·前集》，台北"故宫博物院"藏南宋淳熙末刊本

[24][宋]朱熹撰，朱杰人等主编，王铁校点：《周易本义》，《朱子全书》第一册，上海：上海古籍出版社，合肥：安徽教育出版社，2002 年

[25][宋]朱熹撰，朱杰人等主编，徐德明校点：《四书章句集注》，《朱子全书》第六册，上海：上海古籍出版社，合肥：安徽教育出版社，2002 年

[26][宋]朱熹撰，朱杰人等主编，陆建华、黄坤校点：《太极图说解》，《朱子全书》第十三册，上海：上海古籍出版社，合肥：安徽教育出版社，2002 年

[27][宋]朱熹：《朱子语类》，北京：中华书局，1986 年

[28][宋]朱熹撰，朱杰人等主编，郑明等校点：《朱子语类（一）》，《朱子全书》第十四册，上海：上海古籍出版社，合肥：安徽教育出版社，2002 年

[29][宋]朱熹撰，朱杰人等主编，郑明等校点：《朱子语类（四）》，《朱子全书》第十七册，上海：上海古籍出版社，合肥：安徽教育出版社，2002 年

[30][宋]朱熹撰，朱杰人等主编，刘永翔、徐德明校点：《晦庵先生朱文公文集（三）》，《朱子全书》第二十二册，上海：上海古籍出版社，合肥：安徽教育出版社，2002 年

[31][宋]朱熹撰，朱杰人等主编，徐德明、王铁校点：《晦庵先生朱文公文集（四）》，《朱子全书》第二十三册，上海：上海古籍出版社，合肥：安徽教育出版社，2002 年

［32］［宋］朱熹撰，朱杰人等主编，戴扬本、曾抗美校点：《晦庵先生朱文公文集（五）》，《朱子全书》第二十四册，上海：上海古籍出版社，合肥：安徽教育出版社，2002 年

［33］［宋］朱熹撰，郭齐，尹波编注：《朱子文集编年评注》，福州：福建人民出版社，2019 年

［34］［宋］吕祖谦撰，黄灵庚、吴战垒主编：《吕祖谦全集》第一册，杭州：浙江古籍出版社，2008 年

［35］［宋］吕祖谦：《东莱吕太史集》，中国国家图书馆藏宋嘉泰四年（1204）吕乔年刻元明递修本

［36］［宋］熊节集编，熊刚大集解：《性理群书句解·前集》，台湾"国家图书馆"藏元建安本

［37］［宋］熊节集编、熊刚大集解，程水龙、曹洁校点：《性理群书句解》，上海：华东师范大学出版社，2018 年

［38］［元］黄瑞节编：《朱子成书》，中国国家图书馆藏元至正元年（1341）日新书堂刊本

［39］［元］黄瑞节编：《朱子成书》，中国国家图书馆藏明初刻本

［40］［元］黄瑞节编：《朱子成书》，中国国家图书馆藏明景泰元年（1450）善敬书堂刻本

［41］［明］胡广等纂修：《性理大全书》，中国国家图书馆藏明永乐十三年（1415）内府刻本

［42］［明］胡广等纂修：《性理大全书》，中国国家图书馆藏明郑氏宗文堂嘉靖二十六年（1547）刻本

［43］［明］胡广等纂修，孔子文化大全编辑部编辑：《性理大全》，济南：山东友谊书社，1989 年

［44］［明］方鹏：《矫亭存稿十八卷续稿八卷》，明嘉靖十四年（1535）刻十八年（1539）续刻本

［45］［明］王守仁：《王阳明全集》，上海：上海古籍出版社，1992 年

［46］［清］黄宗羲原著、全祖望补修，陈金生、梁运华点校：《宋元学案》，北京：中华书局，1986 年

［47］［清］黄宗羲等撰：《宋元学案》，《黄宗羲全集》第三册至第六册，杭州：浙江古籍出版社，1992 年

［48］［清］黄宗羲等撰：《宋元学案》，清道光二十五、二十六年道州何氏刻本，《续修四库全书》编纂委员会编：《续修四库全书·史部　传记类》第五一八册、第五一九册，上海：上海古籍出版社，2002 年

［49］［清］朱彝尊撰，林庆彰、蒋秋华、杨晋龙、冯晓庭主编：《经义考新校》第四册，上海：上海古籍出版社，2010 年

［50］［日］室鸠巢：《太极图述》，日本京都大学附属图书馆藏写本

［51］伪题［唐］吕岩：《吕子易说》，清乾隆年间曾燠刻、"爱如生"中国基本古籍库收录本

（二）论著类

［1］陈来：《朱子书信编年考证（增订本）》，北京：生活·读书·新知三联书店，2007 年

［2］陈来：《朱子哲学研究》，上海：华东师范大学出版社，2009 年

［3］Wing-Tsit Chan, *A Source Book in Chinese Philosophy*, Princeton University Press, 1st edition, 1969

［4］陈荣捷：《朱学论集》，台北：学生书局，1982 年

［5］方旭东：《理学九帖——以朱子学为圆心的研究》，北京：商务印书

馆，2017 年

［6］方旭东：《新儒学义理要诠》，北京：生活·读书·新知三联书店，2019 年

［7］侯外庐、邱汉生、张岂之：《宋明理学史》，西安：西北大学出版社，2018 年

［8］胡朴安、胡道静：《校雠学》，长沙：岳麓书社，2013 年

［9］金生杨：《宋周濂溪全编》，北京：北京燕山出版社，2021 年

［10］李申：《易图考》，北京：北京大学出版社，2001 年

［11］李申：《易图考》，北京：中央编译出版社，2018 年

［12］梁涛、斯云龙编：《出土文献与君子慎独：慎独问题讨论集》，桂林：漓江出版社，2012 年

［13］林庆彰：《丰坊与姚士粦》，上海：华东师范大学出版社，2015 年

［14］刘笑敢：《诠释与定向：中国哲学研究方法之探究》北京：商务印书馆，2009 年

［15］尚秉和：《易说评议》，北京：光明日报出版社，2006 年

［16］粟品孝：《历代周敦颐文集序跋目录汇编》，上海：上海古籍出版社，2020 年

［17］台湾"国家图书馆"：《国立中央图书馆金元本图录》，台北：中华图书编审委员会，1961 年

［18］王建编著：《史讳辞典》，上海：上海古籍出版社，2011 年

［19］王彦坤编著：《历代避讳字汇典》，郑州：中州古籍出版社，1997 年

［20］［日］吾妻重二：《朱子学的新研究——近世士大夫思想的展开》，北京：商务印书馆，2017 年

［21］杨柱才：《道学宗主：周敦颐哲学研究》，北京：人民出版社，

2004 年

［22］余英时：《中国近世宗教伦理与商人精神》，台北：联经出版事业股份有限公司，2004 年

［23］余英时：《朱熹的历史世界：宋代士大夫政治文化的研究》，北京：生活·读书·新知三联书店，2011 年

［24］张岱年：《中国哲学史史料学》，《张岱年全集》第四卷，石家庄：河北人民出版社，2007 年

［25］郑吉雄：《易图像与易诠释》，上海：华东师范大学出版社，2008 年

［26］中国古籍善本书目编辑委员会编：《中国古籍善本书目·子部》，上海：上海古籍出社，1996 年

［27］朱冶：《元明朱子学的递嬗：〈四书五经性理大全〉研究》，北京：人民出版社，2019 年

（三）论文类

［1］昌彼得："跋宋刊本晦庵先生文集"，《故宫季刊》第十六卷，1982 年第 4 期，第 3—6 页

［2］陈传照："四时五行与琅琊徐福研讨的新成果"，《临沂大学学报》2021 年第 5 期，第 24 页和第 145 页

［3］陈来："善本《甘泉先生文集》及其史料价值——兼论甘泉与阳明往来书"，《孔子研究》1991 年第 1 期，第 95—101 页和第 129 页

［4］陈来："台湾影印宋本《晦庵先生文集考》"，《中国近世思想史研究》，北京：商务印书馆，2003 年，第 208—212 页

［5］陈来："'一破千古之惑'——朱子对《洪范》皇极说的解释"，《北京大学学报（哲学社会科学版）》2013 年第 2 期，第 5—17 页

［6］陈来："朱子《太极解义》的成书过程与文本修订"，《文史哲》2018年第4期，第30—39页

［7］陈来："中国文明的哲学根基"，《中国民族博览》2021年第24期，第37—39页

［8］陈立胜："王阳明'四民异业而同道'新解——兼论《节庵方公墓表》问世的一段因缘"，《哲学研究》2021年第3期，第45—55页和第128—129页

［9］陈荣捷："太极果非重要乎?"，《朱子新探索》，上海：华东师范大学出版社，2007年，第153—154页

［10］陈彦敏："明伪造本《石经大学》的产生、传播及其辨伪"，《经学文献研究集刊》2021年第2期，第233—253页

［11］程水龙、曹洁："《性理群书句解》的价值探究"，《历史文献研究》2016年第1期，第96—103页

［12］方旭东："《大学问》来历说考异"，《哲学门》2000年第2期，第136—145页

［13］方旭东："诠释过度与诠释不足：重审中国经典解释学中的汉宋之争——以《论语》'颜渊问仁'章为例"，《哲学研究》2005年第2期，第61—65页和第128页

［14］方旭东："《近思录》新论"，《哲学研究》2008年第3期，第77—84页

［15］方旭东："朱子太极思想发微"，《湖南大学学报（社会科学版）》2014年第3期，第5—9页

［16］方旭东："邵雍'观物'说的定位"，《理学九帖——以朱子学为圆心的研究》，北京：商务印书馆，2016年，第101—130页

［17］方旭东："朱子与濂溪诗《读英真君丹诀》"，《朱子学刊》2016年第

1 期，第 25—36 页

　　［18］方旭东："牟宗三是一座高山，但并非不可逾越"，澎湃新闻，2017年 3 月 10 日

　　［19］方旭东："'天学'视野中的荀子——利玛窦对《王制篇》物种分类说的改造"，《哲学研究》2020 年第 2 期，第 55—65 页

　　［20］方旭东："上元醮与皇极——陆九渊《荆门军上元设厅皇极讲义》发微"，《复旦学报（社会科学版）》2020 年第 4 期，第 95—104 页

　　［21］方旭东："当朱子遇到传教士——从利玛窦的改编看朱子的'理有偏全'说"，《江南大学学报（人文社会科学版）》2020 年第 5 期，第 5—10 页

　　［22］方旭东："反原与轮回——张载对'游魂为变'的诠释及其争议"，《周易研究》2021 年第 3 期，第 45—54 页

　　［23］方旭东："从同化到自闭——论湛若水对阳明后学的因应"，《复旦学报（社会科学版）》2022 年第 1 期，第 16—26 页和第 43 页

　　［24］郭齐、尹波："论宋淳熙、绍熙椠本《晦庵先生文集》"，《文献》1998 年第 3 期，第 162—180 页

　　［25］李学勤："走出'疑古时代'"，《中国文化》1992 年第 2 期，第 1—7 页

　　［26］逯宏："论原始五行与四时的整合"，《中国矿业大学学报（社会科学版）》2011 年第 3 期，第 24—28 页

　　［27］庞朴："古墓新知——漫读郭店楚简"，《读书》1998 年第 9 期，第 3—7 页

　　［28］山井湧："朱子の哲学における「太极」"，《明清思想史の研究》，东京：东京大学出版会，1980 年，第 58—86 页

　　［29］Yu Yamanoi："The Great Ultimate and Heaven in Chu Hsi's Philosophy"， in *Chu Hsi and Neo-Confucianism*, edited by Wing-tsit Chan, Honolulu: University of Hawaii Press, 1986, pp.79—92.

［30］山井湧：“朱子哲学中的‘太极’”,《思想与文献——日本学者宋明儒学研究》, 上海：华东师范大学出版社, 2010 年, 第 66—83 页

［31］石立善：“朱子所谓‘四子’何指”,《衡水学院学报》2015 年第 2 期, 第 60—63 页

［32］束景南：“宋椠《晦庵先生文集》考”,《古籍整理研究学刊》1992 年第 1 期, 第 20—21 页和第 48 页

［33］苏费翔：“《近思录》四子之阶梯——陈淳、黄榦争论读书次序”,《哲学与时代：朱子学国际学术会议论文集》, 上海：华东师范大学出版社, 2012 年, 第 503—518 页

［34］粟品孝：“现存两部宋刻周敦颐文集的价值”,《四川大学学报》2010 年第 3 期, 第 62—63 页

［35］粟品孝：“张栻《太极解义》的完整再现”,《地方文化研究辑刊》第六辑, 2013 年, 第 107—111 页

［36］粟品孝：“周敦颐文集三个版本的承续关系”,《宋代文化研究》第二十辑, 2013 年, 第 301—314 页

［37］粟品孝：“历代周敦颐文集的版本源流与文献价值”,《河北大学学报（哲学社会科学版）》2020 年第 1 期, 第 1—10 页

［38］王汎森：“明代后期的造伪与思想争论”,《晚明清初思想十论》, 上海：复旦大学出版社, 2004 年, 第 29—50 页

［39］王赫：“丰坊经学作伪研究”, 南京大学硕士论文, 2019 年

［40］王子剑：“阴阳与政教：关于四时五行合流何以可能的再考察——重读《管子》中《幼官》《四时》《五行》诸篇”,《管子学刊》2020 年第 1 期, 第

20—27 页

［41］吴庆晏："校雠与校勘概念考综述"，《出版与印刷》2020 年第 3 期，第 17—22 页

［42］吴震："驳《〈大学问〉来历说考异》"，《哲学门》2001 年第 2 期，第 8 页

［43］许家星："'《近思录》，四子之阶梯'说之重思"，《中国哲学史》2019 年第 1 期，第 63—69 页

［44］杨柱才："朱子《太极图说解》的形成过程"，《朱子学刊》2007 年第一辑，第 49—54 页

［45］张丰乾："朱子学、四书学与诠释学——香港中文大学'朱子与四书'国际学术会议综述"，《哲学动态》2006 年第 11 期，第 69—71 页

综合索引

新版后记

　　本书系由笔者 2021 年秋季学期在华东师范大学为中国哲学专业博士生所开课程"中国哲学原著选读（周敦颐太极图研究）"的课堂录音整理而成。于昊甫承担了录音以及之后的听写工作。在听写稿基础上，笔者又从头到尾做了加工。朱子的《太极图解》以及濂溪的《太极图说》，笔者加了按语并辑录了朱子相关论述，上课时曾作为讲义发给同学，现收为附录一。笔者撰写的论文《太极果非重要乎？》，讨论太极在朱熹哲学中的地位问题，与课程内容密切相关，现收为附录二。《周敦颐太极图标准样式考》是于昊甫在笔者指导下完成的课程论文，用笔者提出的方法论解决了一个重要学术难题，现收为附录三。于昊甫还制作了文内插图以及综合索引。

　　宋明理学家多有师徒相聚讲论经典的传统，朱子、阳明为其著者，《语类》《传习录》即是讲学实录。本书的诞生，是笔者追慕古人的一个尝试。无论在课上，还是在之后整理成书的过程中，笔者都充分享受了教学相长之乐。这本书，既是学问切磋如琢如磨的记录，同时，也是流水高山师生情谊的见证。

　　本书于 2023 年 8 月在巴黎友丰书店出版了繁体字本，友人戴鹤白（Roger

Darrobers）教授具引荐之功。2023 年 9 月，繁体字本在中国人民大学、世界本原文化研究院曾举行过两场研讨，温海明教授、黄裕生教授之力也。与会师友多有奖掖，亟言当在国内出一简体字本，以广流布。今简体字得以印行，端赖湘南学院周敦颐研究院张京华院长玉成。博士生吴越强为书稿做了大量文案工作。此情可待，中心藏之。

桐斋

甲辰立春次日

图书在版编目(CIP)数据

周敦颐太极图讲记 / 方旭东讲 ；于昊甬记.

上海 ：上海三联书店，2024．12. --（周敦颐理学研究

丛书）. -- ISBN 978 - 7 - 5426 - 8774 - 6

Ⅰ. B244.25

中国国家版本馆 CIP 数据核字第 2024V413J3 号

周敦颐太极图讲记

讲 / 方旭东
记 / 于昊甬

责任编辑 / 李天伟
装帧设计 / 徐　徐
监　　制 / 姚　军
责任校对 / 王凌霄

出版发行 / 上海三联书店

　　　　（200041）中国上海市静安区威海路 755 号 30 楼
邮　　箱 / sdxsanlian@sina.com
联系电话 / 编辑部：021 - 22895517
　　　　　 发行部：021 - 22895559
印　　刷 / 上海惠敦印务科技有限公司

版　　次 / 2024 年 12 月第 1 版
印　　次 / 2024 年 12 月第 1 次印刷
开　　本 / 710 mm × 1000 mm　1/16
字　　数 / 330 千字
印　　张 / 25
书　　号 / ISBN 978 - 7 - 5426 - 8774 - 6/B・942
定　　价 / 128.00 元

敬启读者,如发现本书有印装质量问题,请与印刷厂联系 13917066329